国家出版基金项目
NATIONAL PUBLICATION FOUNDATION

“十三五” 国家重点出版物出版规划项目

海洋机器人科学与技术丛书

封锡盛　李　硕　主编

基于随机场的水下声呐图像处理

宋三明　著

科学出版社
龍門書局
北　京

内 容 简 介

本书利用Markov随机场理论对水下声呐图像处理所涉及的图像分割、图像识别和图像配准等问题进行系统的研究。全书首先从传感器数据采集的角度对声呐图像进行简洁直观的介绍。接着以声呐图像分割为应用背景对 Markov 随机场、条件随机场、均值场以及它们之间的关系进行全面深入的推导和阐述。最后，将随机场理论引入互信息，介绍一种基于外周互信息的前视声呐图像配准方法。水下环境的特殊性造成了感知数据的特异性。本书注意到了将通用的随机场理论引入实际水下声呐图像处理领域所带来的适应性问题，对此进行了深入的分析并提出相应的解决方案。

本书可作为水下机器人、智能无人系统开发和水下声呐图像处理相关专业的高年级本科生或研究生的参考书，也可作为工程技术人员的参考手册。

图书在版编目(CIP)数据

基于随机场的水下声呐图像处理 / 宋三明著. —北京：龙门书局，2020.7

(海洋机器人科学与技术丛书 / 封锡盛，李硕主编)

“十三五”国家重点出版物出版规划项目　国家出版基金项目

ISBN 978-7-5088-5785-5

Ⅰ. ①基…　Ⅱ. ①宋…　Ⅲ. ①声呐-图像处理-研究　Ⅳ. ①U666.72 ②TP391.413

中国版本图书馆 CIP 数据核字（2020）第 105102 号

责任编辑：王喜军　高慧元　张　震 / 责任校对：樊雅琼

责任印制：师艳茹 / 封面设计：无极书装

科学出版社
龍門書局　出版

北京东黄城根北街 16 号

邮政编码：100717

http://www.sciencep.com

中国科学院印刷厂 印刷

科学出版社发行　各地新华书店经销

*

2020 年 7 月第　一　版　开本：720×1000　1/16

2020 年 7 月第一次印刷　印张：11 1/2　插页：4

字数：229 000

定价：108.00 元

（如有印装质量问题，我社负责调换）

丛书前言一

浩瀚的海洋蕴藏着人类社会发展所需的各种资源，向海洋拓展是我们的必然选择。海洋作为地球上最大的生态系统不仅调节着全球气候变化，而且为人类提供蛋白质、水和能源等生产资料支撑全球的经济发展。我们曾经认为海洋在维持地球生态系统平衡方面具备无限的潜力，能够修复人类发展对环境造成的伤害。但是，近年来的研究表明，人类社会的生产和生活会造成海洋健康状况的退化。因此，我们需要更多地了解和认识海洋，评估海洋的健康状况，避免对海洋的再生能力造成破坏性影响。

我国既是幅员辽阔的陆地国家，也是广袤的海洋国家，大陆海岸线约 1.8 万千米，内海和边海水域面积约 470 万平方千米。深邃宽阔的海域内潜含着的丰富资源为中华民族的生存和发展提供了必要的物质基础。我国的洪涝、干旱、台风等灾害天气的发生与海洋密切相关，海洋与我国的生存和发展密不可分。党的十八大报告明确提出："要提高海洋资源开发能力，发展海洋经济，保护海洋生态环境，坚决维护国家海洋权益，建设海洋强国。"①党的十九大报告明确提出："坚持陆海统筹，加快建设海洋强国。"②认识海洋、开发海洋需要包括海洋机器人在内的各种高新技术和装备，海洋机器人一直为世界各海洋强国所关注。

关于机器人，蒋新松院士有一段精彩的诠释：机器人不是人，是机器，它能代替人完成很多需要人类完成的工作。机器人是拟人的机械电子装置，具有机器和拟人的双重属性。海洋机器人是机器人的分支，它还多了一重海洋属性，是人类进入海洋空间的替身。

海洋机器人可定义为在水面和水下移动，具有视觉等感知系统，通过遥控或自主操作方式，使用机械手或其他工具，代替或辅助人去完成某些水面和水下作业的装置。海洋机器人分为水面和水下两大类，在机器人学领域属于服务机器人中的特种机器人类别。根据作业载体上有无操作人员可分为载人和无人两大类，其中无人类又包含遥控、自主和混合三种作业模式，对应的水下机器人分别称为无人遥控水下机器人、无人自主水下机器人和无人混合水下机器人。

---

① 胡锦涛在中国共产党第十八次全国代表大会上的报告. 人民网，http://cpc.people.com.cn/n/2012/1118/c64094-19612151.html

② 习近平在中国共产党第十九次全国代表大会上的报告. 人民网，http://cpc.people.com.cn/n1/2017/1028/c64094-29613660.html

无人水下机器人也称无人潜水器，相应有无人遥控潜水器、无人自主潜水器和无人混合潜水器。通常在不产生混淆的情况下省略“无人”二字，如无人遥控潜水器可以称为遥控水下机器人或遥控潜水器等。

世界海洋机器人发展的历史大约有 70 年，经历了从载人到无人，从直接操作、遥控、自主到混合的主要阶段。加拿大国际潜艇工程公司创始人麦克法兰，将水下机器人的发展历史总结为四次革命：第一次革命出现在 20 世纪 60 年代，以潜水员潜水和载人潜水器的应用为主要标志；第二次革命出现在 70 年代，以遥控水下机器人迅速发展成为一个产业为标志；第三次革命发生在 90 年代，以自主水下机器人走向成熟为标志；第四次革命发生在 21 世纪，进入了各种类型水下机器人混合的发展阶段。

我国海洋机器人发展的历程也大致如此，但是我国的科研人员走过上述历程只用了一半多一点的时间。20 世纪 70 年代，中国船舶重工集团公司第七〇一研究所研制了用于打捞水下沉物的“鱼鹰”号载人潜水器，这是我国载人潜水器的开端。1986 年，中国科学院沈阳自动化研究所和上海交通大学合作，研制成功我国第一台遥控水下机器人“海人一号”。90 年代我国开始研制自主水下机器人，“探索者”、CR-01、CR-02、“智水”系列等先后完成研制任务。目前，上海交通大学研制的“海马”号遥控水下机器人工作水深已经达到 4500 米，中国科学院沈阳自动化研究所联合中国科学院海洋研究所共同研制的深海科考型 ROV 系统最大下潜深度达到 5611 米。近年来，我国海洋机器人更是经历了跨越式的发展。其中，“海翼”号深海滑翔机完成深海观测；有标志意义的“蛟龙”号载人潜水器将进入业务化运行；“海斗”号混合型水下机器人已经多次成功到达万米水深；“十三五”国家重点研发计划中全海深载人潜水器及全海深无人潜水器已陆续立项研制。海洋机器人的蓬勃发展正推动中国海洋研究进入“万米时代”。

水下机器人的作业模式各有长短。遥控模式需要操作者与水下载体之间存在脐带电缆，电缆可以源源不断地提供能源动力，但也限制了遥控水下机器人的活动范围；由计算机操作的自主水下机器人代替人工操作的遥控水下机器人虽然解决了作业范围受限的缺陷，但是计算机的自主感知和决策能力还无法与人相比。在这种情形下，综合了遥控和自主两种作业模式的混合型水下机器人应运而生。另外，水面机器人的引入还促成了水面与水下混合作业的新模式，水面机器人成为沟通水下机器人与空中、地面机器人的通信中继，操作者可以在更远的地方对水下机器人实施监控。

与水下机器人和潜水器对应的英文分别为 underwater robot 和 underwater vehicle，前者强调仿人行为，后者意在水下运载或潜水，分别视为“人”和“器”，海洋机器人是在海洋环境中运载功能与仿人功能的结合体。应用需求的多样性使得运载与仿人功能的体现程度不尽相同，由此产生了各种功能型的海洋机器人，如观察型、作业型、巡航型和海底型等。如今，在海洋机器人领域 robot 和 vehicle 两词的内涵逐渐趋同。

信息技术、人工智能技术特别是其分支机器智能技术的快速发展，正在推动海洋机器人以新技术革命的形式进入“智能海洋机器人”时代。严格地说，前述自主水下机器人的“自主”行为已具备某种智能的基本内涵。但是，其“自主”行为泛化能力非常低，属弱智能；新一代人工智能相关技术，如互联网、物联网、云计算、大数据、深度学习、迁移学习、边缘计算、自主计算和水下传感网等技术将大幅度提升海洋机器人的智能化水平。而且，新理念、新材料、新部件、新动力源、新工艺、新型仪器仪表和传感器还会使智能海洋机器人以各种形态呈现，如海陆空一体化、全海深、超长航程、超高速度、核动力、跨介质、集群作业等。

海洋机器人的理念正在使大型有人平台向大型无人平台转化，推动少人化和无人化的浪潮滚滚向前，无人商船、无人游艇、无人渔船、无人潜艇、无人战舰以及与此关联的无人码头、无人港口、无人商船队的出现已不是遥远的神话，有些已经成为现实。无人化的势头将冲破现有行业、领域和部门的界限，其影响深远。需要说明的是，这里“无人”的含义是人干预的程度、时机和方式与有人模式不同。无人系统绝非是无人监管、独立自由运行的系统，仍是有人监管或操控的系统。

研发海洋机器人装备属于工程科学范畴。由于技术体系的复杂性、海洋环境的不确定性和用户需求的多样性，目前海洋机器人装备尚未被打造成大规模的产业和产业链，也还没有形成规范的通用设计程序。科研人员在海洋机器人相关研究开发中主要采用先验模型法和试错法，通过多次试验和改进才能达到预期设计目标。因此，研究经验就显得尤为重要。总结经验、利于来者是本丛书作者的共同愿望，他们都是在海洋机器人领域拥有长时间研究工作经历的专家，他们奉献的知识和经验成为本丛书的一个特色。

海洋机器人涉及的学科领域很宽，内容十分丰富，我国学者和工程师已经撰写了大量的著作，但是仍不能覆盖全部领域。“海洋机器人科学与技术丛书”集合了我国海洋机器人领域的有关研究团队，阐述我国在海洋机器人基础理论、工程技术和应用技术方面取得的最新研究成果，是对现有著作的系统补充。

“海洋机器人科学与技术丛书”内容主要涵盖基础理论研究、工程设计、产品开发和应用等，囊括多种类型的海洋机器人，如水面、水下、浮游以及用于深水、极地等特殊环境的各类机器人，涉及机械、液压、控制、导航、电气、动力、能源、流体动力学、声学工程、材料和部件等多学科，对于正在发展的新技术以及有关海洋机器人的伦理道德社会属性等内容也有专门阐述。

海洋是生命的摇篮、资源的宝库、风雨的温床、贸易的通道以及国防的屏障，海洋机器人是摇篮中的新生命、资源开发者、新领域开拓者、奥秘探索者和国门守卫者。为它“著书立传”，让它为我们实现海洋强国梦的夙愿服务，意义重大。

本丛书全体作者奉献了他们的学识和经验，编委会成员为本丛书出版做了组织和审校工作，在此一并表示深深的谢意。

本丛书的作者承担着多项重大的科研任务和繁重的教学任务，精力和学识所限，书中难免会存在疏漏之处，敬请广大读者批评指正。

中国工程院院士　封锡盛

2018 年 6 月 28 日

丛书前言二

改革开放以来，我国海洋机器人事业发展迅速，在国家有关部门的支持下，一批标志性的平台诞生，取得了一系列具有世界级水平的科研成果，海洋机器人已经在海洋经济、海洋资源开发和利用、海洋科学研究和国家安全等方面发挥重要作用。众多科研机构和高等院校从不同层面及角度共同参与该领域，其研究成果推动了海洋机器人的健康、可持续发展。我们注意到一批相关企业正迅速成长，这意味着我国的海洋机器人产业正在形成，与此同时一批记载这些研究成果的中文著作诞生，呈现了一派繁荣景象。

在此背景下“海洋机器人科学与技术丛书”出版，共有数十分册，是目前本领域中规模最大的一套丛书。这套丛书是对现有海洋机器人著作的补充，基本覆盖海洋机器人科学、技术与应用工程的各个领域。

“海洋机器人科学与技术丛书”内容包括海洋机器人的科学原理、研究方法、系统技术、工程实践和应用技术，涵盖水面、水下、遥控、自主和混合等类型海洋机器人及由它们构成的复杂系统，反映了本领域的最新技术成果。中国科学院沈阳自动化研究所、哈尔滨工程大学、中国科学院声学研究所、中国科学院深海科学与工程研究所、浙江大学、华侨大学、东华理工大学等十余家科研机构和高等院校的教学与科研人员参加了丛书的撰写，他们理论水平高且科研经验丰富，还有一批有影响力的学者组成了编辑委员会负责书稿审校。相信丛书出版后将对本领域的教师、科研人员、工程师、管理人员、学生和爱好者有所裨益，为海洋机器人知识的传播和传承贡献一分力量。

本丛书得到 2018 年度国家出版基金的资助，丛书编辑委员会和全体作者对此表示衷心的感谢。

“海洋机器人科学与技术丛书”编辑委员会

2018 年 6 月 27 日

前　言

水下机器人是探索、认识、理解、开发和保护海洋的基本工具。在过去的几十年中，水下机器人有了长足的进步，相关学科的飞速发展正推动水下机器人朝着“更快、更深、更远”的宏伟目标持续前进。但是，就在硬科学如新型耐压复合材料技术和长续航时能源技术已经能初步支撑水下机器人走向深海和大洋的时候，我们很遗憾地发现，水下机器人的自主作业能力并没有得到实质性的提升。

究其原因，软科学越来越成为水下机器人技术发展的瓶颈和桎梏。水体环境是水下机器人研究的最大特异性挑战。一方面，动态的水体给机器人的运动和控制带来极大的挑战；另一方面，水体对电磁波的吸收则给机器人的感知造成很大的困难。到目前为止，无论扰动情形下的自主作业还是水体中的环境感知，都还没有取得显著的进展。本书将对第二个问题展开研究。

水下成像声呐（如前视声呐和侧扫声呐）是水下机器人感知环境的基本工具，从声呐图像中提取有效信息的能力直接决定了机器人自主感知与决策能力的强弱。声呐图像没有颜色信息，缺乏有效的纹理信息和形状信息；动态非均匀的水体、水中的悬浮颗粒、海底漫反射和水体散射等的共同作用使得声呐图像充满斑块噪声。这些复杂的特征使得很多经典的光学图像处理方法在面对声呐图像时显得无能为力。Markov 随机场（Markov random field，MRF）模型将局部约束作为先验信息以先验概率的方式融入全局优化框架，能够有效地降低斑块噪声的影响。但遗憾的是，由于种种原因，MRF 模型至今并没有真正用于水下机器人的实时作业过程中。本书将在提高 MRF 模型优化速度、实现基于前视声呐图像的目标识别与环境地图构建方面开展初步的研究工作。

全书共 6 章。第 1 章对声呐的成像过程和数据读取方法进行了简明扼要的介绍，旨在帮助对声学图像处理充满期待或具有图像处理背景的读者快速地切入声学图像处理的核心问题。紧接着的两章关注的是 MRF 模型的求解问题。本质上说，MRF 模型的求解过程就是构建一条逐渐收敛到平衡态的 Markov 链的过程。收敛速度由两个因素决定：更新策略和初态。为此，第 2 章对更新策略中的交互参数估计问题进行了研究，提出了一种基于局部自编码（local autoencoding，LAE）的先验参数估计算法。第 3 章提出了一种基于选择性自编码（selective autoencoding，SAE）的标签场初始化算法。对于水下声呐图像，即使通过先验概率分布函数考虑邻域像素之间的相似性能够在一定程度上缓解单纯根据条件概率所带来的判别误差，但是如果条件分布远大于先验分布，仍然需要通过后处理去除孤立噪声。为此，第 4 章提出了一种基于模态的 Markov 随机场（Graded-MRF）模型，该模型在去除斑块噪声的同时能完好地保留目标的原始轮廓信息，这些特点非常适合基于前视声呐图像的图像分割或目标识别。

第 5 章和第 6 章是针对前视声呐开展的探索性研究。由于特征提取的困难，现有的绝大多数声学图像识别和配准工作都是围绕侧扫声呐展开的，而前视声呐一般仅限于避障层面的研究。这两章试图开展基于前视声呐的识别和配准研究，其中，第 5 章开展了基于条件随机场（conditional random field, CRF）的前视声呐图像目标识别工作。第 6 章并不是直接基于随机场理论开展的研究，而是基于 MRF 邻域像素相关性思想提出的图像配准算法。具体而言，在区域互信息的基础上提出了一个基于外周互信息（peripheral mutual information, PMI）的前视声呐图像配准算法，初步解决了区域互信息无法应用到高阶邻域的问题。

本书涉及的研究工作得到了中国博士后科学基金项目“基于认知机制的 SLAM 系统研究”（项目编号：2014M561266）、国家自然科学基金青年科学基金项目“基于随机场的声纳图像分割与目标识别”（项目编号：41506121）、国家自然科学基金面上项目“基于二维前视声纳的水下三维重建”（项目编号：61973297）和机器人学国家重点实验室自主课题“基于二维前视声纳的浑水作业现场重建”（项目编号：2017-Z010）的支持。

本书是作者在中国科学院沈阳自动化研究所控制理论与工程流动站从事博士后研究期间的工作基础上修改和完善而成的。作者在水下机器人研究室从事博士后研究期间，得到了合作导师封锡盛院士的悉心指导，以及李硕研究员、林扬研究员、斯白露研究员、唐延东研究员、李一平研究员、刘开周研究员、徐红丽研究员等的大力支持和帮助，在此向他们表示由衷的感谢和敬意。

由于作者水平所限，书中难免存在疏漏之处，恳请广大读者批评指正。

宋三明
2020 年 4 月

目　录

1 绪　论

生命源于海洋，生命离不开海洋。海洋不仅保守着地球演化与生物进化的奥秘，而且为人类提供了生存所需的渔业、矿产、油气等资源。水下机器人作为探索水下未知环境、执行水下特定任务的载体，在海洋地球科学数据采集、海洋环境检测、海底资源勘探、情报搜集和水下工程等方面发挥着极其关键的作用。在过去的 70 多年中，国际社会和科研机构都投入大量精力进行水下机器人的研究与探索。从总体趋势上看，水下机器人更新换代的过程是自主作业能力逐渐得到提升的过程。

水下机器人发展的终极目标是实现真正的自主作业，这就要求机器人能通过传感器自主地探测水下环境、在线分析数据、自主制定决策并执行特定类型的任务。声呐是水下机器人探测周围环境的基本工具。常用的声呐有前视声呐、侧扫声呐、多波束成像声呐和剖面仪等，图 1.1 列出了常见的前视声呐和侧扫声呐。前视声呐（如 BlueView 和 Didson）一般用于避障或局部路径规划。侧扫声呐和多波束成像声呐都用于对海底进行成像。但是侧扫声呐价格低廉，一般用于对海底进行快速粗略的扫描；而多波束成像声呐价格高昂，一般用于对海底进行精确仔细的扫描。剖面仪一般用于对地层进行扫描以搜索陷于淤泥中的目标，只在特定的情况下才使用。在实际工程中，应用最为广泛的是前视声呐和侧扫声呐。

受到海底暗流、各种水下生物的干扰、水体不均匀引起的声波反射和折射、海底底质不均匀导致的散射等因素的影响，声呐图像具有非常强的斑块噪声，给图像理解和目标探测造成巨大的干扰。此外，声呐本身功率的不稳定、声呐探测目标时由位置和角度引起的变形、声呐的分辨率低导致的表面和边缘模糊等还会进一步增加水下机器人探测环境的困难。从英国工程与自然科学研究理事会（The Engineering and Physical Sciences Research Council, EPSRC）、爱丁堡大学和 Heriot-Watt 大学联合启动的目标检测任务（面向多输入雷达与声呐信号的多目标检测和面向复杂背景的目标检测问题）来看，如何从声呐图像中实现快速稳定的目标提取依然是水下机器人感知环境的难点和核心。这表明，如果深海成像的分辨率和感官质量受到客

(a) Didson 前视声呐

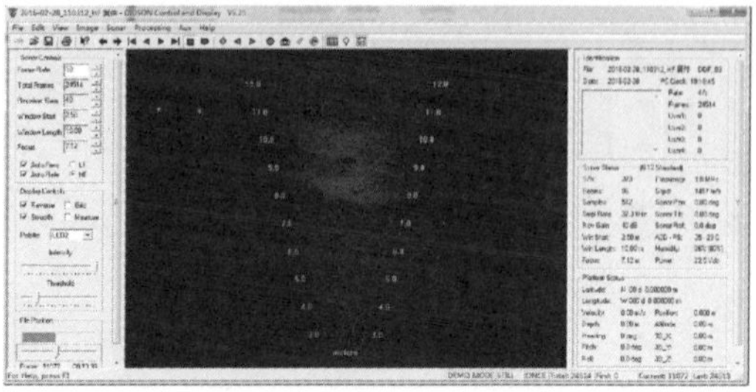

(b) Didson采集的前视声呐图像

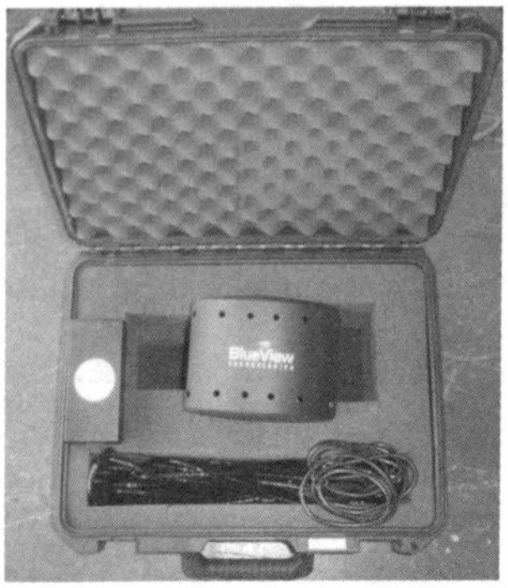

(c) BlueView 前视声呐

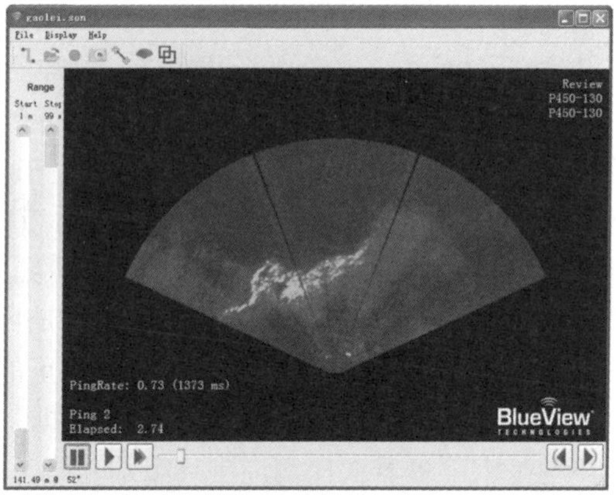

(d) BlueView采集的前视声呐图像

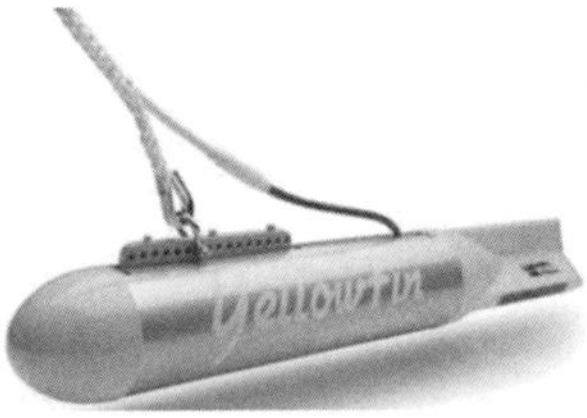

(e) YellowFin 侧扫声呐

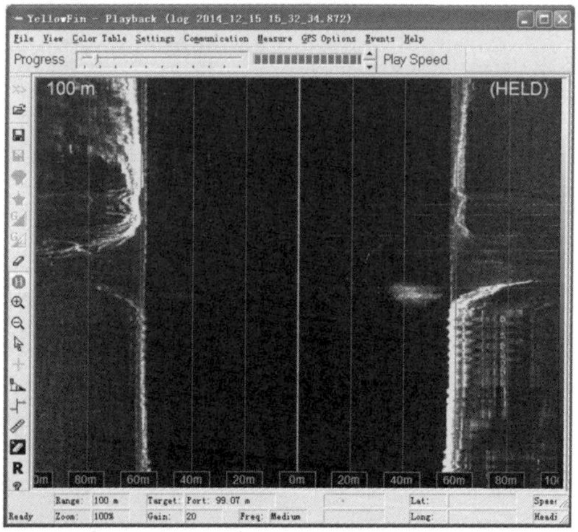

(f) YellowFin 采集的侧扫声呐图像

图 1.1　水下前视声呐和侧扫声呐

观条件制约是一件不可避免的事情，那么设计出更加高效、鲁棒的图像分割和目标识别算法就变成了迫在眉睫的任务。

从理论上来说，声呐图像处理和光学图像处理的研究内容和研究目标非常类似，都涵盖了图像分割、目标识别、三维重建等经典问题。但是，受限于声呐图像的采集条件和采集成本，只有少数研究人员才能接触到有限的声呐图像。设备和数据的稀缺造成声学图像研究群体的势微。为了方便具有光学图像研究背景的庞大研究群体快速切入声呐图像处理的核心问题，本章对声呐图像的读取和预处理进行简要的描述。其中，1.1 节对声呐图像数据的读取过程进行简单的介绍；1.2 节介绍利用惯导信息对侧扫声呐扫描线进行校正的过程；1.3 节将对水下声呐图像分割、基于声呐图像的目标识别和水下环境地图构建等问题的国内外研究现状进行阐述。

1.1　声呐图像读取

图像处理或者信号处理的第一步是读取数据。只有得到了图像像素矩阵的能量信息，才可以利用机器学习和人工智能的方法提取数据中包含的信息，实现数据分析和环境理解。而获取数据的第一步就是要了解数据的格式和读取方法。本书所采用的前视声呐图像是由 Didson 前视声呐 [图 1.1(a)] 和 BlueView 前视声呐 [图 1.1(c)]采集得到的；而侧扫声呐图像则是由 YellowFin 侧扫声呐 [图 1.1(e)] 采集的。下面将对这些声呐传感器的数据读取方法进行详细的介绍。

1.1.1　Didson 前视声呐

Didson 前视声呐是高清晰度双频识别声呐，具有两个工作频率，分别是1.1 MHz 和 1.8 MHz，用户可以根据实际需要对频率进行设定。Didson 前视声呐包含一个线性换能器阵列。在每次采样周期中会得到一幅完整的图像，并直接存储采集到的图像。在读取数据的时候，我们可以依次读取 *.ddf 文件的文件头、帧头和每一帧的图像数据。在每个扫描周期内，换能器同时或几乎同时以等角度间隔的方式向探测区域发射超声波。在声波遇到目标之前，每一束声波的覆盖区域是一个以换能器为中心、以声波传播路径为半径、约束在垂直开角和水平开角范围内的楔形体。当声波遇到目标时，目标会将声波反射回换能器。值得注意的是，换能器只能探测到在距离多远的地方有一个目标，至于这个目标在楔形体外部球形表面的什么地方，是无法知道的。也就是说，声呐将一个三维楔形空间压缩为一个一维信号，高度信息不可避免地丢失了。这点和光学图像存在一定的差异。在光学成像过程中，丢失的是深度信息，而声呐图像丢失的是高度信息。

为了方便理解，下面给出了读取 test.ddf 文件的简化版 MATLAB 代码：

```
fid = fopen('test.ddf');
%读文件头;
[tline,success] = fread(fid, [1 512]);
%设置波束个数，如48 或 96;
nBeams = 48;
%找到第一帧的帧头;
fseek(fid,(256 + nBeams*512)*INDEX,'bof');
%读帧头;
[tline,success] = fread(fid, [1 256]);
%读回波数据;
[tline,success] = fread(fid, [1 nBeams*512]);
%将序列化数据转化为矩阵;
f = reshape(tline,[nBeams,512]);
```

前视声呐的分辨率和探测距离与声学换能器的频率直接相关。当 Didson 前视声呐的工作频率分别为 1.1 MHz 和 1.8 MHz 时，最远探测距离分别为 52.3 m 和 26.1 m，沿着声波传播方向的分辨率最高分别可以达到 1 cm（将探测距离设置为 5 m）和 0.25 cm（将探测距离设置为 1.25 m）。

1.1.2 BlueView 前视声呐

和 Didson 前视声呐类似，BlueView 前视声呐也会在每次采样周期中得到一幅完整的图像。但是，与 Didson 前视声呐不同的是，BlueView 前视声呐对声呐信号进行了压缩处理。遗憾的是，Teledyne 公司并没有公开压缩的格式，只是向用户提供了 ProViewer 软件和动态链接库。在 Windows 环境下可以搭建 C++ 编译环境，调用动态链接库中的接口函数。其中，最重要的函数就是读取图像的函数 BVTMagImage_GetBits。下面为最常用的代码：

```
/*定义一个声呐对象; */
BVTSonar son = BVTSonar_Create();
/*在线打开一个声呐头或离线读取文件; */
BVTSonar_Open(son, "FILE", DataFile);
/*读取声呐头*/
BVTHead head = NULL;
BVTSonar_GetHead(son, 0, &head);
```

```
/*读第一个ping*/
BVTPing ping = NULL;
BVTHead_GetPing(head, 0, &ping);
/*从ping中读第一帧*/
BVTMagImage img;
BVTPing_GetImageXY(ping, &img);
/*定义一个声呐图像结构图，获取图像的高度、宽度和回波数据*/
BVTMagImage img;
int height = BVTMagImage_GetHeight(img);
int width = BVTMagImage_GetWidth(img);
unsigned short * lpData = BVTMagImage_GetBits(img);
```

此外，BlueView 前视声呐还提供了 OpenCV 的接口，方便用户对图像进行后处理。

常见的 BlueView 前视声呐的频率有 450 kHz 和 900 kHz，最大探测距离分别为 300 m 和 100 m，沿着声波传播方向的分辨率分别为 1.1 in（约 2.8 cm）和 1 in（2.54 cm）。

1.1.3　侧扫声呐图像

YellowFin 是由 Imagenex 公司开发的侧扫声呐。由于声呐每次只能记录一行数据，所以没有必要对数据进行压缩。事实上，YellowFin 采集得到的数据记录在一个以“.son”结尾的文件中，且记录的格式在 *YellowFin Manual*（《YellowFin 手册》）中进行了详细的论述。表 1.1 结合一条实际的记录数据对记录格式进行了详细的解释。可以看出，记录中包含了很多重要的信息，特别是有关记录长度、扫描时间、扫描频率、扫描范围的信息。这些信息直接关系到将声呐图像从时间轴映射到物理坐标系时的转换过程。

原始的侧扫声呐数据是一个连续的扫描线序列。在每个扫描周期中，侧扫声呐向自主水下机器人（autonomous underwater vehicle, AUV）的左右两舷发射等角度间隔的波速。如在表 1.1 中，单舷像素个数是 1000，表示每一侧都有 1000 个等间隔的超声波。当超声波遇到海底后会反射回换能器。这样，声呐在每一侧都得到了一个长度为 1000 的一维信号。值得注意的是，各个波束的发射角呈现等间隔分布意味着对海底进行了非均匀采样。所以，必须对回波信号进行重采样得到最终的符合人类视觉习惯、方便人类理解的一维信号。将各个时刻采集的一维信号以行的方式进行存储，就得到了最终的侧扫声呐图像。

表 1.1　侧扫声呐的记录数据

字节编号	含义	举例
1～3	'872' 的 ASCII 码	[56 55 50]
4	版本号	0
5～8	帧号	[0 0 16 201]
9～10	每条记录的长度	[16 0]=4096
11～12	单舷像素个数	[3 232]=1000
13	每个像素的字节数	1
14	每个字节的位数	8
15	GPS 类型	0
16～17	GPS 起始位置	[11 184]=3000
18～19	事件计数	[0 0]
20～30	日-月-年	[49 50 45 74 85 78 45 50 48 49 53]= '12-JUN-2015'
31	空格	
32～39	时: 分: 秒	[49 50 58 50 50 58 48 52]= '12:22:04 '
40	空格	
41～44	秒的千分位	[46 48 48 48]='.000'
45	空格	
46	操作频率	1（中频）
47	侧扫范围	12（100m）
48	增益	20
49	通道平衡参数	0
50～51	Ping 之间的时间间隔	[0 10]ms
52～53	声速 ×10	[58 152]=15000
54～65	接口数据文件头	[73 86 88 66 100 1 0 0 0 0 3 232] 前 3 个是 'IVX', 后 2 个是像素数 1000
66	空格	
67～70	保留	全 0
71	声呐类型	1（YellowFin AUV）
72～1000	保留	
1001～2000	港口描述性文字	
2001～3000	右舷描述性文字	
3001～3nnn	GPS 字符串	
3nnn～4094	保留	全 0
4095～4096	到前一 Ping 头的距离	[32 0]=8192

从侧扫声呐的成像过程可以看出，声呐图像包含两个维度，即时间维（纵轴）和距离维（横轴），如图 1.1 所示。这里有以下两点需要说明。

(1) 原始的侧扫声呐都是相对于水下机器人坐标系的，即相对坐标系下的信息。但是这和我们感观的物理坐标系并不一致。因此，有必要将时间坐标系映射到空间物理坐标系，或者说从相对坐标系映射到绝对坐标系。

(2) 通常，我们只需要对感兴趣的时间段内的信号进行处理，即对图像进行加窗分析。此时，我们需要处理的对象就是一幅尺寸有限的二维图像。

将侧扫声呐图像从相对坐标系映射到绝对坐标系必须用到多普勒测速仪（Doppler velocity log，DVL）的日志信息。所以，在具体的映射之前有必要先简单地介绍 DVL 的记录格式。

1.2　侧扫声呐图像校正

在光学图像处理中，视觉里程计是一个非常经典的问题。即不依靠惯导系统，只依赖于视觉就完全将移动平台所经过的环境地图构建出来，方便机器人的实时定位与导航。但是，水下是一个自然的环境，没有光学图像中常见的角点、直线、纹理、形状、语义等明显的地标特征和信息，完全依靠声学或光学图像进行大范围地图构建是一件非常困难的事情。所以，从某种程度上来说，对于自然场景中的水下地图构建，惯导系统是水下机器人的必备传感器。

另外，和前视声呐图像每次得到一幅二维图像不同的是，侧扫声呐每次得到一条扫描线。由于机器人位置和姿态会发生变化，直接将扫描线拼接起来得到的图像不能反映水底的客观地形地貌。所以，必须借助 DVL 信息对侧扫声呐图像的扫描线进行校正。

为了方便理解，下面首先介绍 DVL 常见的记录格式，然后介绍如何对侧扫声呐扫描线进行校正。

1.2.1　DVL 的记录格式

DVL 日志详细地记录了每个时刻水下机器人的位置、朝向、速度、温度等信息。表 1.2 列出了 DVL 记录的常见信息，其中比较重要的有水下机器人的坐标、深度、离底高度、航向角、俯仰角、横滚角等信息。这些信息都是将侧扫信息从相对坐标系映射到绝对坐标系所必需的。

表 1.2　DVL 的记录数据

编号	标识	含义	举例
0	time	时间	12:22:05
1	DVL V Velocity/(m/s)	侧向速度	0.013916016
2	DVL U Velocity/(m/s)	前向速度	0.013916016
3	DVL W Velocity/(m/s)	垂向速度	−0.044921875
4	Target Head/(°)	定向	225
5	Head/(°)	航向角	358.015625
6	Pitch/(°)	俯仰角	1.0625
7	Roll/(°/s)	横滚角	0.53125
8	AP Temperature/℃	AP 舱温度	36.6875
9	H gyro' rate/(°/s)	水平角速率	78.703125
10	V gyro' rate/(°/s)	垂直角速率	92.171875
11	Depth/m	深度	0.40625
12	Altitude1/m	离底高度 1	64.765625
13	Altitude2/m	离底高度 2	70.25
14	Altitude3/m	离底高度 3	80.15625
15	Altitude4/m	离底高度 4	53.078125
16	X/m	横坐标	292.5
17	Y/m	纵坐标	166.2
18	Longitude/ddmm	经度	102.8700867
19	Latitude/ddmm	纬度	24.49241638
20	Distance/m	距离	2817.529541

1.2.2　从相对坐标系到绝对坐标系的映射

需要提前说明的是，侧扫声呐采样频率为 5∼6 次/s，而 DVL 的记录频率固定为 2 次/s。所以需要进行两次插值。

(1) 对侧扫声呐数据进行插值。水下机器人在前进过程中，前后两次采样可能会出现较大的位移或者较大的偏差。如果直接进行映射，得到的图像有点类似“栅栏”。为了防止映射后的图像出现众多的裂缝，可以简单地在映射前进行插值。插值的个数可以根据位移和旋转角确定。

(2) 对 DVL 的记录数据进行插值。每一条侧扫声呐数据都应该对应水下机器人的一个位移物理坐标。所以，只需根据插值后的侧扫记录数据对 DVL 进行相应的插值即可。

绝对坐标系为世界坐标系，用 X-Y-Z 表示。其中，X 的正方向朝东，Y 的正方向朝北，Z 的正方向朝地心 [图 1.2(a)]。相对坐标系是 AUV 坐标系，用 x-y-z 表示，且各坐标轴相对于绝对坐标系的旋转角度分别为 θ、φ 和 ψ。将侧扫声呐数据从相对坐标系映射到绝对坐标系分为 3 个步骤：①高度校正；②旋转变换；③平移校正。下面对这 3 个步骤分别进行详细的描述。

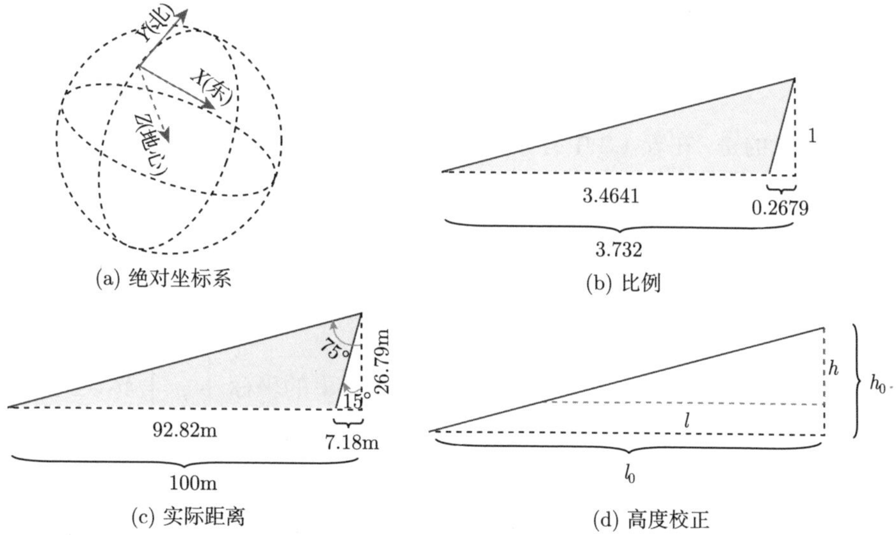

图 1.2　侧扫声呐图像的记录原理

1. 高度校正

在水下机器人下水工作之前，我们会对声呐的采样频率等参数进行设置。例如，采样频率为“中频”时，换能器波束角（transducer beam width）α 为 60°。假设单个侧扫声呐设备与 Z 轴的夹角为 $\alpha_0 = 45°$，则声波的发射角度位于 $\alpha_0 \pm \alpha/2$ 之间，即 $[15°, 75°]$。此时，离底高度 h 与采样距离 l 之间的关系 [图 1.2(b)] 满足

$$c = \frac{l}{h} = \tan\left(75° \times \frac{\pi}{180°}\right) = 3.732 \tag{1.1}$$

由于 YellowFin 的采样距离 l_0 设定为 100 m，所以理想的采样模式是将离底高度设置为

$$h_0 = \frac{l_0}{c} = 26.79\ \mathrm{m} \tag{1.2}$$

如图 1.2(c) 所示。也就是说，只有 AUV 离底高度为 26.79 m 时，侧扫声呐的采样精度才是 0.1 m。注意，在表 1.1 中，左右舷的像素个数均是 1000 个。

但是实际上，基本上不会满足侧扫声呐的这个采样条件。这就意味着，当 AUV 离底高度超过 h_0 时，图像的分辨率不到 0.1 m，此时，AUV 的采样范围扩大，图

像的质量会下降；反之，当 AUV 靠近海底时，侧扫声呐的成像范围缩小，图像的分辨率升高。

因此，坐标转化的第一步就是高度校正，也就是将相对坐标系下的像素点的坐标成比例缩放 [图 1.2(d)]。假设理想状态下的采样点的坐标为 $x = -99.9{:}0.1{:}100$，则可以将其校正为

$$X = \frac{h}{h_0}x \tag{1.3}$$

值得注意的是，在表 1.2 中有 4 个离底高度值，且离底高度值还存在一定的差异。这是因为存在 4 个传感器，且传感器之间存在角度上的偏差。在实际计算的时候，可以取 4 个离底高度值的平均值作为离底高度值。

2. 旋转变换

旋转变换就是通过旋转矩阵 $\boldsymbol{T}$，将相对坐标系下的坐标 $\begin{bmatrix} x \\ y \\ z \end{bmatrix}$ 转换到绝对坐标系下的 $\begin{bmatrix} X \\ Y \\ Z \end{bmatrix}$，即

$$\begin{bmatrix} X \\ Y \\ Z \end{bmatrix} = \boldsymbol{T} \begin{bmatrix} x \\ y \\ z \end{bmatrix} \tag{1.4}$$

式中，$\boldsymbol{T}$ 又可以分解为 3 个旋转矩阵，即分别将记录数据绕 OZ 轴、OX 轴和 OY 轴旋转。具体如下。

(1) 航向角 ψ 校正，即将 AUV 沿 OZ 轴旋转 ψ，则

$$\boldsymbol{T}_{\psi}^{Z} = \begin{bmatrix} \cos\psi & \sin\psi & 0 \\ -\sin\psi & \cos\psi & 0 \\ 0 & 0 & 1 \end{bmatrix} \tag{1.5}$$

(2) 俯仰角 θ 校正，即将 AUV 沿 OX 轴旋转 θ，则

$$\boldsymbol{T}_{\theta}^{X} = \begin{bmatrix} 1 & 0 & 0 \\ 0 & \cos\theta & \sin\theta \\ 0 & -\sin\theta & \cos\theta \end{bmatrix} \tag{1.6}$$

(3) 横滚角 φ 校正，即将 AUV 沿 OY 轴旋转 φ, 则

$$\boldsymbol{T}_{\varphi}^{Y}=\begin{bmatrix}\cos\varphi & 0 & \sin\varphi\\ 0 & 1 & 0\\ -\sin\varphi & 0 & \cos\varphi\end{bmatrix} \tag{1.7}$$

最后，旋转矩阵 $\boldsymbol{T}$ 为三者的乘积，即

$$\boldsymbol{T}=\boldsymbol{T}_{\varphi}^{Y}\boldsymbol{T}_{\theta}^{X}\boldsymbol{T}_{\psi}^{Z} \tag{1.8}$$

3. 平移校正

最后，还需考虑 DVL 推位得到的 AUV 坐标系。假设 AUV 当前的推位坐标为 $\begin{bmatrix}X_c\\ Y_c\end{bmatrix}$，则最后得到各个像素在绝对坐标系下的坐标为

$$\begin{bmatrix}X'\\ Y'\end{bmatrix}=\begin{bmatrix}X_c\\ Y_c\end{bmatrix}+\begin{bmatrix}X\\ Y\end{bmatrix} \tag{1.9}$$

值得注意的是，我们映射后得到的是二维图像，所以此时可以忽略坐标 Z。

图 1.3 给出了一个图像映射的例子。其中，图 1.3(a) 是 YellowFin 采集的原始

(a) 原始侧扫声呐图像

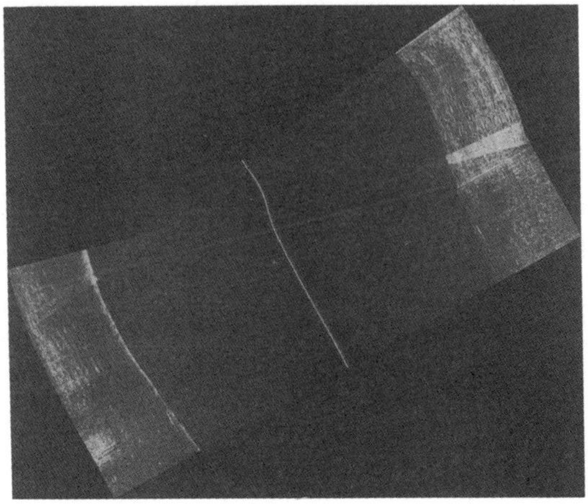

(b) 二维校正

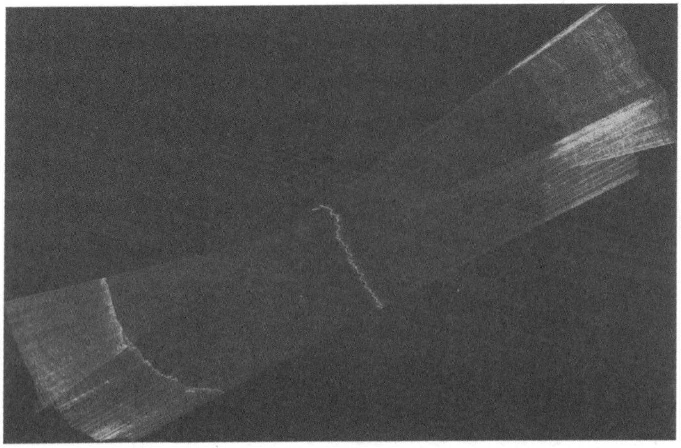

(c) 三维校正

图 1.3 图像映射的例子

图像，图 1.3(b) 是只经过航向角校正和平移校正的结果，而图 1.3(c) 是经过完整三维校正的结果。

可以看出，想要对映射后的图像进行后处理是一件非常困难的事情。所以，已有的文献，如文献 [1]、[2] 等，都是对原始的声呐图像进行处理。但是，读者需要切记，这样处理的假设是在图像对应的这个时间窗内水下机器人的运动可以近似为匀速运动。就目前常见的利用 AUV 搭载侧扫声呐按照预定的航迹执行局部海底扫测任务而言，海流变化并不会剧烈到影响水下机器人的航行姿态，除了预定轨迹的拐角以外这个假设都是近似成立的。因此，在后面的处理中，我们只对原始的侧扫声呐图像进行处理。读者如果觉得有必要，可以按照本节的方法将处理后的侧扫声呐图像映射到绝对坐标系中。

1.3 水下声呐图像处理研究现状

本节将对声呐图像分割和声学目标识别的相关工作进行简要的综述。关于前视声呐图像配准的国内外研究现状方面的综述则放在第 6 章。

1.3.1 图像分割

典型的声呐图像中一般包括 3 类区域，即（目标高亮）回声区、（目标的）阴影区和海底混响区 [侧扫声呐，如图 1.4(a) 所示] 或海水区 [前视声呐，如图 1.4(b) 所示]。回声区是超声波遇到目标后反射形成的，而阴影区则是由于目标的遮挡造成物体背面缺乏反射而形成的暗区。海底混响区包含了大量的纹理噪声，是由海底的反射和散射形成的。此外，前视声呐图中一般存在大量相对“空旷”的海水区。虽然海水区的噪声相对较低，但是不均匀的海水水质和流动的海水仍然会引入很多斑块噪声。

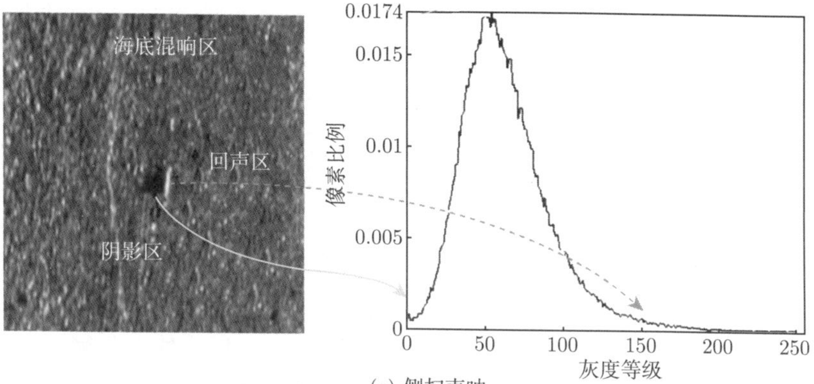

(a) 侧扫声呐

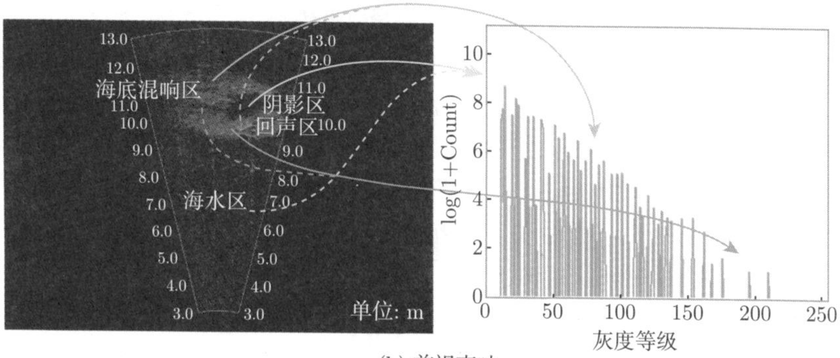

(b) 前视声呐

图 1.4　侧扫声呐图像和前视声呐图像的直方图

声呐图像分割就是将 3 类区域进行有效的分离。对于侧扫声呐，关键是如何将阴影区和回声区从背景（包括海水区和海底混响区）中分离开来。对于前视声呐，首要任务是实现回声区的分离。这是一个典型的图像分割问题，可以借鉴或衍生计算机视觉中经典的图像分割算法。法国上阿尔萨斯大学的 Guillaudeux 等采用模糊 C-均值 (fuzzy C-means，FCM) 聚类对侧扫图像进行软分割，并利用直方图自适应地选择初始阈值[3]。哈尔滨工程大学的郭海涛等将属性直方图用于 Otsu 算法，对侧扫声呐图像进行自适应阈值分割[4]。中国科学院声学研究所的田杰等利用分形思想模拟自然物体，然后用阈值检测侧扫目标[5]。河海大学的霍冠英等基于 Contourlet 变换提出了类似 Canny 边缘检测算子的侧扫声呐图像分割方案，虽然使用了自适应阈值，但也存在着对噪声敏感的问题[6]。但是，这些算法都无法排除斑块噪声的干扰。

因此，很多研究利用这些算法对声呐图像或其他纹理图像进行分割时，还进行了大量的改进或者复杂的后续处理。例如，上海大学的 Li 等在分割前视声呐图像中的目标时，将利用 Otsu 算法得到的阈值作为初步阈值，然后利用轮廓检测和优化得到最终的阈值[7]。但是，和 Otsu 算法一样，如果类间的差异并不明显，分割得到的结果中仍然包含很多斑块噪声，而且容易形成过分割。哈尔滨工程大学的 Ye 等在分割侧扫声呐图像时，使用了 FCM 进行聚类，在隶属度函数中参照纹理特征加入了邻域像素的信息[8]。但是，这实质上是借鉴 Nagao 滤波，和 Guillaudeux 等的 FCM [3] 有些类似。武汉大学的 Lang 等将 Mean-Shift 算法应用到偏振合成孔径雷达图像时，采用了一种自适应非对称带宽选择机制，以克服原始 Mean-Shift 算法在较高和较低散射区分别出现欠平滑和过平滑的现象[9]。法国巴黎高等矿业学院的 Najman 等在利用 WaterShed 对遥感图像进行分割时，为了防止出现过分割，不仅利用极小值点的动力学测量轮廓的显著性，还利用层次性分割减少噪声的干扰[10]。无论基于 Mean-Shift 算法还是基于 WaterShed 算法，都只利用了局部相似性信息，没有考虑全局信息，并不能有效地降低斑块噪声。

近年来在计算机视觉中比较盛行的能量模型，如主动轮廓法、变形模板法和水平集方法也逐渐被引入声呐图像分割。例如，英国 Heriot-Watt 大学的 Lianantonakis 等提取图像的 Haralick 纹理特征后，采用主动轮廓法对海底声呐图像进行分割，实现不同海底地貌的分离[11]。哈尔滨工程大学的 Ye 等提取侧扫声呐图像的 Gauss-MRF 纹理特征后，利用水平集方法提取声呐图像中的显著目标[12]。西班牙瓦伦西亚大学的 Dura 等利用 MRF 模型对侧扫声呐图像进行分割后，对阴影区用超椭圆拟合。不同的形状参数可以拟合如长方形、菱形、椭圆形等区域[13]。但是，基于能量的图像分割方法不仅对轮廓的初值敏感，而且有可能收敛到局部极值点甚至发散。

声呐图像的斑块噪声主要是由水体的折射和声波的散射造成的。为了提高算法的稳健性，有必要对不同类型区域的逆向散射声幅进行统计建模。MRF 模型充分考虑局部像素之间的相似性，最大可能地消除逆向散射造成的干扰。在 MRF 模型中，可以根据应用选择特定的条件分布函数。在地球遥感图像、水下声呐图像处理中，一般选择 Weibull 分布或 Gauss 分布对类条件概率分布建模，并采用最大似然估计噪声模型的参数。当类标签之间满足 Markov 依赖时，可以用 Gibbs 分布对标签场进行建模。例如，法国海军研究院（ Ecole Navale ）的 Mignotte 提出了一个基于 MRF 模型的两步分割法，首先寻找阴影区域，然后进一步细分回声区和海底混响区[1]。国家海洋局海底科学重点实验室的阳凡林等进一步将目标与阴影的相对位置关系之间的约束引入 MRF 模型的势场函数，直接进行三类区域的分割[14]。此外，哈尔滨工程大学的叶秀芬等也提出了一个类似的基于层次性 MRF 模型的侧扫声呐图像分割方案[15]。

除了典型的 MRF 模型，还有一种基于均值场近似的期望最大（expectation-maximization with mean-field approximation, EMMF）模型。EMMF 模型最开始由威斯康星大学密尔沃基分校的 Zhang 提出[16]，后被法国 INRIA Rhone-Alpes 国家实验室的 Celeux 等进一步发展和完善[17]。求解 MRF 模型最大的难点在于参数估计，因为除了具有四邻结构和周期性边界的 Ising 随机场，其他任何情况下的配分函数都是无法计算的[18]。如果将全概率似然直接简化为条件独立分布的乘积，则势必会导致先验参数估计的不准确。EMMF 采取了一个折中的办法，将场中所有其他粒子对当前粒子的影响建模为它们的均值。这样，全概率分布转化为条件分布，兼顾了参数估计的速度和精度。从这个角度考虑，EMMF 模型可以看成具有局部平滑能力的 MRF 模型。

我们将 EMMF 模型应用到 AUV 采集到的前视声呐图像上，取得了非常理想的分割效果，但是实时性还不够理想。即使是对声呐采集的图像进行 2 倍采样，也还有一定的差距。因此，提高 EMMF 算法的处理速度变得尤为紧迫。MRF 模型的求解本质上是构建一条最终收敛到平衡态的 Markov 链的过程，可以从 Markov 链的初态、更新速度、更新规模等方面加速收敛过程。

1.3.2　目标识别

图像分割，包括先验参数估计，都是对图像的预处理。图像处理的最终目标是实现目标检测和识别。随着需求的发展，AUV 的任务中包括越来越多的目标识别任务，如管线或军事目标检测、浮游生物分类、锰结核矿的开发、水母跟踪、海床和珊瑚礁的分类等。水下目标识别算法大抵可以分为以下两类：基于形状匹配的主动轮廓算法和基于特征分类器的算法。

基于形状匹配的主动轮廓算法的基本思想是用一个参数可调的公共模板去拟合各个区域，然后比较拟合参数之间的相似性。主动轮廓算法又可以按照用途分成 2 类。第一类是对水雷等目标的暗区进行拟合。由于阴影是一个绝对暗区，站在对海底目标分类的角度来看，在大部分情况下都比回声更有鉴别力，很多对海底目标进行检测及分类的算法都是直接建立在提取和鉴别物体的阴影区的基础上。例如，可以通过对阴影区采用主动轮廓建模来检测水雷等目标。如西班牙瓦伦西亚大学的 Dura 等利用超椭圆对阴影区域进行拟合后，根据拟合参数对目标进行分类和识别[13]。英国 Heriot-Watt 大学的 Reed 等将水雷的物理尺寸和集合特征作为先验信息，对侧扫声呐图像利用 MRF 模型进行分割，然后利用协作统计轮廓模型对分割出的疑似水雷目标的阴影进行拟合[19]。德国 Darmstadt 工业大学的 Fandos 和 Zoubir 对合成孔径声呐图像分别用 MRF 模型和主动轮廓算法分割，然后将分别得到的暗区形状特征进行融合，实验表明融合后的特征能有效地提高水雷的识别率[20]。第二类是直接对水雷等目标进行拟合。虽然，阴影通常比回声更有鉴别力[13]，但是当物体的一部分掩埋在海底的沙土中时，回声信息就变得非常重要了。因为在这种情况下，回声特征是唯一能用来区分目标的信息。但是，目前尚未见到用直接目标进行拟合的报道。考虑到回声和逆向散射的相互干扰，在进行轮廓拟合时可能还需要考虑目标本身表面的纹理特征等。

基于特征分类器的算法一般包括以下 3 个步骤：①人工分割一个阴影区域，并从阴影中提取一组特征描述子；②利用样本阴影区域的特征训练分类器；③利用分类器对测试数据分类。

常用的特征描述子有 Fourier 描述子、形状描述子、能量描述子等。英国 Heriot-Watt 大学的 Ruiz 等不仅提取了单幅图像的特征，还提取了连续采样的侧扫声呐图像之间特征的变化。单帧特征包括各个区域的面积、周长、紧凑度、最大内径等形状特征，还包括平均亮度以及亮度的方差、前景与背景的对比度、一阶和二阶不变矩等能量特征[21]。南加利福尼亚大学的 Kumar 等提取目标的极坐标特征和 Zernike 矩，并用特征的稀疏表示训练弹性网（elastic net）[22]。河海大学的王慧斌等提取了水下目标的 Hu 不变矩、反射不变矩和小波不变矩，并通过点扩散函数对这些特征进行优化，以提高特征对特定水下环境的适应能力。其中，分类器采用的是反向传播（back propagation，BP）网络[23]。水声对抗技术重点实验室的徐袭等提取广义 S 变换模时频矩阵的奇异值作为特征，输入概率神经网络实现目标识别[24]。

在分类器选择上，近年来逐渐盛行的统计学习和深度学习也逐渐被引入声呐图像中的目标检测和识别。加拿大达尔豪斯大学的 Hollesen 等分别提取了尺度不变特征变换特征和基于卷积的受限 Boltzmann 机（convolutional restricted Boltzmann machine，cRBM）特征，然后用支持向量机（support vector machine，SVM）进行分类，结果表明，利用 cRBM 提取的特征获得了更好的目标检测效果[25]。这是因为深度学习是级联的 RBM，具有更好的泛化性能。英国 Heriot-Watt 大学的 Sawas 等提取了图像的 Harr 特征，然后通过级联的 Adaboost 分类器进行快速的水下目标检测[26]。国防科技大学的吕启等利用深度信念网络（deep belief network，DBN）对极化合成孔径雷达图像进行分类，结果表明，其性能优于 SVM 和 BP 神经网络[27]。

综合而言，①现有的水下目标识别方法都是基于侧扫声呐图像或者多波束声呐图像展开的，目前还没有见到基于前视声呐图像处理的研究报道；②大多数算法都与水雷识别有关，这是因为人工目标往往具有特定的形状特征；③基于分类器的方法仍然占据支配的地位，而且良好的形状或纹理特征能显著提高分类器的性能。但是，前视声呐不应该仅仅局限于避障，应该要为 AUV 的环境感知提供更加有力的支持。本书将尝试开展基于前视声呐图像的图像分割与目标识别工作。

1.4 本书的主要工作

本书面向水下声呐图像处理，主要解决随机场在应用到水下环境时所面临的问题，使之能够真正应用于 AUV 的实时环境感知中。MRF 模型不是一个算法，而是一个开放的框架。针对不同的应用、不同类型的数据，可以对 MRF 模型进行不同的衍生[28]。值得一提的是，MRF 模型本身并不是一件新鲜的事物。自从布朗大学的 S. Geman 和马萨诸塞大学的 D. Geman 提出奠基性的工作以来[29]，MRF 模型在计算机视觉和图像处理中已经得到了广泛的应用[30]。但遗憾的是，由于 MRF 模型并没有解析解，往往需要复杂的优化过程，这就导致 MRF 模型虽然得到了广泛的研究，却并没有进入实际应用。本书对 MRF 模型的求解过程进行了详细的剖析，针对标签场的初始化、先验参数估计和 Markov 链的更新方式等分别提出了有效的解决方案。

因此，本书研究内容的理论主线围绕 MRF 模型的求解过程展开。影响 MRF 模型迭代速度的原因有 3 个：初始状态、先验参数估计和 Markov 链的更新步。本书的第 2~4 章将对其逐一进行分析，并提出解决方案。第 5 章和第 6 章是两项应用研究，分别是基于 CRF 的前视声呐目标识别和基于 PMI 的前视声呐图像配准。本书主要工作如下。

(1) 第 2 章研究先验参数的估计问题，是本书的核心。Gibbs 分布中的交互参数或超参数估计是统计物理中的一个经典问题，但是现有的算法无法做到实时应用，即使是启发式算法也需要对图像进行几十次采样。我们对条件概率进行推导后发现，先验参数与 Hopfield 网络中的突触连接是等价的。为此，我们提出了一个基于局部自编码（local auto encoding，LAE）的先验参数估计算法，即用周围的像素对中心像素进行编码。LAE 以图像块为单位（如二阶依赖的时候取 3×3 的图像块），通过简单的 BP 算法学习交互参数。实验发现，只需要不到一次遍历，LAE 就能快速地估计先验参数，且和经典的伪似然最大估计算法具有相似的 Cramer-Rao 界。同时，LAE 还可以用来估计具有各向异性交互参数的标签场。

(2) 第 3 章研究标签场的初始化问题。对一个收敛系统而言，“初态”和“系数矩阵”的主特征值决定系统收敛的时间。如果先验参数估计是在寻找系统能量的最优下降方向，标签场的初始化问题则是考虑系统的初态的问题。但是，长久以来，这个问题几乎被忽略了。本章提出了一个基于 SAE 算法的标签场初始化算法。SAE 算法和自编码器（autoencoder）具有相似的网络结构。但是，为了保存声呐图像中我们所感兴趣的阴影区域，其激活函数负半轴的斜率要大于正半轴的斜率。初步实验结果表明，和 K-均值聚类算法相比，SAE 算法能显著降低系统收敛到平衡态的时间。

(3) 第 4 章研究如何更好地保存前视声呐图像边界信息的模态随机场的问题。现有的随机场模型中，Potts 单元的状态都是离散的形式。EMMF 算法用时间平均代替即时状态引入模态，但计算均值场概率时，一半用的是离散变量，一半用的是连续（均值）变量。更糟糕的是，MRF 模型需要后处理，会丢失绝大部分细节信息，而 EMMF 算法则会出现过度平滑的现象。为此，本章提出了基于模态的 Markov 随机场模型（Graded-MRF）。在 Graded-MRF 模型中，每个 Potts 单元的激活状态向量在外场和内场共同驱动下按照非 0 K 时的热浴动力更新。本书证明了外场的作用强度和类条件概率的对数成正比，并根据 Markov 链采样的原理推导出了交互参数的学习公式。实验结果表明，Graded-MRF 模型在去除斑块噪声的同时能完好地保留目标的原始轮廓信息，这些特点非常适合基于前视声呐图像的目标识别。

(4) 第 5 章是一项应用研究。到目前为止，还没有关于前视声呐图像目标识别的研究工作。在 AUV 的实际应用中，我们发现前视声呐中也存在很多可用的环境信息。也就是说，前视声呐不应该局限于避障。针对前视图像特征严重缺乏的问题，本章将位置关系作为一种先验知识，开展了基于 CRF 的目标识别工作。初步的识别结果尽管和理想情况还相距甚远，但却提示我们可以从前视声呐图像中提取一些有用的环境信息。

(5) 第 6 章是一项关于前视声呐图像配准的应用研究。当水下机器人在海底施工作业时，只能用前视声呐观测局部的海底区域。如何将几乎非结构化的海底采集的声呐图像进行拼接以得到全局的环境地图是水下机器人自定位导航所要解决的首要问题。本章在区域互信息（regional mutual information，RMI）的基础上提出了一个基于 PMI 的前视声呐图像配准算法。RMI 假设邻域像素的列向量近似服从 Gauss 分布，从而以闭式解的形式计算 Shannon 熵，具有较低的计算和存储代价。为了解决邻域像素由于声学混响和散射造成强相关的情况，提出只采用与中心像素最远的邻域像素计算互信息的策略，初步解决了 RMI 无法应用到高阶邻域的问题。这项工作本身并不是直接基于随机场的研究，但是 RMI 利用邻域像素之间的依赖性提高配准的稳定性，以及根据邻域像素之间的关联性与独立性提出 PMI 算法都是根据随机场启发得到的原创性思想。

参考文献

[1] Mignotte M, Collet C, Pérez P, et al. Three-class Markovian segmentation of high-resolution sonar images[J]. Computer Vision and Image Understanding, 1999, 76(3): 191-204.

[2] Mignotte M, Collet C, Pérez P, et al. Sonar image segmentation using an unsupervised hierarchical MRF model[J]. IEEE Transactions on Image Processing, 2000, 9(7):

1216-1231.

[3] Guillaudeux S, Daniel S, Maillard E. Optimization of a sonar image processing chain: A fuzzy rules based expert system approach[C]//OCEANS'96 MTS/IEEE Prospects for the 21st Century Conference Proceedings, Broward, 1996, 3: 1319-1323.

[4] 郭海涛, 孙大军, 田坦. 属性直方图及其在声纳图像模糊增强中的应用[J]. 电子与信息学报, 2002, 24(9):1287-1290.

[5] 田杰, 张春华. 基于分形的水声图像目标探测[J]. 中国图象图形学报,2005, 10 (4): 479-483.

[6] 霍冠英, 王敏, 程晓轩, 等. 用于侧扫声纳图像边缘检测的改进 Canny 算子[J]. 应用科学学报, 2011, 29(6):613-618.

[7] Li M, Ji H W, Wang X C, et al. Underwater object detection and tracking based on multi-beam sonar image processing[C]//IEEE International Conference on Robotics and Biomimetics (ROBIO), Shenzhen, 2013: 1071-1076.

[8] Ye X F, Wang L, Wang T. Sonar image segmentation on fuzzy c-mean using local texture feature[C]//2011 IEEE/ICME International Conference on Complex Medical Engineering (CME), Harbin, 2011: 115-120.

[9] Lang F K, Yang J, Li D R, et al. Mean-shift-based speckle filtering of polarimetric SAR data[J]. IEEE Transactions on Geoscience and Remote Sensing, 2014, 52(7): 4440-4454.

[10] Najman L, Schmitt M. Geodesic saliency of watershed contours and hierarchical segmentation[J]. IEEE Transactions on Pattern Analysis and Machine Intelligence, 1996, 18(12):1163-1173.

[11] Lianantonakis M, Petillot Y R. Sidescan sonar segmentation using active contours and level set methods[C]// IEEE Oceans 2005-Europe, Brest, 2005: 719-724.

[12] Ye X F, Zhang Z H, Liu P X, et al. Sonar image segmentation based on GMRF and level-set models[J]. Ocean Engineering, 2010, 37(10):891-901.

[13] Dura E, Bell J, Lane D. Superellipse fitting for the recovery and classification of mine-like shapes in sidescan sonar images[J]. IEEE Journal of Oceanic Engineering, 2008, 33(4):434-444.

[14] 阳凡林, 独知行, 李家彪, 等. 基于 MRF 场的侧扫声呐图像分割方法[J]. 海洋学报, 2006, 28(4):43-48.

[15] 叶秀芬, 王兴梅, 方超, 等. 基于改进的马尔可夫随机场声纳图像分割方法研究[J]. 兵工学报, 2009, (8):1039-1045.

[16] Zhang J. The mean field theory in EM procedures for blind Markov random field image restoration[J]. IEEE Transactions on Image Processing, 1993, 2(1):27-40.

[17] Celeux G, Forbes F, Peyrard N. EM procedures using mean field-like approximations for Markov model-based image segmentation[J]. Pattern Recognition, 2003, 36(1): 131-144.

[18] Giovannelli J F. Estimation of the Ising field parameter thanks to the exact partition function[C]//17th IEEE International Conference on Image Processing, Hong Kong, 2010: 1441-1444.

[19] Reed S, Petillot Y, Bell J. An automatic approach to the detection and extraction of mine features in sidescan sonar[J]. IEEE Journal of Oceanic Engineering, 2003, 28(1): 90-105.

[20] Fandos R, Zoubir A M. Optimal feature set for automatic detection and classification of underwater objects in sas images[J]. IEEE Journal of Selected Topics in Signal Processing, 2011, 5(3):454-468.

[21] Ruiz T, Lane D M, Chantler M J. A comparison of inter-frame feature measures for robust object classification in sector scan sonar image sequences[J]. IEEE Journal of Oceanic Engineering, 1999, 24(4):458-469.

[22] Kumar N, Tan Q F, Narayanan S S. Object classification in sidescan sonar images with sparse representation techniques[C]//IEEE International Conference on Acoustics, Speech and Signal Processing (ICASSP), Kyoto, 2012: 1333-1336.

[23] 王慧斌, 张荣, 陈哲, 等. 基于点扩散函数特征优化融合的水下目标识别[J]. 电子测量与仪器学报, 2013, 26(11):944-952.

[24] 徐袭, 石敏, 张纪铃. 基于广义 S 变换的水下目标特征提取[J]. 计算机应用, 2013, 32(A02):280-282.

[25] Hollesen P, Connors W A, Trappenberg T. Comparison of Learned Versus Engineered Features for Classification of Mine Like Objects from Raw Sonar Images[M]. Berlin: Springer, 2011: 174-185.

[26] Sawas J, Petillot Y, Pailhas Y. Cascade of boosted classifiers for rapid detection of underwater objects[C]//Proceedings of the European Conference on Underwater Acoustics, Istanbul, 2010: 1-8.

[27] 吕启, 窦勇, 牛新, 等. 基于 DBN 模型的遥感图像分类[J]. 计算机研究与发展, 2014, 51(9):1911-1918.

[28] Li S Z. Markov Random Field Modeling in Image Analysis[M]. Berlin: Springer, 2009.

[29] Geman S, Geman D. Stochastic relaxation, Gibbs distributions, and the Bayesian restoration of images[J]. IEEE Transactions on Pattern Analysis and Machine Intelligence, 1984, (6):721-741.

[30] Wang C H, Komodakis N, Paragios N. Markov random field modeling, inference & learning in computer vision & image understanding: A survey[J]. Computer Vision and Image Understanding, 2013, 117(11):1610-1627.

2

基于MRF模型的声呐图像分割(I)：先验参数估计

2.1 判别式和生成式

模式识别中的模型一般可以分为两类：判别式和生成式。二者之间的关系可以通过 Bayes 公式进行理解。假设样本集为 X，可以分成 L 个类。根据 Bayes 规则，后验概率 $P_{L/X}(l/x)$ 可以写成

$$P_{L/X}(l/x) = \frac{P_{X,L}(x,l)}{P_X(x)} = \frac{P_{X/L}(x/l)\,P_L(l)}{P_X(x)} \tag{2.1}$$

由于 $P_X(x)$ 是一个常数，所以有

$$P_{L/X}(l/x) \propto P_{X/L}(x/l)\,P_L(l) \tag{2.2}$$

判别式只需要计算条件概率，即直接计算每个样本属于每个类的概率 $P_{X/L}(x/l)$。而生成式则计算全概率 $P_{X,L}(x,l)$，二者的区别在于先验概率 $P_L(l)$。

如果样本之间彼此独立或近似独立，则先验概率 $P_L(l)$ 为或近似为一个常数。此时，条件概率和后验概率等价，简单的判别式模型就能很好地对样本进行分类。反之，如果样本之间存在一定的依赖关系，则应该采用生成式模型对样本进行建模。

而样本之间是否独立取决于采样的方式。对时序采样来说，就是前后两个样本之间是否存在条件依赖；对并行采样来说，就是二者之间是否存在干扰。例如，成像可以看成并行采集像素的过程。对于一般的光学成像，目标表面一般呈镜面反射，而且介质相对均匀，光线之间几乎没有干扰，判别式就足以对图像进行标记

或分割。反之，如果目标表面呈漫反射，或传播介质不均匀，则射线之间的干扰较大。此时，单个像素的成像质量不仅由本身的强度决定，而且被一定邻域的像素所左右。前者可以用条件概率表达，而后者则需要用先验概率 $P_L(l)$ 建模。

水下声呐图像就是需要用生成式建模的典型例子。海床、海山、海沟、岩石、生物、人工目标等对声波都表现为漫反射，而且水体是一个流动的、不均匀的传播介质。这种条件下得到的声呐图像往往包含强烈的斑块噪声。这种现象在遥感成像、人体超声扫描等中也普遍存在。此时，简单的条件概率分割会形成大量的斑块，需要借助先验概率进行校正。MRF 模型将条件概率和先验概率转化为一个能量函数最小化问题，在声呐图像分割中得到了广泛的应用。

2.2 Markov 随机场

假设 $S=\{s\}_{1,2,\cdots,M\times N}$ 表示各个像素的坐标，像素值 $X_s\in\{0,1,\cdots,255\}$。若像素可以分成 Q 个类，则标签 $L_s\in\{1,2,\cdots,Q\}$。例如，对于侧扫声呐图像，$L_s\in\{e_0,e_1,e_2\}$，e_0,e_1,e_2 分别表示阴影、回声和海底混响。

2.2.1 最大后验概率

图像分割的目的就是寻找使得后验概率 $P_{L/X}(l/x)$ 最大的标签场 L，即最大后验（maximum a posterior, MAP）概率：

$$L^*\leftarrow\arg\max_{L}P_{L/X}(l/x) \tag{2.3}$$

结合式（2.2），MAP 等价于寻找使得下面的能量函数最大的标签场：

$$E=\ln P_L(l)+\ln P_{X/L}(x/l) \tag{2.4}$$

下面，我们将分别给出类条件分布 $P_{X/L}(x/l)$ 和先验分布 $P_L(l)$ 的表达形式。

2.2.2 类条件分布

如果属于同一类的像素之间彼此近似独立，则

$$P_{X/L}(x/l)=\prod_{s}P_{X_s/L_s}(x_s/l_s) \tag{2.5}$$

根据声呐图像的先验统计知识，属于同一类区域的像素服从特定的分布，如 Weibull 分布[1, 2]。分别用 x_s 和 l_s 表示第 s 个像素的灰度值和标签，则有

$$P_{X_s/L_s}(x_s/l_s)=\frac{C_s}{\alpha_s}\left(\frac{x_s-\min_s}{\alpha_s}\right)^{C_s-1}\mathrm{e}^{-\left(\frac{x_s-\min_s}{\alpha_s}\right)^{C_s}} \tag{2.6}$$

式中，$\min_s$ 是平移参数；α_s 和 C_s 分别是尺度参数和形状参数。

2.2.3 先验分布

先验分布用来刻画标签之间的依赖关系，即水下目标成像基元之间的相关性。先验分布本身没有解析的表达式，但是在物理世界中基元之间又的确存在一定的相关性。例如，单个“岩石”像素的周围更有可能是“岩石”像素，而单个“海底”像素的周围也更有可能是“海底”像素。但是，“岩石”边缘像素的周围又可能是“海底”。总体来看，当岩石较大时，“岩石”周围出现“岩石”的概率较高；反之，“岩石”周围出现“海底”的概率较高。这说明，目标的尺寸和标签之间切换的概率相关。这种现象在概率统计中一般用指数分布来进行描述：

$$P(x) \propto \mathrm{e}^{-\lambda x}$$

在 MRF 模型中，我们认为标签之间服从 Markov 依赖。根据 Hammersley-Clifford 定理[3]，先验分布 $P_L(l)$ 可以用 Gibbs 分布去逼近，即

$$P_L(l) = \frac{1}{Z}\mathrm{e}^{H_l} \tag{2.7}$$

式中，H_l 是配置为 l 时系统的交互能，表示为

$$H_l = \sum_{s} \sum_{t \in \Xi_s} \beta_{st}\delta(l_s, l_t) \tag{2.8}$$

其中，Ξ_s 表示第 s 个像素的二阶邻域；$\beta_{st} \in \{\beta_1, \beta_2, \cdots, \beta_8\}$，$\beta_{st}$ 由标签之间的局部位置关系决定，如图 2.1 所示；δ 是 Kroneker 函数：

$$\delta(a, b) = \begin{cases} 1, & a = b \\ 0, & 其他 \end{cases} \tag{2.9}$$

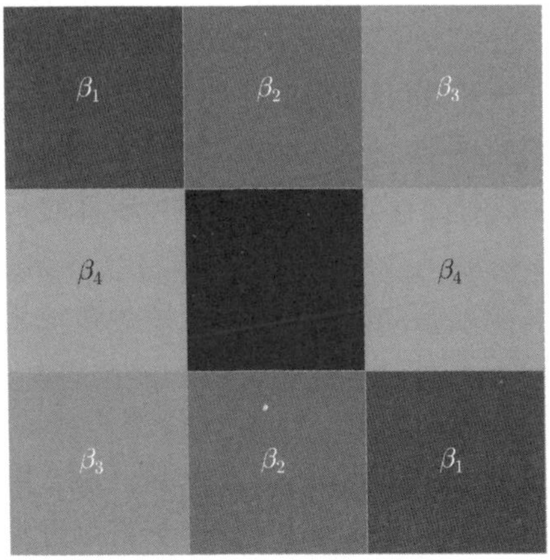

(a) 中心对称

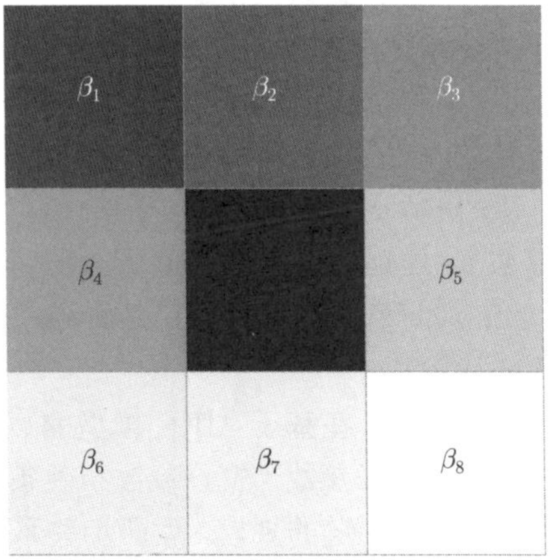

(b) 各向异

图 2.1　各向异性交互参数

2.2.4 参数估计

将式（2.5）和式（2.7）代入式（2.4）可得

$$E = \sum_{s} E_s \tag{2.10}$$

$$E_s = -\frac{1}{T}\sum_{t\in\Xi_s}\beta_{st}\delta\left(l_s, l_t\right) + \ln\left(\frac{C_s}{\alpha_s}\right) + \left(C_s - 1\right)\ln\left(\frac{x_s - \min_s}{\alpha_s}\right) - \left(\frac{x_s - \min_s}{\alpha_s}\right)^{C_s} \tag{2.11}$$

因此，剩下的任务就是估计最优的先验参数和类条件参数集 $\{\beta_{st}, \alpha_s, C_s, \min_s\}$，使得式（2.4）所代表的系统能量越小越好。

先验概率和条件概率彼此依赖，如计算先验概率时需要知道最优的标签，而标签又依赖于先验概率和条件概率。因此，MRF 模型没有解析解。对于这种能量模型，一般采用迭代最优的方法求解。按照具有优化的思路，又可以分成 2 种思路：局部优化法和全局优化法。前者如条件迭代法（iterated condition method，ICM）[2, 4]，后者有模拟退火算法、遗传算法等[5]。全局优化法虽然更能接近最优值，但是计算代价太高。从工程应用角度看，这里考虑 ICM。

图 2.2 重新画出了基于 ICM 的 MRF 模型求解的过程。简单地说，ICM 迭代构建一条逐渐收敛到平衡态的 Markov 链。

(1) 初始化 Markov 链，即对图像进行预分割。常见的有无监督式的 K-均值聚类算法[1] 或有监督的神经网络算法[6]。对于声呐图像，我们将在第 3 章中描述一种基于选择性自编码的标签场初始化算法。

(2) 估计条件参数和先验参数。类条件分布参数可以通过简单的最大似然估计进行估计[1]，先验参数估计算法将在 2.3 节进行阐述。

(3) 更新 Markov 链。利用估计得到的参数对图像重新进行分割，即针对每一个像素 s，计算使得局部能量 E_s 最大的标签。

(4) 判断系统的能量变化是否已经小于某个非常小的常数 ε，决定是否退出或重新估计参数。

可以看出，在基于 MRF 模型的声呐图像分割过程中，有 3 个步骤非常重要，分别是预分割、参数（先验参数和类条件参数）估计和更新 Markov 链步骤。第一步涉及 Markov 链的规模，后两步关系到更新 Markov 链的速度。本章重点讨论先验参数估计问题，标签场初始化和更新 Markov 链步骤将分别在第 3 章和第 4 章中进行讨论。

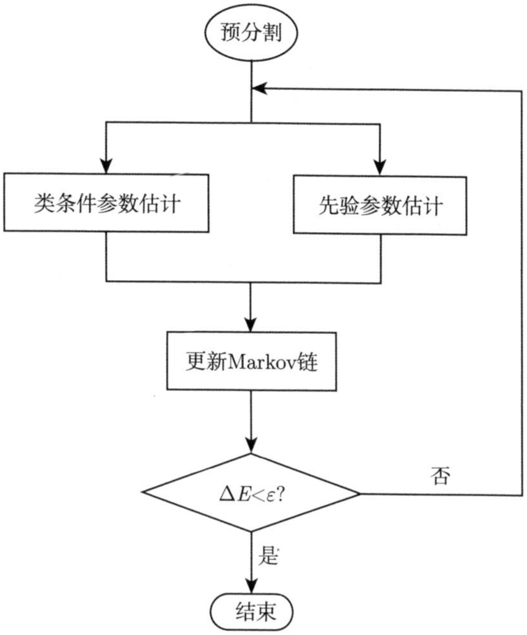

图 2.2　基于 ICM 的 MRF 模型求解过程

2.3　条件参数估计

取条件概率的似然函数的对数：

$$E_1 = \sum_s \ln\left(\frac{C_s}{\alpha_s}\right) + (C_s - 1)\ln\left(\frac{x_s - \min_s}{\alpha_s}\right) - \left(\frac{x_s - \min_s}{\alpha_s}\right)^{C_s} \tag{2.12}$$

分别对 $\min_s$、α_s、C_s 求导数，可以得到最大似然 (maximum likelihood, ML) 估计：

$$\begin{cases} \hat{\min}_{\text{ML}} = \hat{x}_{\min} - 1 \\ \dfrac{\sum\limits_{i=1}^{N} \tilde{x}_i^{\hat{C}_{\text{ML}}} \ln \tilde{x}_i}{\sum\limits_{i=1}^{N} \tilde{x}_i^{\hat{C}_{\text{ML}}}} - \dfrac{1}{N}\sum\limits_{i=1}^{N} \ln \tilde{x}_i = \dfrac{1}{\hat{C}_{\text{ML}}} \\ \hat{\alpha}_{\text{ML}} = \left(\dfrac{1}{M}\sum\limits_{i=1}^{N} \tilde{x}_i^{\hat{C}_{\text{ML}}}\right)^{\frac{1}{\hat{C}_{\text{ML}}}} \end{cases} \tag{2.13}$$

式中，$\hat{C}_{\mathrm{ML}}$ 依然没有解析解，需要通过迭代求解。图 2.3(a) 画出了原始的海底图像，图 2.3(b) 画出了其灰度直方图和 Weibull 拟合曲线，图 2.3(c) 是 $\hat{C}_{\mathrm{ML}}$ 的求解过程。

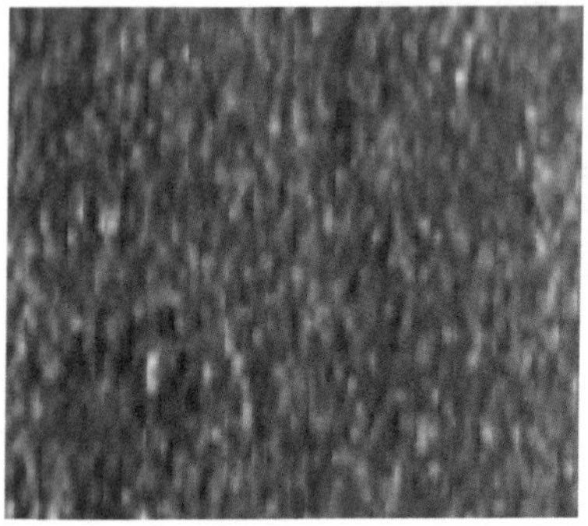

(a) 海底背景

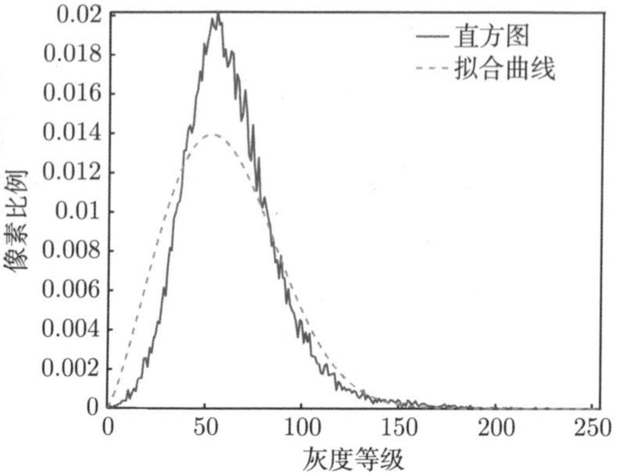

(b) Weibull 分布逼近

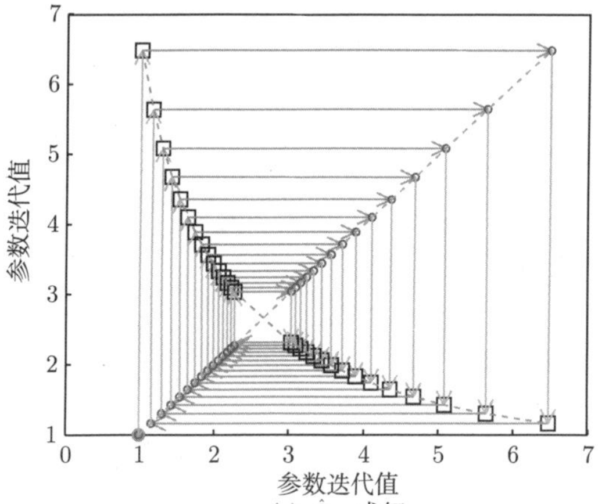

(c) $\hat{C}_{\mathrm{ML}}$ 求解

图 2.3　用 Weibull 分布逼近海底背景

剩下的任务就是估计先验参数 β_{st}。

2.4　先验参数估计

先验信息是为了纠正单纯利用类条件概率 $P_{X/L}(x/l)$ 进行分割时引入的不合理分割，即某个像素的最终类别不能简单地看这个像素的灰度值属于哪个类的概率最高，还要参考这个像素的邻域中的其他像素的信息。也就是说，如果类条件概率是假设像素之间彼此独立，那么先验概率在局部相邻像素之间添加了 Markov 依赖关系。不同的交互参数会生成不同类型的纹理，如图 2.4 所示。因此，不合理的先验参数可能会对像素添加不合理的局部约束，造成状态的“强制”跳转，形成糟糕的分割。

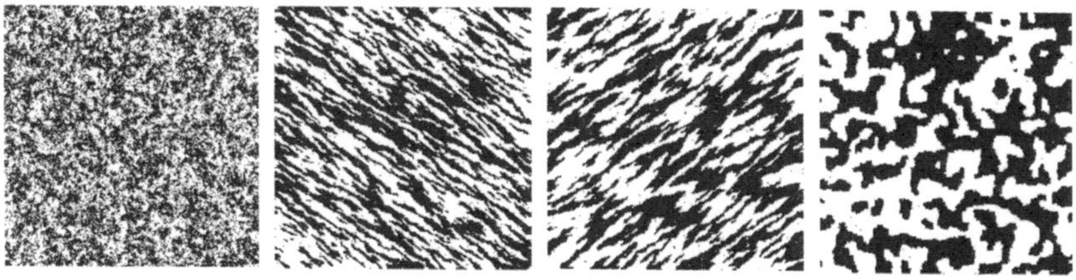

图 2.4　不同交互参数生成的纹理

参数估计的最常用方法是最大似然估计，但是对于 Gibbs 分布中的先验参数估计，配分函数的计算量 $\mathcal{O}\left(Q^N\right)$ 太大。除了具有周期性边界条件的 Ising 场[7]，其他任何 Potts 场的配分函数都没有解析解。现有的先验参数估计算法大体可以分成 2 类：基于条件概率的启发式方法和基于 Monte-Carlo 采样的采样法。前者又包括最大伪似然估计（maximum pseudo-likelihood, MPL）[8]、基于 Coding（编码）的伪似然估计[9]、均值场（mean-field）逼近[10, 11] 和最小二乘（least square, LSQR）法[2, 4, 12, 13]；后者包括 Markov 链 Monte-Carlo（Markov chain Monte-Carlo, MCMC）仿真法 [14-16]、基于 MCMC 的最大似然法 (MCMC maximum likelihood, MCMCML)[17] 和无似然法（likelihood-free）[18, 19]。值得注意的是，第 4 章描述的 EMMF 算法也可以看成基于条件独立假设的算法，只是在均值场近似时配分函数中相同的成分被约掉了。

采样法通过 Monte-Carlo 仿真以迭代的方式逼近先验分布，直到采样参数达到一个稳态。采样法的精度比启发式方法更加精确，但是采样成本非常高[17, 19]。从工程应用的角度考虑，启发式方法更加可取[20]。值得注意的是, McGrory 等曾提出过一个递归方法对划分函数解析求解，但是这种方法只能应用于较小的纹理尺寸和较小的先验参数（对应较弱的交互强度）[21]。Ali 等曾提出过一个近似解析方法去计算 Potts 模型的划分函数，但是这个方法要求噪声服从 Gauss 分布[22]。

下面将详细介绍几种方法，并分析每种方法的利弊。为了简化描述，除了 2.4.7 节的最小二乘法，均假设 β 具有各向同性。此时，纹理中斑块的大小与 β 正相关。因此，β 也称为颗粒系数[19]。

2.4.1　伪似然估计

伪似然算法由利物浦大学的 Besag 教授于 1974 年提出[8]。将式（2.8）代入

式 (2.7) 可得

$$P_{\beta}(l)=\frac{1}{Z_{\beta}}\mathrm{e}^{\beta\sum\limits_{s}\sum\limits_{t\in\Xi_s}\delta(l_s,l_t)} \tag{2.14}$$

取对数作为似然函数:

$$\log P_{\beta}(l)=\beta\sum_{s}\sum_{t\in\Xi_s}\delta(l_s,l_t)-\log Z_{\beta} \tag{2.15}$$

直接求导时，问题依然是无法计算配分函数。Besag 提出了一个启发式解决方案，用伪似然函数（条件似然函数）代替似然函数。其中，伪似然函数为每个标签的条件概率的乘积。条件概率为

$$P(l_s|l_{\Xi_s})=\frac{\mathrm{e}^{\beta\sum\limits_{t\in\Xi_s}\delta(l_s,l_t)}}{\sum\limits_{l_s}\mathrm{e}^{\beta\sum\limits_{t\in\Xi_s}\delta(l_s,l_t)}} \tag{2.16}$$

基于条件独立假设，可得条件似然函数:

$$\mathrm{PL}=\prod_{s}P(l_s|l_{\Xi_s})=\prod_{s}\frac{\mathrm{e}^{\beta\sum\limits_{t\in\Xi_s}\delta(l_s,l_t)}}{\sum\limits_{l_s}\mathrm{e}^{\beta\sum\limits_{t\in\Xi_s}\delta(l_s,l_t)}} \tag{2.17}$$

为了方便求导，取其对数作为新的似然函数:

$$\log\mathrm{PL}=\sum_{s}\left\{\beta\sum_{t\in\Xi_s}\delta(l_s,l_t)-\log\left[\sum_{l_s}\mathrm{e}^{\beta\sum\limits_{t\in\Xi_s}\delta(l_s,l_t)}\right]\right\} \tag{2.18}$$

现在，可以采用梯度下降法计算 β 的学习规则。将对数似然函数对 β 求导:

$$\frac{\partial}{\partial\beta}\log\mathrm{PL}=\sum_{s}\left\{\sum_{t\in\Xi_s}\delta(l_s,l_t)-\frac{\sum\limits_{l_s}\left[\mathrm{e}^{\beta\sum\limits_{t\in\Xi_s}\delta(l_s,l_t)}\sum\limits_{t\in\Xi_s}\delta(l_s,l_t)\right]}{\sum\limits_{l_s}\mathrm{e}^{\beta\sum\limits_{t\in\Xi_s}\delta(l_s,l_t)}}\right\} \tag{2.19}$$

所以，伪似然估计算法的先验参数学习规则为

$$\Delta\beta=\eta\frac{\partial}{\partial\beta}\log\mathrm{PL} \tag{2.20}$$

2.4.2　基于 Coding 的伪似然估计

为了更加符合条件独立的假设，Besag 又于 1975 年提出了基于 Coding 的伪似然估计算法[3]。其原理和伪似然估计的计算过程一样，差别只在对晶格进行分解，如图 2.5 所示。也就是说，每次只取部分像素进行伪似然估计。

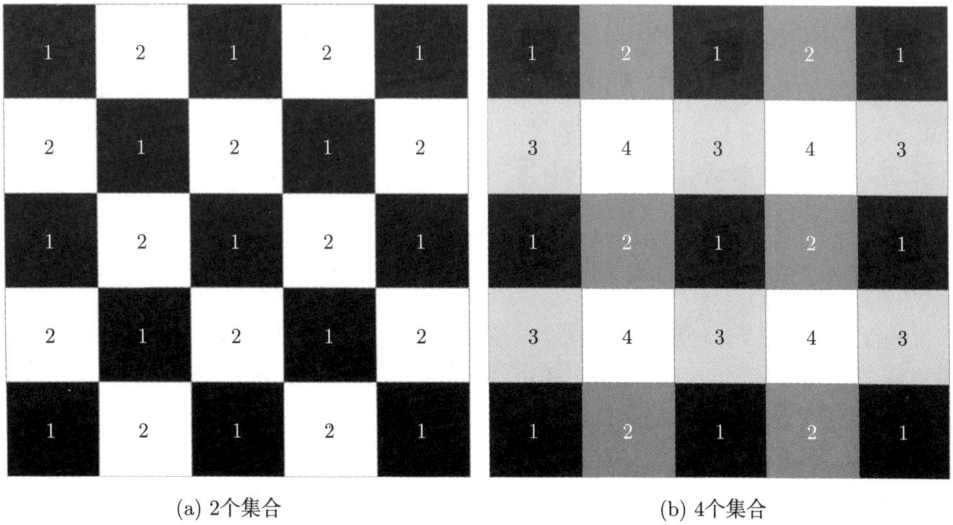

图 2.5　基于 Coding 的伪似然估计的晶格划分方法

关于伪似然估计算法和基于 Coding 的伪似然估计算法，可以理解如下。

(1) 无论伪似然估计算法还是基于 Coding 的伪似然估计算法，都在尽可能满足独立性假设，以避免对划分函数的计算。

(2) 子集编码不是交互参数的方向。子集是为了追求独立性，在参数估计的时候用而已。每个子集都会得到一个交互参数集合。

(3) Coding 的计算和伪似然的求解过程完全一样。即对于每一个子集，参数估计使用的完全是伪似然的算法。唯一的区别是分别对每一个子集（1、2、3、4）进行计算。

但是，基于 Coding 的伪似然估计算法存在一个小问题，即如何将这些不同子集得到的交互参数结合起来。最简单的方法是算术平均。

2.4.3　均值场逼近

均值场逼近可以看成一种具有平滑功能的梯度下降法，详见第 4 章。学习规则为

$$\frac{\partial}{\partial\beta}Q\left(\beta\right)=-\sum_{s}\sum_{z_s}P\left(z_s\left|x_s\right.\right)\left(R_{z_s}-\frac{\sum\limits_{z_s=1}^{Q}\mathrm{e}^{-\beta R_{z_s}}R_{z_s}}{\sum\limits_{z_s=1}^{Q}\mathrm{e}^{-\beta R_{z_s}}}\right) \tag{2.21}$$

式中，z_s 是对标量标签 l_s 的向量表示；$P\left(z_s\left|x_s\right.\right)$ 是均值场假设下的条件期望；$R_{z_s}=\sum\limits_{t\in\Xi_s}z_s\left\langle z_t\right\rangle$，且 $\langle\cdot\rangle$ 表示均值场逼近。

均值场法本质上采用的是梯度下降法。均值场近似本来是在期望最大 (expectation-maximization，EM) 算法中提出的[10]，其本身并不是一种单纯的先验参数估计算法。因此，在本章后面的讨论中将不再讨论这种方法。具体基于均值场近似的 EM 算法的图像分割方法详见第 4 章。

2.4.4 MCMC：均匀采样

基于 Monte-Carlo 仿真的方法大概是最“无聊”的算法。众所周知，Geyer 于 1992 年提出了 MCMCML 方法[15]，但是更加直观的是 1991 年 Younes 关于 MCMC 的工作[14]。

Younes 的思想很简单，当超越方程出现时，可以采用迭代的思路求解。具体到 MRF 模型，可以先为交互参数 β 赋一个初始值，并用这个初始值采集一幅纹理图像，然后根据这幅纹理图像的某些特征更新交互参数 β。

交互参数 β 和一致基团数的期望之间存在一一对应的关系，因此可以将一致基团数 N_x 作为采样得到的纹理的参考特征①。其实，一致基团数 N_x 在相变点 $[\beta_c=\log\left(1+\sqrt{Q}\right)]$ 附近也很难具有唯一性。因此，Morris 等曾经通过仿真表示，Potts 模型并不能用来分割图像[16]。

基本的 MCMC 算法的参数更新公式：

$$\Delta\beta_t=\eta_t\left(\hat{E}_t\left(N_l\right)-N_{l0}\right) \tag{2.22}$$

式中，学习速率 $\eta_t=\dfrac{1}{tU}$，U 是一个常数，而且

$$\hat{E}_t\left(N_l\right)=\frac{\sum\limits_{m=1}^{M}N_l\left(L^{m,t}\right)}{M} \tag{2.23}$$

$\left\{L^{m,t+1}\right\}_{m=1,2,\cdots,M}$ 是根据参数 θ_t 用 Gibbs 采样采集得到的 M 个样本（注意，一定要是熔化期间的样本）。同时，为了降低计算量，可以令 $L^{0,t+1}=L^{M,t}$。

①这里其实存在两个问题：是否有其他更好的特征；如果交互参数存在各向异性，如何计算梯度。

在 MCMC 的每次迭代中都需要通过 Monte-Carlo 采样生成至少一幅纹理图像，因此计算复杂度很大。

2.4.5 MCMCML：重要性采样

在 MCMC 中，每步需要 M 个样本。尽管在实际中，$M=1$ 就已经能取得不错的效果，但是理想的情况应该是采集多个样本。最后，需要取不同样本一致基团数的均值更新参数 β。MCMCML 为了提高采样的效率，采用了重要性采样。

重写 Gibbs 分布：

$$P_\beta(l)=\frac{1}{Z_\beta}\mathrm{e}^{\beta\sum\limits_i\sum\limits_{j\in c_i}\delta(l_i,l_j)}=\frac{1}{Z_\beta}\mathrm{e}^{\beta N_l} \tag{2.24}$$

对数似然为

$$\log P_\beta(l)=\beta N_l-\log Z_\beta \tag{2.25}$$

为了求 β 的最大似然估计 $\hat{\beta}$，对 β 求导数：

$$\frac{\partial\log P_\beta(l)}{\partial\beta}=0\Leftrightarrow N_l-\frac{Z'_\beta}{Z_\beta}=0\Leftrightarrow N_l=\frac{\displaystyle\int N_x\mathrm{e}^{\beta N_x}\mathrm{d}x}{\displaystyle\int\mathrm{e}^{\beta N_x}\mathrm{d}x} \tag{2.26}$$

这是一个超越方程，无法求解。如果直接用数值积分逼近，势必要采集海量的样本。一个较好的方案是采用重要性采样[17, 19]。

$$\begin{aligned}Z_\beta&=\int\mathrm{e}^{\beta N_x}\mathrm{d}x=\int\mathrm{e}^{(\beta-\psi)N_x}\mathrm{e}^{\psi N_x}\mathrm{d}x\\&=\int\mathrm{e}^{(\beta-\psi)N_x}Z\frac{1}{Z}\mathrm{e}^{\psi N_x}\mathrm{d}x\\&=Z_\psi\int\mathrm{e}^{(\beta-\psi)N_x}\mathrm{d}\left(\frac{1}{Z_\psi}\mathrm{e}^{\psi N_x}\right)\\&=Z_\psi\int\mathrm{e}^{(\beta-\psi)N_x}\mathrm{d}P_\psi(x)\end{aligned} \tag{2.27}$$

从而得到

$$\frac{Z_\beta}{Z_\psi}=E_\psi\left[\mathrm{e}^{(\beta-\psi)N_x}\right] \tag{2.28}$$

注意，E_ψ 是在 x_ψ 上的期望。这里需要转换一下思路。前面的采样，是对每一个 β，样本 x 在变化（扮演变量的角色）。现在得回到问题的本源。我们就是要估计这个未知的 β。也就是说，β 是未知的变量。

然后，就可以考虑利用重要性采样执行梯度下降了。回到最大似然估计：

$$\arg\min_\beta\log P_\beta(l)=\beta N_l-\log Z_\beta \tag{2.29}$$

取 β 的导数：

$$\frac{\partial \log P_\beta(l)}{\partial \beta} = N_l - \frac{Z'_\beta}{Z_\beta} = N_l - \frac{Z_\psi}{Z_\beta}\frac{Z'_\beta}{Z_\psi} \tag{2.30}$$

注意到 $Z_\beta = \int \mathrm{e}^{(\beta-\psi)N_x}\mathrm{d}P_\psi(x)$，所以有

$$Z'_\beta = Z_\psi \int N_x \mathrm{e}^{(\beta-\psi)N_x}\mathrm{d}P_\psi(x) \quad \Rightarrow \quad Z'_\beta = Z_\psi E_\psi\left[N_x \mathrm{e}^{(\beta-\psi)N_x}\right] \tag{2.31}$$

代入式 (2.30) 得

$$\begin{aligned}\frac{\partial \log P_\beta(l)}{\partial \beta} &= N_l - \frac{E_\psi\left[N_x \mathrm{e}^{(\beta-\psi)N_x}\right]}{E_\psi\left[\mathrm{e}^{(\beta-\psi)N_x}\right]} \\ &= N_l - \frac{\int N_x \mathrm{e}^{(\beta-\psi)N_x}\mathrm{d}\left(\dfrac{1}{Z_\psi}\mathrm{e}^{\psi N_x}\right)}{\int \mathrm{e}^{(\beta-\psi)N_x}\mathrm{d}\left(\dfrac{1}{Z_\psi}\mathrm{e}^{\psi N_x}\right)}\end{aligned} \tag{2.32}$$

注意，E_ψ 是在 x_ψ 上的期望。

在实际实现的时候，采用式 (2.32) 的数值积分形式：

$$\frac{\partial \log P_\beta(l)}{\partial \beta} = N_l - \frac{\sum\limits_\psi N_x \mathrm{e}^{(\beta-\psi)N_x}}{\sum\limits_\psi \mathrm{e}^{(\beta-\psi)N_x}} \tag{2.33}$$

一般来说，$|(\beta-\psi)N_x| \sim \mathcal{O}(10^4)$，$\mathrm{e}^{(\beta-\psi)N_x}$ 将会溢出。为了防止溢出，令 $A = \{(\beta-\psi)N_x\}_{\max}$，式 (2.33) 变成

$$\frac{\partial \log P_\beta(l)}{\partial \beta} = N_l - \frac{\sum\limits_\psi N_x \mathrm{e}^{(\beta-\psi)N_x-A}}{\sum\limits_\psi \mathrm{e}^{(\beta-\psi)N_x-A}} \tag{2.34}$$

然后可以采用梯度学习。

将式 (2.34) 应用到 MCMC 算法的参数更新公式，即可得到 MCMCML 的学习规则：

$$\Delta\theta_t = \eta_t\left(\hat{E}_t(N_x) - N_{x0}\right) \tag{2.35}$$

式中，学习速率 $\eta_t = \dfrac{1}{tU}$，且

$$\hat{E}_t(N_l) = \frac{\sum_{m=1}^{M} {N_l}^{m,t} \mathrm{e}^{(\beta-\psi){N_l}^{m,t}}}{\sum_{m=1}^{M} \mathrm{e}^{(\beta-\psi){N_l}^{m,t}}} \tag{2.36}$$

式（2.23）中，$\{L^{m,t}\}_{m=1,2,\cdots,M}$ 是根据参数 ψ 用 Gibbs 采样采集得到的 M 个样本。同样，为了降低计算量，可以令 $L^{0,t+1} = L^{M,t}$。需要注意以下几个方面。

(1) $\{L^{m,t}\}_{m=1,2,\cdots,M}$ 是用同一个 ψ 采集到的样本。

(2) $\psi \sim N(\beta, 0.01)$。

(3) MCMC 可以看成 MCMCML 的特例，$\psi = \beta$。

总之，和 MCMC 一样，MCMCML 也采用了梯度下降，但是梯度是根据重要性采样的原理推导出来的。所以，每一次迭代都需要采样更多的样本，需要巨大的计算量。MCMCML 和 MCMC 有两点本质上的区别：

(1) MCMC 是用当前 β 进行均匀采样，而 MCMCML 是用与当前 β 相似的 ψ 进行采样。

(2) MCMC 直接取样本的一致基团数的均值，而 MCMCML 将 β 与 ψ 的差值作为权重对一致基团数加权。

可能是因为计算量的原因，1999 年 MCMCML 才被法国国家信息与自动化研究所的 Descombes 等应用到图像分割中[17]，其中 Monte-Carlo 采样使用的是重要性采样技术。英国布里斯托尔大学的 Pereyra 等进一步将重要性采样替换成了 Metropolis-Hastings 采样[19]。如果前面几种是计算技术落后时代不得不采用的一种次优方案，MCMC 和 MCMCML 则是利用计算机对原始的全概率函数进行 Monte-Carlo 仿真得到的两种有可能得到较优解的方案（较优而非最优，因为最大似然本身不能保证得到最优解）。但是 MCMC 和 MCMCML 计算量太大，难以应用到实际 AUV 平台上的实时声呐图像处理。

2.4.6 无似然算法

Pereyra 等 [19] 提出了一个基于近似 Bayesian 计算（approximative Bayesian computation，ABC）[23] 和无似然 Metropolis-Hastings 采样[18] 的算法。和梯度算法不同的是，无似然算法对标签、先验参数和辅助变量进行混合采样[19]。

无似然算法也属于 MCMC 算法，但是代价更高。更重要的是，只有当采样是完备的时候，无似然采样才是精确的[24, 25]，考虑到实际应用中的实践性，我们在后面的实验中不再考虑这种算法。

2.4.7 最小二乘法

无论伪似然还是 MCMC，计算量都非常大。因此，目前常用的先验参数估计算法是最小二乘估计。这种思路最早由布朗大学的 S. Geman 和马萨诸塞大学的 D. Geman 在 1984 年提出，但是这种方法只能用来估计 Ising 随机场[26]。对于 Potts 模型，由于可能的局部配置过多，超越方程组过于稀疏而导致估计失败。

最小二乘法的思想非常简单。假设第 s 个像素的邻域为 Ξ_s，其标签配置为 Γ_s。根据条件概率式 (2.16) 有

$$\begin{aligned}\frac{P\left(l_s=q_1\left|l_{\Xi_s}\right.\right)}{P\left(l_s=q_2\left|l_{\Xi_s}\right.\right)}&=\frac{\mathrm{e}^{\sum\limits_{t\in\Xi_s}\beta_t\delta(q_1,l_t)}}{\mathrm{e}^{\sum\limits_{t\in\Xi_s}\beta_t\delta(q_2,l_t)}}=\mathrm{e}^{\sum\limits_{t\in\Xi_s}\beta_t[\delta(q_1,l_t)-\delta(q_2,l_t)]}\\&=\mathrm{e}^{[\Theta(q_1,\Gamma_s)-\Theta(q_2,\Gamma_s)]\beta}\end{aligned}\tag{2.37}$$

式中，$\Theta\left(q,\Gamma_s\right)=\left[\delta\left(q,l_1\right)+\delta\left(q,l_8\right),\cdots,\delta\left(q,l_4\right)+\delta\left(q,l_5\right)\right]$[中心对称，图 2.1(a)]，或 $\Theta\left(q,\Gamma_s\right)=\left[\delta\left(q,l_1\right),\delta\left(q,l_2\right),\cdots,\delta\left(q,l_8\right)\right]$[各向异，图 2.1(b)]；$\beta=\left[\beta_1,\beta_2,\cdots,\beta_8\right]$ 。

中心像素的标签为 q_1 和 q_2 的概率可以根据整幅图像进行统计，即

$$\frac{P\left(q_1\left|l_{\Xi_s}\right.\right)}{P\left(q_2\left|l_{\Xi_s}\right.\right)}\approx\frac{N_{l_s,l_{\Xi_s}}\left(q_1,\Gamma_s\right)}{N_{l_s,l_{\Xi_s}}\left(q_2,\Gamma_s\right)}\tag{2.38}$$

式中，$N_{l_s,l_{\Xi_s}}\left(q,\Gamma_s\right)$ 为当前像素属于类 q 且周围配置为 Γ_s 的块在图像中出现的次数。

综合起来，可以得到

$$\left[\Theta\left(q_1,\Gamma_s\right)-\Theta\left(q_2,\Gamma_s\right)\right]\boldsymbol{\beta}=\ln\left[\frac{N_{l_s,l_{\Xi_s}}\left(q_1,\Gamma_s\right)}{N_{l_s,l_{\Xi_s}}\left(q_2,\Gamma_s\right)}\right]\tag{2.39}$$

单个像素的 2 阶邻域中有 8 个像素，一共存在 2^8 种可能的配置（图 2.6）。所以，理论上可以得到 2^8 个这样的等式，然后利用最小二乘法求方程组的解。但是存在如下几个问题。

(1) 由于 $\ln x$ 要求 $x>0$，所以必须去掉 $N_{l_s,l_{\Xi_s}}\left(q,\Gamma_s\right)=0$ 的配置。这也就意味着所有中心为 0 且邻域配置为 Γ_s 的样本都被忽略了。

(2) 必须保证变量的系数全部不为 0，否则方程没有意义。这也就意味着所有满足 $\Theta\left(q_1,\Gamma_s\right)=\Theta\left(q_2,\Gamma_s\right)$ 的样本都被忽略了。如果参数满足中心对称 [图 2.1(a)]，则不符合要求的配置信息更多，更多的样本被忽略。

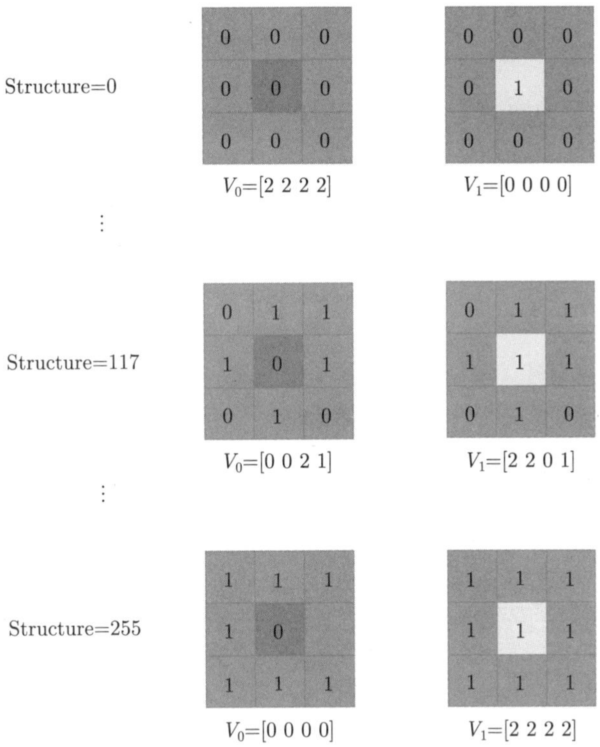

图 2.6　利用 LSQR 估计 Ising 场交互参数时的配置结构

"Structure"表示邻域的配置结构

(3) 本质上，最小二乘法是以牺牲小样本为代价的。在方程的个数远大于参数个数的情况下，少数几种配置决定了方程的解，造成较大的偏差。

(4) 对于 Potts 态，一共有 $Q^8C_Q^2$ 个方程组。一方面，系数矩阵需要巨大的存储空间；另一方面，过于稀疏的系数矩阵将导致灾难性的估计。

从上面的分析可以看出，一个好的先验参数估计算法应该充分利用图像中出现的所有信息，避免因为计算的限制而丢弃很多样本。

2.5　基于局部中心编码的先验参数估计

从 2.4 节的分析可以看出，基于 Monte-Carlo 采样的算法虽然具有较高的精度，但是却需要反复地采样，具有非常大的计算复杂度。启发式算法虽然牺牲了一定的精度，却避开了复杂的采样操作。但是，即使是启发式算法，在实际应用中也存在诸多缺点。例如，伪似然算法、基于 Coding 的伪似然算法和均值场算法需要对图像进行多次遍历；而 LSQR 算法不仅抛弃了很多不满足数学约束的局部块，而且需要复杂的最小二乘计算。更加严重的是，LSQR 算法几乎只能用于 Ising 场。

本节将以条件概率为出发点，提出一个全新的基于 LAE 的先验参数学习算法。该算法能充分利用图像中的所有局部配置信息。下面首先介绍典型的 Potts 模型中的 LAE 算法，在附录 A 和 B 中将其推广到其他类型的 Potts-MRF 模型。

几乎所有的启发式算法都基于条件概率 [4,8-11]，LAE 算法也不例外。重写伪似然函数 (2.17) 如下：

$$\mathrm{PL}(l)=\prod_{s} P\left(l_s \mid l_{\Xi_s}\right) \tag{2.40}$$

式中

$$P\left(l_s \mid l_{\Xi_s}\right)=\frac{\mathrm{e}^{V\left(l_s, l_{\Xi_s}\right)}}{\sum\limits_{q=1}^{Q} \mathrm{e}^{V\left(q, l_{\Xi_s}\right)}} \tag{2.41}$$

式 (2.41) 可以重写为

$$P\left(l_s \mid l_{\Xi_s}\right)=\frac{1}{1+\sum\limits_{q \neq l_s} \mathrm{e}^{\left[V\left(q, l_{\Xi_s}\right)-V\left(l_s, l_{\Xi_s}\right)\right]}} \tag{2.42}$$

将式 (2.8) 代入式 (2.42)，得

$$P\left(l_s \mid l_{\Xi_s}\right)=\frac{1}{1+\sum\limits_{q \neq l_s} \mathrm{e}^{\sum\limits_{t \in \Xi_s} \beta_{st}\left[\delta\left(q, l_t\right)-\delta\left(l_s, l_t\right)\right]}} \tag{2.43}$$

由于

$$\left.\delta\left(q, l_t\right)+\delta\left(l_s, l_t\right)\right|_{q \neq l_s}=\begin{cases}1, & l_t=q \parallel l_t=l_s \\ 0, & \text{其他}\end{cases} \tag{2.44}$$

所以，条件概率 (2.43) 变成

$$\begin{aligned}
& P\left(l_s \mid l_{\Xi_s}\right) \\
& =\left\{1+\sum_{q \neq l_s} \mathrm{e}^{\sum\limits_{l_t=q \mid l_s} \beta_{st}\left[-2 \delta\left(l_s, l_t\right)+1\right]+\sum\limits_{l_t \neq q ; l_t \neq l_s} \beta_{st}\left[-2 \delta\left(l_s, l_t\right)\right]}\right\}_{t \in \Xi_s}^{-1} \\
& =\left\{1+\sum_{q \neq l_s} \mathrm{e}^{\sum\limits_{l_t=q ; l_t \neq l_s} \beta_{st}-\sum\limits_{l_t \neq q ; l_t=l_s} \beta_{st}}\right\}_{t \in \Xi_s}^{-1} \\
& =\left\{1+\sum_{q \neq l_s} \mathrm{e}^{\sum\limits_{l_t=q} \beta_{st}-\sum\limits_{l_t=l_s} \beta_{st}}\right\}_{t \in \Xi_s}^{-1}
\end{aligned} \tag{2.45}$$

当 $l_s = l_t$ 时，β_{st} 刚好很大，或者当 $l_s \neq l_t$ 时，β_{st} 刚好很小，则 $P(l_s|l_{\Xi_s})$ 将很大。也就是说，想要最大化条件概率 PL(l)，应该当 $l_s = l_t$ 时增大交互参数（先验参数）β_{st}，而 $l_s \neq l_t$ 时减小交互参数 β_{st}。这和 Hebb 学习是一致的。这也表明，系统的势函数是具有局部连接的 Hopfield 网络的 Hamilton 量。因此，我们可以通过 Hebb 学习来估计先验参数集 $\{\beta_{st}\}$。

2.5.1 Ising 场

如果 $Q = 2$，则式 (2.45) 可以简化成

$$P(l_s|l_{\Xi_s}) = \frac{1}{1 + \mathrm{e}^{\sum\limits_t^{l_t \neq l_s} \beta_{st} - \sum\limits_t^{l_t = l_s} \beta_{st}}} \tag{2.46}$$

如果 $l_s \in \{-1, 1\}$, 则式 (2.46) 可以进一步写成

$$P(l_s|l_{\Xi_s}) = \frac{1}{1 + \mathrm{e}^{-2\sum\limits_t \beta_{st} l_s l_t}} \tag{2.47}$$

此时，式 (2.8) 变成

$$V_l = \sum_s \sum_{t \in \Xi_s} \beta_{st} \left(\delta(l_s, l_t) - \frac{1}{2} + \frac{1}{2} \right) = \frac{1}{2} \sum_s \sum_{t \in \Xi_s} \beta_{st} l_s l_t + c \tag{2.48}$$

式中，$c = \frac{1}{2} \sum\limits_s \sum\limits_{t \in \Xi_s} \beta_{st}$ 是一个常数。第一项是具有局部交互的 Hopfield 网络的 Hamilton 量，这进一步表明，我们可以通过 Hebb 学习估计先验参数 $\{\beta_{st}\}$。

令

$$\boldsymbol{\beta} = \{\beta_{st}\} = \begin{bmatrix} \beta_1 & \beta_2 & \beta_3 \\ \beta_4 & 0 & \beta_5 \\ \beta_6 & \beta_7 & \beta_8 \end{bmatrix} \tag{2.49}$$

则式 (2.48) 中的 Hamilton 量可以写成

$$H_l = -\sum_s l_s H_{l_s} = -\sum_s l_s (l_{\Xi_s} \cdot \beta) \tag{2.50}$$

这说明系统的 Hamilton 量可以看成标签场的每个局部字块和同一个滤波器 β 做卷积的和。所以，我们剩下的任务就是学习滤波器 β 的系数。

基于此，我们可以提出一个基于局部自编码的先验参数估计算法。局部自编码的原理是：对每一像素 s 的标签，用 2 阶邻域 Ξ_s 内的像素的标签 l_{Ξ_s} 通过交互参数对其进行编码，如图 2.7 所示。LAE 的核心思想是邻域内的 8 个标签对中心像素的标签可以进行编码，底层实直线代表滤波器 $\boldsymbol{\beta}$。为了更好地理解“中心编码”，

这里画出了 2 层网络。实际上，虚线和上层网络是不存在的。值得注意的是，LAE 利用局部标签场对自身进行逼近，所以这两层网络是一样的。画出两层网络是为了方便理解和观察。

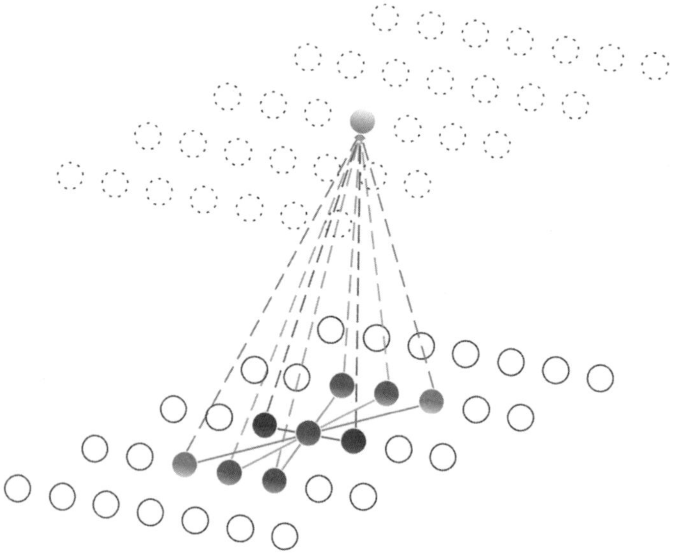

图 2.7 局部自编码网络

输出层中像素 s 的输出为

$$\ell_s = f\left(l_{\Xi_s} \cdot \beta\right) \tag{2.51}$$

则局部误差能量为 $e_s = \dfrac{1}{2}\left(\ell_s - \mathrm{l}_s\right)^2$。运用 BP 算法，可以得出权值纠正量为

$$\Delta\beta_i = -\eta\left(\ell_s - \mathrm{l}_s\right)\frac{1}{2}\left(l - \ell_s^2\right) l_i, \quad i = 1, 2, \cdots, 8 \tag{2.52}$$

式中，η 是学习速率。

2.5.2 Potts 场

Potts 态 q 只是一个符号，不是标量。因此，一个核心问题是，如何将标签从 Potts 态转化成一个适合 Hebb 学习的形式。重写式 (2.45) 如下：

$$P\left(l_s \left| l_{\Xi_s}\right.\right) = \left\{1 + \sum_{q \neq l_s} \mathrm{e}^{\sum\limits_t^{l_t = q} \beta_{st} - \sum\limits_t^{l_t = l_s} \beta_{st}}\right\}^{-1} \tag{2.53}$$

可以看出，我们需要执行除了 $q = l_t$ 的 $Q - 1$ 次转换。对于邻域内的每个标签 l_t，需要考虑 3 种关系，即 $l_t = q$、$l_t = l_s$ 或其他。当我们利用邻域内的标签对中心标签进行编码的时候，只有和中心标签相同的标签对中心标签起到了积极作用。

基于这种考虑，我们设计了如下的转化策略。

执行 $Q-1$ 次转换，转化序为 q。

(1) 中心标签固定为 1。

(2) 邻域内的标签中，所有和中心标签相同的标签转化为 1，所有和当前转化序 q 相同的标签转化为 -1。

(3) 邻域内的标签中，既不等于中心标签，也不等于当前转化序的标签，由于与当前的优化过程没有关系，直接设置为 0。

因此，从 $\{1,2,\cdots,Q\}$ 到 $\{-1,0,1\}$ 的转换规则为

$$
\begin{aligned}
&\text{for all } q \neq l_s \\
&\begin{cases}
l'_s = 1 \\
l'_t = \begin{cases} 1, & l_t = l_s \\ -1, & l_t = q \\ 0, & \text{其他} \end{cases}
\end{cases}
\end{aligned}
\tag{2.54}
$$

也就是说，对每个子块作 $Q-1$ 次转换。转换后的子块中只有 $\{-1,0,1\}$ 三种状态。下面给出了一个 $Q=4$ 的例子。

$$
\begin{bmatrix} 2 & 2 & 1 \\ 1 & 3_s & 1 \\ 4 & 4 & 3 \end{bmatrix}
\left\langle
\begin{array}{ll}
q=1 & \begin{bmatrix} 0 & 0 & -1 \\ -1 & 1 & -1 \\ 0 & 0 & 1 \end{bmatrix} \\
q=2 & \begin{bmatrix} -1 & -1 & 0 \\ 0 & 1 & 0 \\ 0 & 0 & 1 \end{bmatrix} \\
q \neq 3_s & \\
q=4 & \begin{bmatrix} 0 & 0 & -1 \\ -1 & 1 & -1 \\ 0 & 0 & 1 \end{bmatrix}
\end{array}
\right.
\tag{2.55}
$$

经过这样的转换后，Ising 场中的 LAE 算法就可以直接移植到 Potts 场中。

2.5.3 统一的 LAE 算法

从转换规则可以看出，Ising 是 Potts 模型的特例，二者的先验参数可以用统一的局部自编码算法进行学习。详细的算法见算法 2.1。

算法2.1 LAE 算法

```
用很小的随机数初始化 β_i,如 β_i = 0.01× U(0,1);
设置初始学习速率，如 η_0 = 0.05;
for j = 1; j < LOOPS ; j++ do
    设置当前学习速率，如 η = η_0/iter;
    for r = 2; r < H; r++ do
        for c = 2; c < W; c++ do
            获取以当前像素 s = (r,c) 为中心的 3 × 3 块 l_{Ξ_s};
            for q = 1; q ⩽ Q; q++ do
                if q ≠ l_s then
                    利用式(2.54)将标签从 {1,2,···,Q} 转化到 {−1,0,1};
                    利用式(2.51)计算像素 s 的输出;
                    利用式(2.52)学习参数 β;
                end if
            end for
        end for
    end for
end for
取最后 τ 步内平均值作为 β̂ 输出。
```

有以下两点值得说明。

(1) 其他的学习策略，如共轭梯度法或牛顿下降法[27] 有可能使算法收敛得更快。但是，为了简便起见，这里采用的是原始的 BP 算法。

(2) LAE 算法最后的输出值是最后 τ 个时间步内的平均值。当 LOOPS> 1 时，我们将其设置为整幅图像的大小，如 $\tau_1 = (\text{Height} - 2) \times (\text{Width} - 2)$; 当 LOOPS=1 时，令 $\tau_2 = \tau_1/3$ 即可。从后面的实验可以发现，一个较小的 τ 就足以满足实际需要。

2.6 实验准备

本节介绍 3 个内容：一是评价估计子性能的 Cramer-Rao 界（Cramer-Rao bound, CRB）；二是具有周期性边界条件的 Ising 场的 Cramer-Rao 界，由于此时划分函数具有解析解，所以可以作为评价的标准[28]；三是如何生成纹理图像。

2.6.1 评价指标：Cramer-Rao 界

对于任何一个无偏估计，Cramer-Rao 界好比是对其性能优劣的判断依据。这里先分析理论上的 Cramer-Rao 界，然后介绍其 Monte-Carlo 积分逼近。

1. 通用的 Cramer-Rao 界

为了推导方便，考虑 Gibbs 分布的广义形式，即指数族分布：

$$f_\theta(z)=\frac{1}{C(\theta)}\mathrm{e}^{\theta^{\mathrm{T}}\Phi(z)} \tag{2.56}$$

式中

$$C(\theta)=\int_{\Omega^N}\mathrm{e}^{\theta^{\mathrm{T}}\Phi(z)}\mathrm{d}z \tag{2.57}$$

每个无偏估计都有一个对应的方差。若方差最小的无偏估计是 $\hat{\theta}$，则对应的方差 $\mathrm{cov}\left(\hat{\theta}\right)$ 称为 Cramer-Rao 下界，且 $\mathrm{cov}\left(\hat{\theta}\right)\geqslant \mathrm{CRB}(\theta)$。

怎么计算这个 CRB(θ) 呢？根据文献 [29]，Cramer-Rao 下界是 Fisher 信息矩阵的逆矩阵，即

$$\mathrm{CRB}(\theta)=[I(\theta)]^{-1} \tag{2.58}$$

于是，剩下的任务就是计算 Fisher 信息矩阵：

$$I_{i,j}(\theta)=E_f\left[\frac{\partial}{\partial\theta_i}\log f_\theta(z)\frac{\partial}{\partial\theta_j}\log f_\theta(z)\right] \tag{2.59}$$

将式 (2.56) 代入式（2.59）得到

$$\begin{aligned}
I_{i,j}(\theta)&=E_f\left[\frac{\partial}{\partial\theta_i}\log f_\theta(z)\frac{\partial}{\partial\theta_j}\log f_\theta(z)\right]\\
&=E_f\left[\left[\Phi_i(z)-\frac{\partial}{\partial\theta_i}\log C(\theta)\right]\left[\Phi_j(z)-\frac{\partial}{\partial\theta_j}\log C(\theta)\right]\right]\\
&=E_f\left[\left[\Phi_i(z)-\frac{1}{C(\theta)}\int_{\Omega^N}\Phi_i(z)\mathrm{e}^{\theta^{\mathrm{T}}\Phi(z)}\mathrm{d}z\right]\left[\Phi_j(z)-\frac{\partial}{\partial\theta_j}\log C(\theta)\right]\right]\\
&=E_f\left[\left[\Phi_i(z)-\frac{1}{\int_{\Omega^N}\mathrm{e}^{\theta^{\mathrm{T}}\Phi(z)}\mathrm{d}z}\int_{\Omega^N}\Phi_i(z)\mathrm{e}^{\theta^{\mathrm{T}}\Phi(z)}\mathrm{d}z\right]\left[\Phi_j(z)-\frac{\partial}{\partial\theta_j}\log C(\theta)\right]\right]\\
&=E_f\left[\left[\Phi_i(z)-E_f\left[\Phi_i(z)\right]\right]\left[\Phi_j(z)-E_f\left[\Phi_j(z)\right]\right]\right]\\
&=E_f\left[\Phi_i(z)\Phi_j(z)\right]-E_f\left[\Phi_i(z)\right]E_f\left[\Phi_j(z)\right]
\end{aligned} \tag{2.60}$$

对于指数族分布（包括 Gibbs 分布），没有解析解，但是却可以利用 Monte-Carlo 积分进行近似。

2. Monte-Carlo 积分逼近

$\Phi(\cdot)$ 是一致基团数①。假设第 t 次仿真得到的纹理是 $z^{(t)}$，其一致基团数为

$$N_l{}^{(t)} = \Phi\left(z^{(t)}\right) = \sum_{r\sim s} \delta\left(z_r^{(t)}, z_s^{(t)}\right) \tag{2.61}$$

令 $\bar{N}_l$ 为所有 Monte-Carlo 仿真的均值，则

$$\bar{N}_l = \frac{\sum_{t=1}^{N_{\mathrm{MC}}} N_l{}^{(t)}}{N_{\mathrm{MC}}} \tag{2.62}$$

则 Cramer-Rao 界为

$$\hat{I}(\theta) = \sum_{t=1}^{N_{\mathrm{MC}}} \frac{\left[N_l{}^{(t)} - \bar{N}_l\right]\left[N_l{}^{(t)} - \bar{N}_l\right]^{\mathrm{T}}}{N_{\mathrm{MC}} - 1} \tag{2.63}$$

2.6.2 Onsager 的解析解

唯一具有解析解的情况是具有周期性边界的 Ising 场。这个结果是由著名物理学家 Onsager[30] 于 1944 年推导出来的：

$$\begin{aligned} \tilde{Z}_N(\beta) &= \frac{\log Z(\beta)}{N} \\ &= \beta + \frac{1}{2}\log(2\sinh\beta) + \frac{1}{2P}\sum_{i=1}^{N} \operatorname{arccosh}\Delta_i(\beta) \end{aligned} \tag{2.64}$$

式中

$$\Delta_i(\beta) = v(\beta) - C_i$$
$$\begin{cases} v(\beta) = \dfrac{\cosh^2\beta}{\sinh\beta} \\ C_i = \cos\dfrac{2i-1}{2N}\pi \end{cases}$$

且 $\sinh\beta = \dfrac{\mathrm{e}^{\beta} - \mathrm{e}^{-\beta}}{2}$，$\cosh\beta = \dfrac{\mathrm{e}^{\beta} + \mathrm{e}^{-\beta}}{2}$。

$\tilde{Z}_N(\beta)$ 的一阶导数和二阶导数分别为

$$\tilde{Z}'_N(\beta) = 1 + \frac{1}{2}\frac{\cosh\beta}{\sinh\beta} + \frac{1}{2N}\sum_{i=1}^{N}\frac{v'(\beta)}{\left[\bar{\Delta}_i(\beta)\right]^{\frac{1}{2}}} \tag{2.65}$$

$$\tilde{Z}''_N(\beta) = -\frac{1}{2\sinh^2\beta} + \frac{1}{2N}\sum_{i=1}^{N}\frac{v''(\beta)\bar{\Delta}_i(\beta) - [v'(\beta)]^2\Delta_i(\beta)}{\left[\bar{\Delta}_i(\beta)\right]^{\frac{3}{2}}} \tag{2.66}$$

①也可以看出，一致基团数 N_l 是 $\Phi(l)$ 的一个特例，Gibbs 分布是指数族的一个特例。

式中

$$\bar{\Delta}_i(\beta) = [\Delta_i(\beta)]^2 - 1$$

$$v'(\beta) = \cosh\beta - \frac{\cosh\beta}{\sinh^2\beta}$$

$$v''(\beta) = \sinh\beta - \frac{1+\cosh^2\beta}{\sinh^3\beta}$$

根据文献 [7], $\tilde{Z}''_N(\beta)$ 就是 Fisher 信息矩阵。

2.6.3 纹理图像生成

纹理图像生成一般采用 Gibbs 采样或 Metropolis 采样，下面给出了两种算法。

1. Gibbs 采样

利用 Gibbs 采样生成纹理图像的过程如算法 2.2 所示。

算法2.2 利用Gibbs采样生成纹理图像

1. while not STABLE do
2. 随机选择晶格中的一个顶点s;
3. 计算$p_s^q = \dfrac{e^{\sum_{j\in N(i)}\beta_j\delta(q,l_j)}}{\sum_{q=1}^{Q} e^{\sum_{j\in \Xi(i)}\beta_j\delta(q,l_j)}}$，$q=1, 2, \cdots, Q$;
4. 将顶点s以概率p_s^q赋予状态q;
5. end while
6. 输出L。

2. Metropolis 采样 (Cross-Jain 方法)

原始的 Metropolis 采样和 Gibbs 采样相比，尽管速度方面要优于 Gibbs 采样，但是生成的纹理非常相似。其共同的缺点是采样的速度都非常低。为此，Cross 和 Jain 提出了一种快速采样算法，这里称为 Cross-Jain 方法[31]。Metropolis 算法和 Cross-Jain 方法均采样模拟退火，模拟退火步中的概率转移能保证系统在足够长的时间内收敛到平衡态。但是，原始的 Metropolis 采样考虑用任意一个其他 Potts 态替换当前标签，而 Cross-Jain 方法直接交换标签场中的两个标签。

利用 Cross-Jain 方法生成纹理的过程如算法 2.3 所示。

之所以列出两种算法，是因为两种算法之间存在一些差别和联系。

(1) Gibbs 算法生成的纹理颗粒相对来说比较大。

(2) 当 $\beta < \beta_c$ 时，尽管 Gibbs 分布的斑块尺寸相对较大，用先验参数估计算法都能得到几乎等价的估计。

(3) 当 $\beta > \beta_c$ 且变得非常大时，Gibbs 分布将得到 1 个均匀的标签场，而 Cross-Jain 方法则得到 Q 个均匀的碎片。

算法2.3 利用 Cross-Jain 方法采样生成纹理图像

while not STABLE do
    随机选择晶格中的两个顶点 $s(1), s(2)$ 且 $l(1) \neq l(2)$;
    交换 $l(1)$和$l(2)$, 记交换后的配置为 $L' = L_{s(1)\leftrightarrow s(2)}$;
    计算交换前后的能量变化，即 $r = \dfrac{p(L')}{p(L)}$;
    if $r \geqslant 1$ then
        交换 $l(1)$ 和 $l(2)$;
    else
        $u =$ rand;
        if $r \geqslant u$ then
            交换 $l(1)$ 和 $l(2)$;
        else
            保留原来的配置;
        end if
    end if
end while
输出 L。

在后面的实验中，我们将采用 Gibbs 采样生成纹理图像。

2.7 实验结果

本节用 4 个实验来测试 LAE 算法的性能。前面 3 个都是用 LAE 算法来估计用已知先验参数生成的标签场（纹理图像）。2.7.1 节和 2.7.2 节中分别给出了不同算法的收敛速度和 Cramer-Rao 界。在 2.7.3 节中，我们用 LAE 算法估计具有各向异性的先验参数的估计结果。最后，我们在 2.7.4 节中将 LAE 算法植入 ICM 迭代优化过程，执行声呐图像的分割。

2.7.1 收敛速度（各向同）

在图 2.8 中，我们分别用不同的算法估计用同一个已知参数生成的纹理。图 2.8(a) 是根据 Gibbs 采样生成的纹理，尺寸为 256×256，Potts 态 $Q = 2$，生成参数是 $\beta = 0.7$。

从图 2.8(b)～ 图 2.8(f) 可以看出，MPL、基于 Coding 的 MPL、MCMC 和 MCMCML 需要的遍历次数分别为 40、100、5 和 5。即无论采样算法还是启发式方法，都需要对整个晶格场进行多次遍历。但是，本书提出的 LAE 算法只遍历了大约 1000 个顶点（相当于 1/60 个晶格场）就收敛到了真实值附近。值得注意的是，采样算法在每次迭代中都需要生成至少一幅纹理图像。

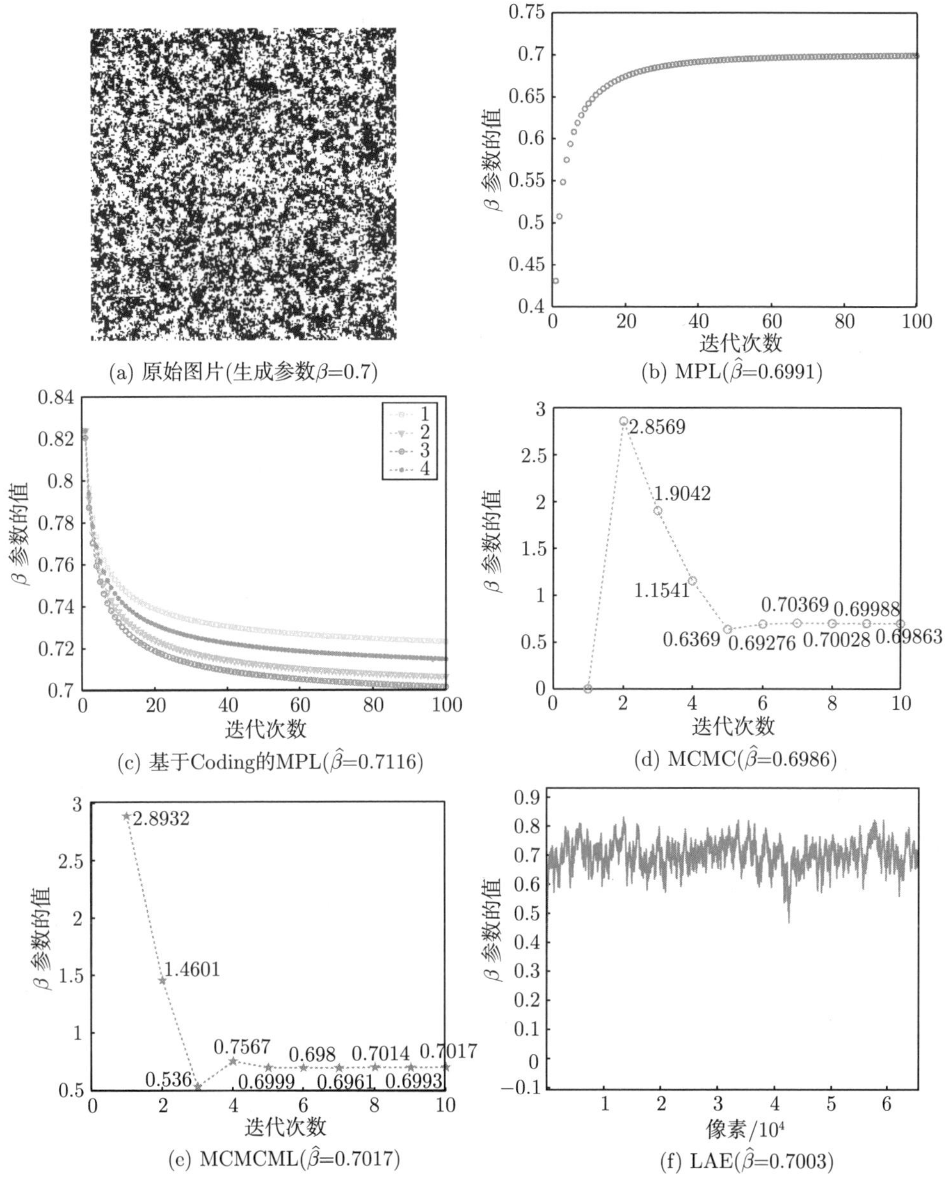

(a) 原始图片(生成参数β=0.7)
(b) MPL($\hat{\beta}$=0.6991)
(c) 基于Coding的MPL($\hat{\beta}$=0.7116)
(d) MCMC($\hat{\beta}$=0.6986)
(c) MCMCML($\hat{\beta}$=0.7017)
(f) LAE($\hat{\beta}$=0.7003)

图 2.8　用不同的算法估计图 2.8(a) 的先验参数

估计结果分别为 MPL ($\hat{\beta}=0.6991$)，基于 Coding 的 MPL ($\hat{\beta}=(0.7233+0.7066+0.7015+0.7150)/4=0.7116$)，MCMC ($\hat{\beta}=0.6986$)，MCMCML ($\hat{\beta}=0.7017$) 和 LAE ($\hat{\beta}=0.7003$)。其中，基于 Coding 的伪似然将晶格划分成 4 个子集，如图 2.8(c) 所示。这表明，LAE 算法和已有的算法在参数估计的精确度上可能具有相同的性能。注意，LAE 算法中使用的 τ_2。

初步的结果表明，LAE 算法在收敛速度上具有明显的优势。而且，能同时提供一个非常精确的估计。

2.7.2 Cramer-Rao 界（各向同）

1. 不同算法的 Cramer-Rao 界

只有满足周期性边界条件的 Ising 场的 CRB 具有解析解[7]。图 2.9(a) 比较了不同估计算法的均值，而图 2.9(b) 画出了不同估计子的 CRB 和 Onsager 提供的理论值。对于每个 β，用 Gibbs 算法在 burn-in（煅烧）期沿着 Markov 链生成 50000 个纹理样本 ($Q=2$)。和文献 [28] 一样，纹理具有周期性边界条件，且尺寸是 $H\times W=32\times 32$。对于每个纹理，我们统计其一致基团数 N_l，并用不同算法估计其先验参数 $\hat{\beta}$。为了方便比较，我们也在图 2.10 中画出了 $Q=3$ 时的 Cramer-Rao 界。

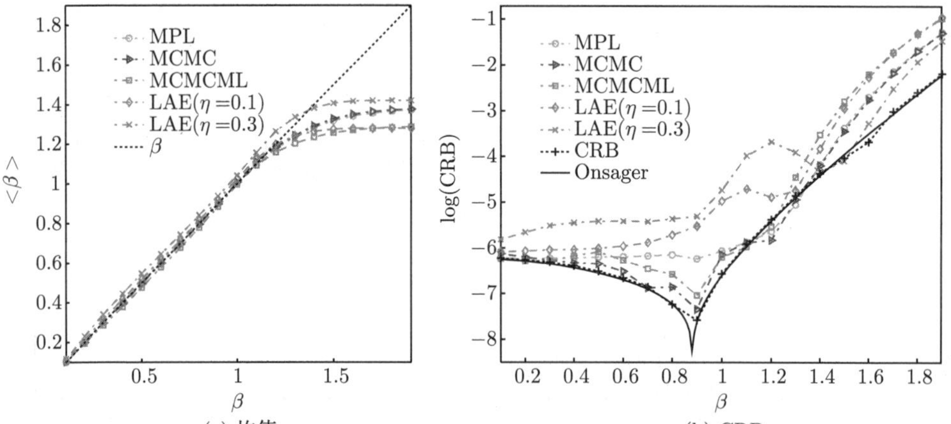

(a) 均值　　(b) CRB

图 2.9　不同算法的 Cramer-Rao 界 ($Q=2$，纹理尺寸 32×32)

"Onsager"是文献 [7] 提供的理论值；CRB 曲线是根据式 (2.67) 计算出来的；其他的曲线表示所有样本的估计值 $\hat{\beta}$ 的协方差

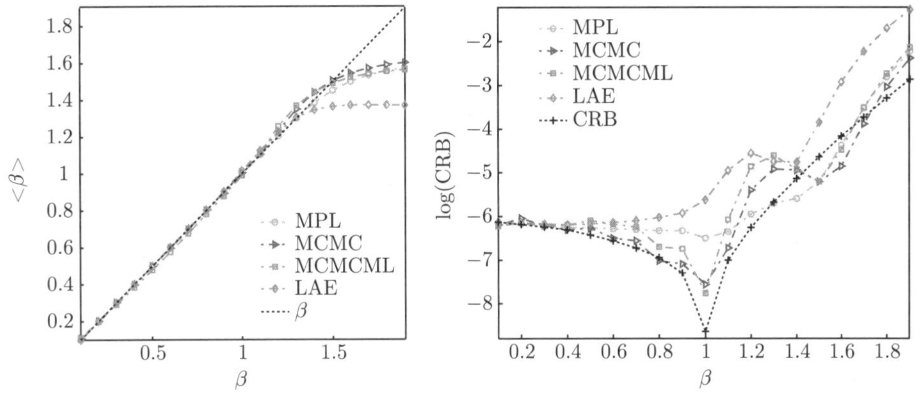

(a) 均值　　　(b) CRB

图 2.10　不同算法的 Cramer-Rao 界（$Q=3$，纹理尺寸 32×32）

Pereyra 等指出，当不知道估计子是否是无偏估计时，可以用 Monte-Carlo 方法逼近估计子的 CRB[28]。其计算公式为

$$\mathrm{CRB}_{\mathrm{approx}} = -\log\left[\mathrm{Var}\left(\boldsymbol{N}_l\right)\right] \tag{2.67}$$

式中，$\boldsymbol{N}_l$ 是长度为 50000 维的向量；Var 代表方差。在图 2.9(b) 中，用十字点线表示 $\mathrm{CRB}_{\mathrm{approx}}$。每个估计子的 CRB 界的计算公式为

$$\mathrm{CRB}_{\mathrm{estimator}} = -\log\left[E\left[\left(\hat{\beta}-\beta_{\mathrm{generate}}\right)^2\right]\right] \tag{2.68}$$

式中，$\hat{\beta}$ 是估计值。

从图 2.9(b) 中可以看出，$\mathrm{CRB}_{\mathrm{approx}}$ 在 $\beta=0.9$ 附近变化很快，这和理论相变温度 $\beta_c=\log(1+\sqrt{Q})=0.8814$ 是吻合的。这个现象在图 2.10(b) 中也成立。此外，从图 2.9 和图 2.10 中还可以得到以下 4 个结论。

(1) 当学习速率较小的时候，如 $\eta=0.1$，LAE 算法的均值 [图 2.9(a) 和图 2.10(a) 中的虚线和菱形] 比其他算法饱和得稍快。与此对应的是，CRB 从大约 $\beta=1.2$ 处开始快速上升。

(2) 当 β 不是很大的时候，LAE 算法和其他算法具有类似的性能。这说明，当 $Q=2,3$ 且纹理尺寸为 32×32 时，LAE 在 $[0,1]$ 范围可以看成一个无偏估计子。

(3) 当学习速率较大时，如 $\eta=0.3$（图 2.9），LAE 算法很难获得一个稳定的估计。在后面的仿真中，我们将 η 固定为 0.1。

(4) LAE 算法的 CRB 和伪似然估计算法非常相似。这是因为，这两种算法都基于条件独立假设。

2. Cramer-Rao 界和纹理尺寸的关系

LAE 算法能够充分利用标签场中的每一个局部配置信息。对一个给定的 β 来说，一个较大的纹理包含有更多必要的块信息。这表明，一个较大的纹理也可能导致一个更加精确的估计和一个较小的 CRB。为了测试这个假设，我们在图 2.11 中画出了利用 LAE 算法估计不同纹理尺寸时的均值和 CRB（$Q=3$）。

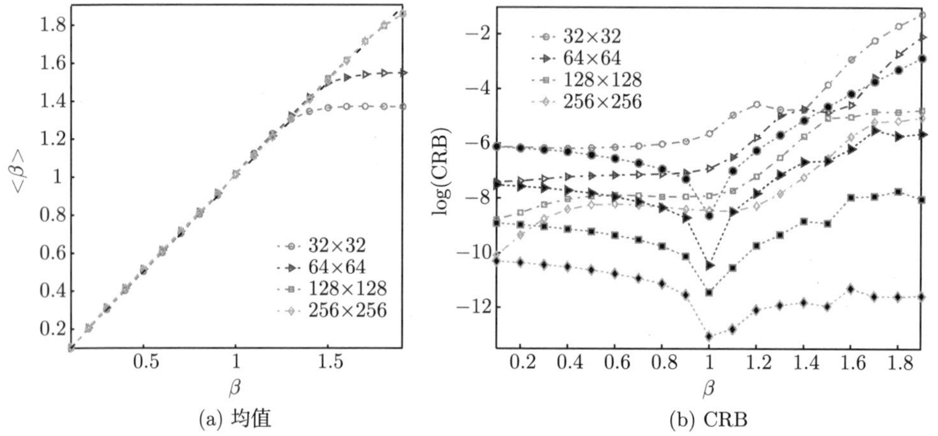

图 2.11　Cramer-Rao 界和纹理尺寸的关系（$Q=3$）

在 (b) 中，实心标记表示真实的 CRB，其他的则表示每个估计子的 CRB；图 2.12 的标记方法与此相同

图 2.11(a) 表明，随着纹理尺寸的增加，估计均值的误差在减小。其实，这个原因也很简单。当 β 增加时，纹理可以近似地分解为几个平滑的片。β 之间的差异只体现在少量特定的配置。但是，根据 Gibbs 采样，这种配置依照概率出现。一个较大的纹理意味着特定配置出现概率的增加。因此，估计子更接近真实值。

当 $\beta<1$ 时，$\mathrm{CRB}_{\mathrm{estimator}}$[图 2.11(b) 中的空心标记] 随着 β 的增加逐渐下降。但是，当 β 很大时，$\mathrm{CRB}_{\mathrm{estimator}}$ 几乎以相同的斜率线性增加，因为每个样本中的那些“特定”配置会导致估计的成比例扰动。

同样，较大的纹理具有更加稳定的一致基团数。因此，$\mathrm{CRB}_{\mathrm{approx}}$ [图 2.11(b) 中的实心标记] 会逐渐上升。

3. Cramer-Rao 界和 Potts 态的关系

在上面的实验中，我们发现，当 β 很大时，LAE 算法的性能主要由一致基团数和少量的特定配置决定。当 Potts 态个数 Q 增加时，这两个量都会增加。因此，我们推测 LAE 估计子的均值和 CRB 会随着 Q 的增加而增加。

在图 2.12 中，我们给出 CRB 和 Potts 态之间的依赖关系。从图 2.12(a) 中可以看出，随着 Q 的增加，均值的确会逼近真实值。这是因为，纹理变得越来越碎片化。同尺寸的晶格更有可能拥有更多的特定信息。但是，有限的纹理尺寸（32×32）不足以提供这些特定的局部配置信息，导致估计子具有较低的方差。因此，$\mathrm{CRB}_{\mathrm{estimator}}$ 随着 Q 的增加而增加。

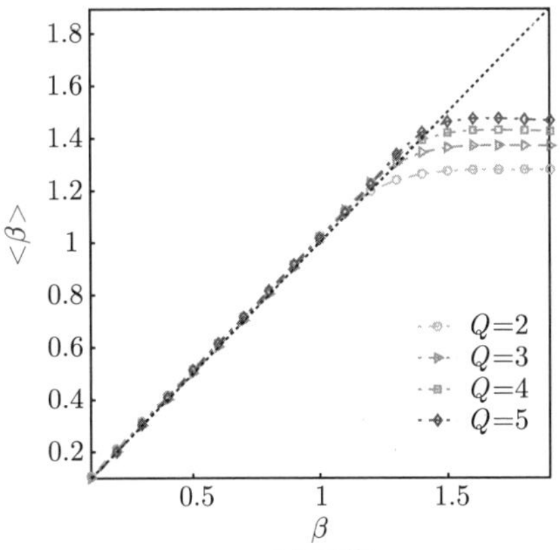

(a) 均值

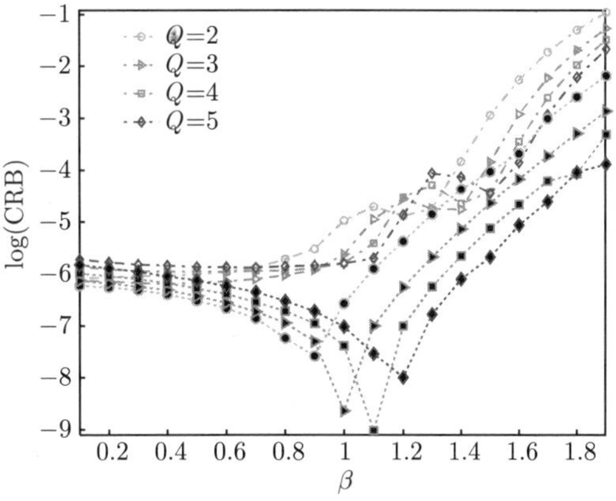

(b) CRB

图 2.12　CRB 和 Potts 态的关系

对于 $\mathrm{CRB}_{\mathrm{approx}}$，每一条曲线在其相应的 $\beta_c = \log(1+\sqrt{Q})$ 处都有一个相变。

2.7.3　各向异时的先验参数估计

本节使用 LAE 算法估计各向异性先验参数。估计子的性能通过估计值 $\hat{\beta}$ 和生成值 $\boldsymbol{\beta}$ 之间的偏差进行衡量。为了和前人的工作[1, 4, 32] 保持一致，我们首先用 LAE 算法估计各向异但是具有中心对称特性的纹理。为了彰显算法的鲁棒性、精确性和泛化性，我们去掉中心对称假设。这样，纹理的生成参数具有完全各向异性。

1. 当 β 满足中心对称时

当 β 满足中心对称时，需要估计 4 个交互参数。图 2.13(a),(c),(e),(g) 中的 4 幅纹理图用同样的先验参数生成，但是 Potts 态个数从 $Q=2$ 逐渐增加到 $Q=5$。生成这些纹理的先验参数如表 2.1 所示。图 2.13(b),(d),(f),(h) 分别画出了各自对应的先验参数估计过程（LOOPS=10）。

(a) $Q=2$

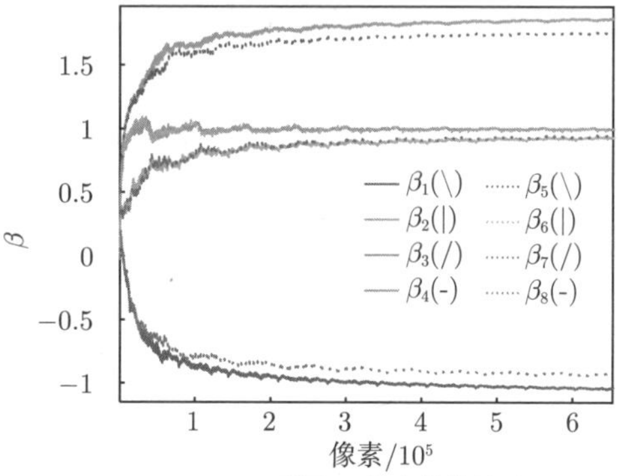

(b) 子图(a)的参数估计过程

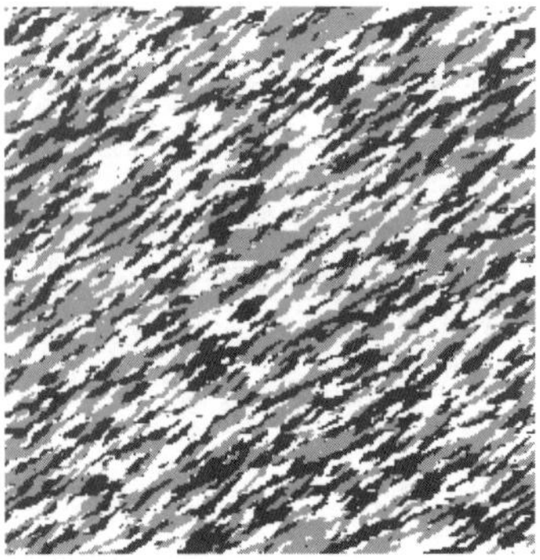

(c) $Q=3$

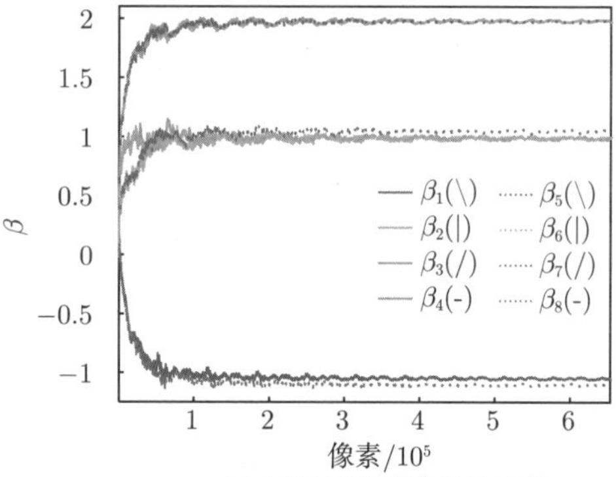

(d) 子图(c)的参数估计过程

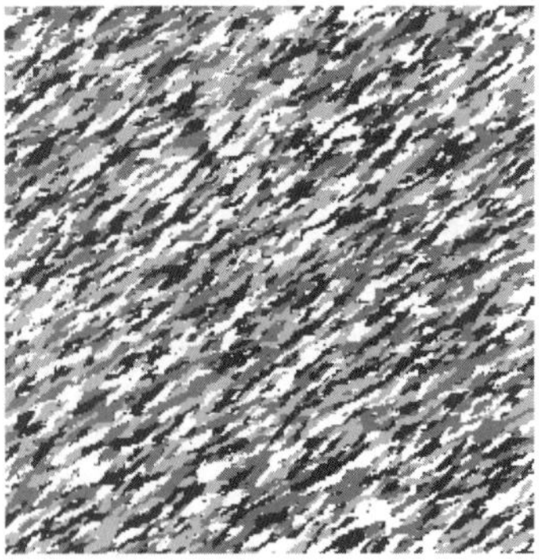

(e) $Q=4$

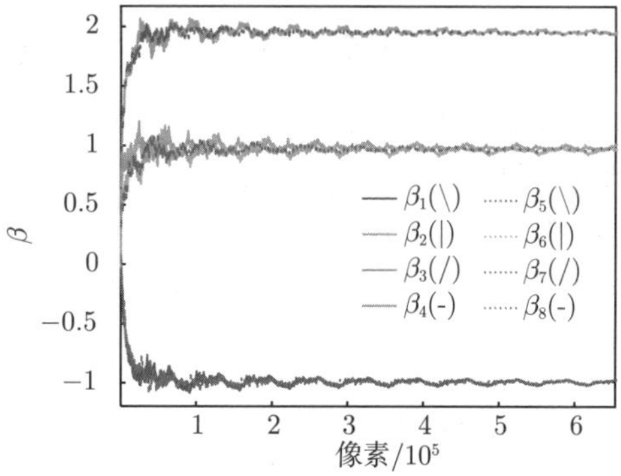

(f) 子图(e)的参数估计过程

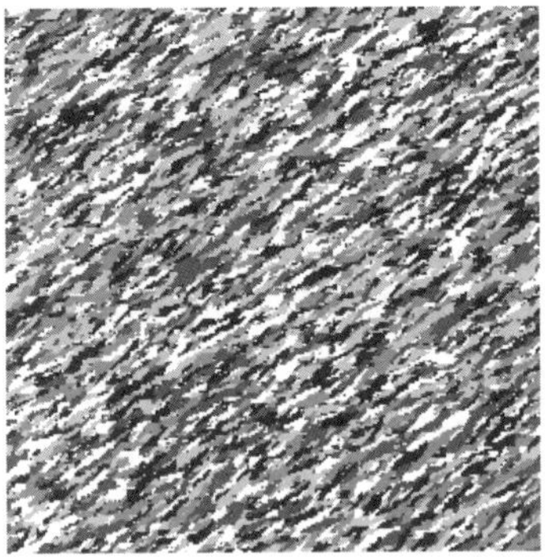

(g) $Q = 5$

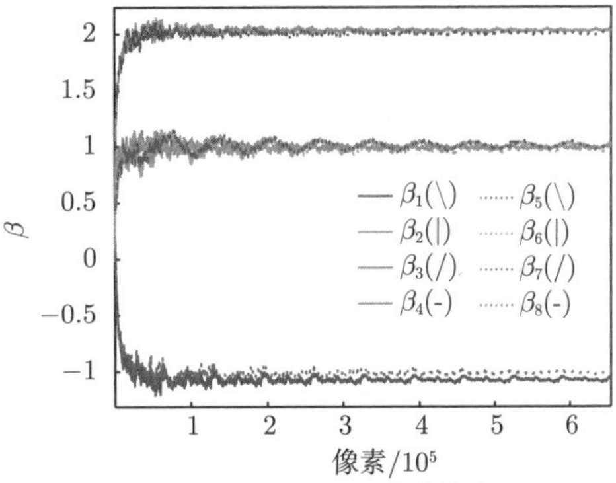

(h) 子图(g)的参数估计过程

图 2.13　利用 LAE 算法估计中心对称参数生成的纹理（见书后彩图）

(\)，(|)，(/) 和 (-) 表示交互参数的方向

表 2.1　估计各向异但具有中心对称结构的纹理的先验参数

图 2.13		(a)		(c)		(e)		(g)	
参数	β 真值	$\hat{\beta}$(LAE1)	$\hat{\beta}$(LAE10)	$\hat{\beta}$(LAE1)	$\hat{\beta}$(LAE10)	$\hat{\beta}$(LAE1)	$\hat{\beta}$(LAE10)	$\hat{\beta}$(LAE1)	$\hat{\beta}$(LAE10)
β_1	−1	−1.0519	−0.9829	−1.2017	−1.0780	−1.0115	−0.9867	−1.0823	−1.0433
β_2	1	0.9999	0.9398	1.1346	1.0214	0.9876	0.9780	1.0879	0.9935
β_3	1	1.0429	0.9935	1.1018	0.9792	1.1095	0.9879	1.0287	0.9773
β_4	2	1.9832	1.8066	2.0852	1.9810	2.019	1.94952	2.0980	2.0187

此外，我们通过改变 LOOPS 参数分析不同迭代次数对估计结果的影响。只进行 1 次遍历（LOOPS=1）的 LAE 算法称为 LAE1，进行 10 次遍历（LOOPS=10）的 LAE 算法称为 LAE10。估计结果列在表 2.1 中。

表 2.1 中的估计结果表明 LAE1 和 LAE10 没有明显的区别。我们使用平均绝对误差去衡量算法的性能：

$$\varepsilon = \frac{1}{\|\boldsymbol{\beta}\|} \sum_i \left| \hat{\beta}_i - \beta_i \right| \tag{2.69}$$

式中，$\|\boldsymbol{\beta}\|$ 是 $\boldsymbol{\beta}$ 的长度。LAE1 和 LAE10 的平均绝对误差分别是 $\varepsilon_{\mathrm{LAE1}} = 0.0678$ 和 $\varepsilon_{\mathrm{LAE10}} = 0.0378$。这再次表明，只需要一次遍历，本书提出的 LAE 算法就能获得精确的估计。由此，我们可以得出这样的结论：尽管多次遍历会在一定程度上提高算法的性能，但是 LAE1 就足以满足工程应用。

2. β 完全各向异时

LAE 算法并不需要中心对称的假设，这说明我们可以用 LAE 算法估计由完全各向异性先验参数生成的纹理。

在本实验中，我们首先用具有 8 个参数的 LAE1 和 LAE10 估计图 2.13 中的中心对称纹理（估计结果如表 2.2 所示）。这不仅有利于评测 LAE 算法，而且也让我们有机会去验证由中心对称参数生成的纹理是否严格遵守中心异特性。然后，我们将生成参数变成完全各向异性（如表 2.3 中加粗的参数），并使用新的参数去生成新的纹理。图 2.14 显示了完全各向异性参数生成的纹理，表 2.3 列出了估计结果。

表 2.2　用具有 8 个参数的 LAE（LOOPS=10）算法估计由中心对称参数生成的纹理

参数	β 真值	$\hat{\beta}$(a)	$\hat{\beta}$(c)	$\hat{\beta}$(e)	$\hat{\beta}$(g)
β_1	−1	−1.1711	−1.0565	−0.9731	−1.0738
β_2	1	1.0574	1.0150	1.0032	1.0220
β_3	1	0.9960	0.9777	1.0025	0.9925
β_4	2	2.0188	1.9933	1.9223	2.0340
β_5	2	1.8866	1.9937	1.9477	2.0142
β_6	1	0.9823	0.9770	1.0168	0.9664
β_7	1	1.0693	1.0780	0.9879	0.9980
β_8	−1	−1.0267	−1.1220	−0.9987	−0.9818

从估计结果我们可以得到两个结论。

首先，即使是中心对称纹理，如图 2.13 所示, 在中心对称位置上的参数也存在着一定的偏差，如 $\zeta_i = |\beta_i - \beta_{9-i}| \neq 0$。这表明，由中心对称交互参数生成的参数并不具有严格中心对称的特性。ζ_i 越大，方向 i 上的纹理越不正则。因此，这种偏差可以用来衡量纹理在每个方向上的正则性。

其次，即使是由完全各向异性交互参数生成的纹理，如图 2.14 所示，LAE1 和 LAE10 估计得到的参数也具有中心对称特性。这表明，中心对称对大多数纹理来说是一个合理的假设。这也表明，由中心非对称参数生成的纹理并不适合用原始的生成参数去描述。换句话说，每个纹理图像可以由多组先验参数生成。这可能是中心非对称的拉力综合作用的结果。

表 2.3　用 LAE 算法估计完全各向异性参数生成的纹理

参数	β 真值	图 2.13(a)		图 2.13(c)		图 2.13(e)		图 2.13(g)	
		$\hat{\boldsymbol{\beta}}$(LAE1)	$\hat{\beta}$(LAE10)	$\hat{\beta}$(LAE1)	$\hat{\beta}$(LAE10)	$\hat{\beta}$(LAE1)	$\hat{\beta}$(LAE10)	$\hat{\beta}$(LAE1)	$\hat{\beta}$(LAE10)
β_1	−1	0.0620	0.0626	0.0150	0.0078	0.0700	0.0380	−0.0289	−0.0027
β_2	1	0.0191	−0.0133	−0.0543	−0.0515	0.0111	−0.0169	0.0418	0.0246
β_3	1	0.7344	0.7079	0.7915	0.7421	0.7639	0.7613	0.7949	0.7416
β_4	2	1.4696	1.4217	1.5990	1.5000	1.5062	1.4858	1.5505	1.5082
β_5	2	1.5661	1.4437	1.6212	1.4928	1.5552	1.4932	1.5682	1.4957
β_6	1	0.8184	0.7272	0.7916	0.7538	0.7834	0.7586	0.8100	0.7568
β_7	**−1**	−0.0006	−0.0041	−0.0087	−0.0350	−0.0118	−0.0320	−0.0112	−0.0173
β_8	**1**	−0.0357	0.0034	0.0157	0.0114	0.0619	0.0462	0.0375	0.0505

注：加粗的参数突显出了在中心对称参数基础上作出的改变。

(a) Q=2

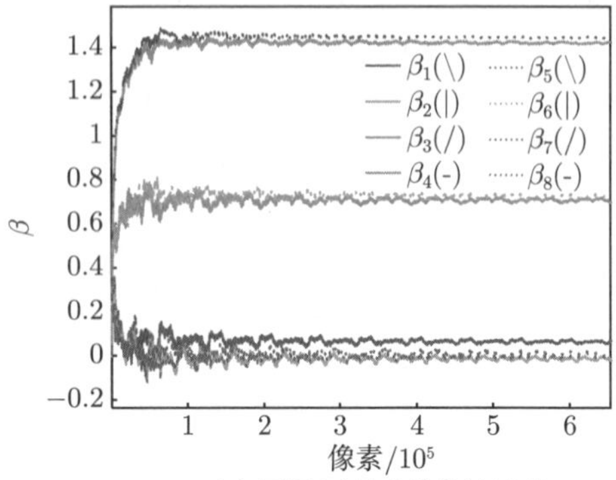

(b) 子图(a)的参数估计过程

(c) Q=3

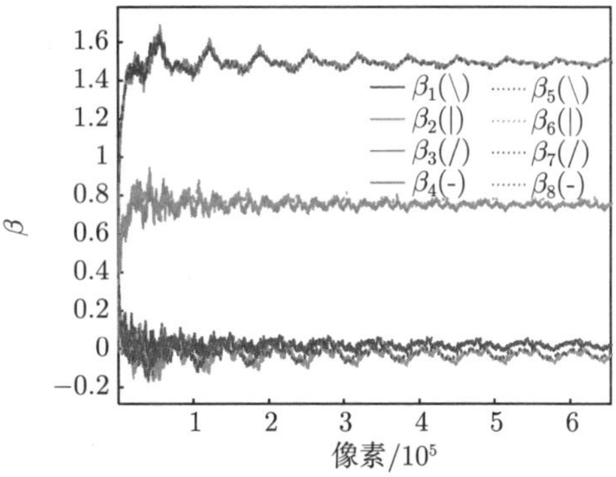

(d) 子图(c)的参数估计过程

(e) Q=4

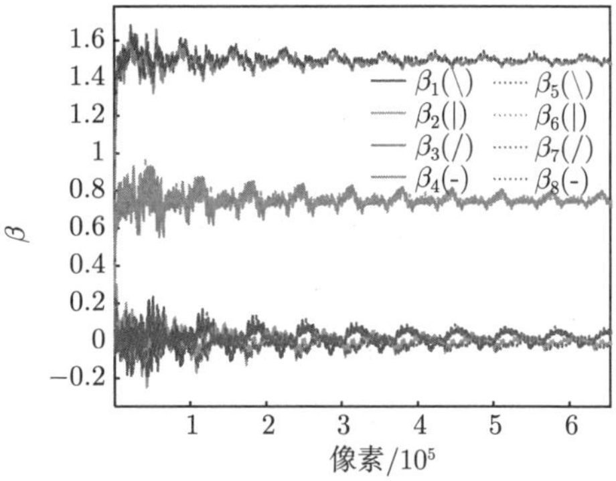

(f) 子图(e)的参数估计过程

(g) Q=5

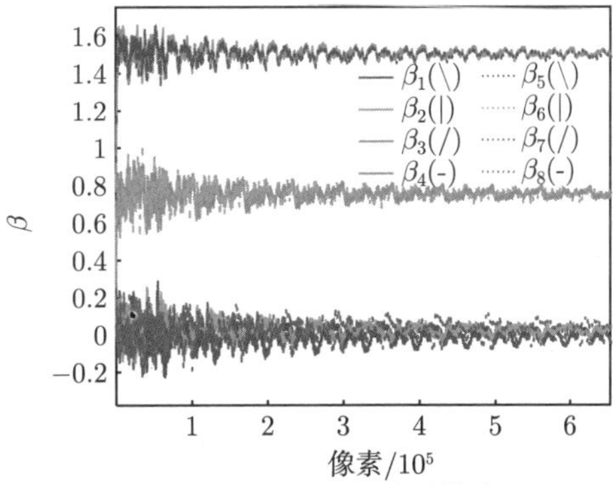

(h) 子图(g)的参数估计过程

图 2.14 利用 LAE 算法估计非中心对称参数生成的纹理（见书后彩图）

2.7.4 声呐图像分割

最后，我们将 LAE 算法用于图 2.2 所示的 ICM 算法的先验参数估计步骤，并用于声呐图像分割。之所以用 ICM 算法，是因为 ICM 的计算代价最小[20]。由于 ICM 是一个局部优化算法，其可能收敛到局部极值。全局优化算法，如图割 (graph cuts)、模拟退火（simmulated annealing）、遗传算法（genetic algorithms）可能会有更好的优化效果，但是计算代价太大。ICM 算法从一个初始化标签场开始，在参数估计和标签场更新之间迭代，直到系统收敛到一个平衡态。在每次迭代中，分别用 LAE 算法和 ML 算法估计先验参数和条件参数，并使用决定式退火（deterministic annealing）逐像素地更新标签场。

值得注意的是，一个适当的标签场初始化方法不仅能加速 Markov 链的收敛，而且有助于跳出局部极值。第 3 章将介绍一种启发式方法进行标签场初始化。但是，为了彰显 LAE 算法的优势，这里采用传统的 K-均值聚类[1] 算法对标签场进行初始化。

声呐图像分割的首要任务是提取阴影区域。图 2.15 的第一列给出了分别由前视声呐 [图 2.15(a)]、侧扫声呐 [图 2.15(b)] 和多波束高频声呐 [图 2.15(c)] 采集的声呐图像。图 2.15 的其他列则显示了 LSQR 算法和本书提出的 LAE 算法分割的结果。这些图像先利用 ICM 算法进行分割。在后处理阶段，先后采用形态学腐蚀和膨胀操作去除椒盐噪声。在最后的结果中，只显示了大于 100 个像素的区域。为了方便观察，不同的区域用不同的颜色显示。

我们将 LAE 算法和主流的 LSQR 算法[1, 2, 4, 32, 33] 进行比较。在图 2.15 中，LAE10_8 能更加精确地将背景斑块从前景目标中分割出来，而 LSQR8 基本无法进行图像分割。此外，LAE1_4、LAE1_8、LAE10_4 提供了非常相似的分割结果。这不仅表明，具有中心对称参数的 LAE 算法只需要一次遍历就足以完成分割任务，而且彰显了 LAE 算法的计算优势。最重要的是，LAE 算法能用来估计任意非对称结构的纹理。

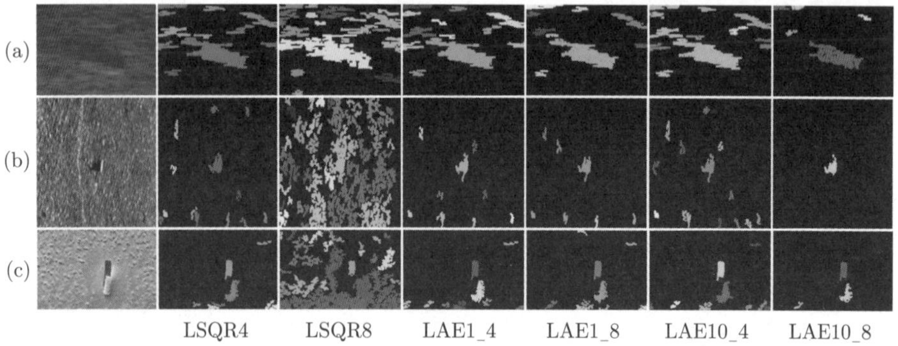

图 2.15　利用 LSQR 算法和 LAE 算法从声呐图像中提取阴影区域（见书后彩图）

LAE1_4 表示在 LAE 算法中，设置 LOOPS=1，$\|\beta\| = 4$

2.8　小结

本章提出了一种基于 LAE 的先验参数估计算法。LAE 通过简单的 BP 算法快速学习先验参数，能充分利用所有的局部块信息。实验结果表明，LAE 只需要一次遍历就能快速地收敛，并能同时提供一个非常精确的估计。仿真实验显示 LAE 算法和经典的伪似然估计算法具有相似的 Cramer-Rao 界。这些特性使得 LAE 非常适合实时应用。此外，LAE 可以用于估计具有各向异性交互参数的问题。而且，由于 LAE 无须额外的存储，具有较低的计算和存储代价。此外，LAE 还有以下几方面的特点。

(1) LAE 是一个局部学习算法。这就意味着我们可以使用 LAE 估计任意给定区域的局部交互参数。也就是说，LAE 是一个局部自适应算法，能用来衡量整幅图像中局部交互参数的差异。

(2) LAE 是一个增量式学习算法。当前迭代的估计值可以用作下次迭代的初值。在 ICM 迭代中，只需要将那些在 Monte-Caro 采样中发生跳转的像素所属的局部块用来学习即可得到新的交互参数。

(3) LAE 不局限于二阶邻域系统。高阶邻域有助于保留更多精细的结构[34, 35]。在扩展时，我们只需要改变滤波器的大小即可。

(4) LAE 是一个通用的先验参数估计框架，还可以用来估计其他 Potts 模型的交互参数。在前面的模型中，先验参数只和顶点的相对位置有关。在附录 A 和附录 B 中，将描述其他两种模型。在 Kanter 的 Potts 模型[36] 中，交互参数只和标签有关。而在 Descombes 等给出的一种 Potts 模型[17] 中，交互参数不再是一成不变的，而是坐标的函数。经过简单的标签场转换后，LAE 算法同样适用。此外，还有其他种类的 Potts 模型，可参考文献 [37] ~ [40]，只需经过相似的扩展，LAE 算法也可适用。

参考文献

[1] Mignotte M, Collet C, Pérez P, et al. Three-class Markovian segmentation of high-resolution sonar images[J]. Computer Vision and Image Understanding, 1999, 76(3): 191-204.

[2] Mignotte M, Collet C, Pérez P, et al. Sonar image segmentation using an unsupervised hierarchical MRF model[J]. IEEE Transactions on Image Processing, 2000, 9(7): 1216-1231.

[3] Besag J. Statistical analysis of non-lattice data[J]. The Statistician, 1975, 24(3): 179-195.

[4] Derin H, Elliott H. Modeling and segmentation of noisy and textured images using Gibbs random fields[J]. IEEE Transactions on Pattern Analysis and Machine Intelligence, 1987, (1): 39-55.

[5] Li S Z. Markov Random Field Modeling in Image Analysis[M]. Berlin: Springer, 2009.

[6] Jiang M, Stewart W K, Marra M. Segmentation of seafloor sidescan imagery using Markov random fields and neural networks[C]// IEEE OCEANS'93 Engineering in Harmony with Ocean, Victoria, 1993: 456-461.

[7] Giovannelli J F. Estimation of the Ising field parameter thanks to the exact partition function[C]//17th IEEE International Conference on Image Processing, Hong Kong, 2010: 1441-1444.

[8] Besag J. Spatial interaction and the statistical analysis of lattice systems[J]. Journal of the Royal Statistical Society，1974, 36(2): 192-236.

[9] Besag J. Efficiency of pseudolikelihood estimation for simple Gaussian fields[J]. Biometrika, 1977, 64(3): 616-618.

[10] Zhang J. The mean field theory in EM procedures for blind Markov random field image restoration[J]. IEEE Transactions on Image Processing, 1993, 2(1):27-40.

[11] Celeux G, Forbes F, Peyrard N. EM procedures using mean field-like approximations for Markov model-based image segmentation[J]. Pattern Recognition, 2003, 36(1): 131-144.

[12] Cao Y, Luo Y P, Yang S Y. Image denoising based on hierarchical Markov random field[J]. Pattern Recognition Letters, 2011, 32:368-374.

[13] Öztimur K Ö, Yarman V F T. Image segmentation by fusion of low level and domain

specific information via Markov random fields[J]. Pattern Recognition Letters, 2014, 46:75-82.

[14] Younes L. Maximum likelihood estimation for Gibbsian fields[C]//Proceedings of an AMS-IMS-SIAM Joint Conference, Hayward, 1991: 403-426.

[15] Geyer C J. Practical Markov chain monte carlo[J]. Statistical Science, 1992, 7(4): 473-483.

[16] Morris R D, Descombes X, Zerubia J. The Ising/Potts model is not well suited to segmentation tasks[C]// IEEE Digital Signal Processing Workshop Proceedings, Leon, 1996: 263-266.

[17] Descombes X, Morris R D, Zerubia J, et al. Estimation of Markov random field prior parameters using Markov chain Monte Carlo maximum likelihood[J]. IEEE Transactions on Image Processing, 1999, 8(7):954-963.

[18] Møller J, Pettitt A N, Reeves R, et al. An efficient Markov chain Monte Carlo method for distributions with intractable normalising constants[J]. Biometrika, 2006, 93(2): 451-458.

[19] Pereyra M, Dobigeon N, Batatia H, et al. Estimating the granularity coefficient of a Potts-Markov random field within a Markov Chain Monte carlo algorithm[J]. IEEE Transactions on Image Processing, 2013, 22(6):2385-2397.

[20] Dumontier C, Luthon F, Charras J P. Real-time DSP implementation for MRF-based video motion detection[J]. IEEE Transactions on Image Processing, 1999, 8(10): 1341-1347.

[21] McGrory C A, Titterington D M, Reeves R, et al. Variational bayes for estimating the parameters of a hidden Potts model[J]. Statistics and Computing, 2009, 19(3):329-340.

[22] Ali A M, Farag A A, Gimel'farb G. Analytical method for MGRF Potts model parameter estimation[C]//IEEE 19th International Conference on Pattern Recognition, Tampa, 2008: 1-4.

[23] Marin J M, Pudlo P, Robert C P, et al. Approximate bayesian computational methods[J]. Statistics and Computing, 2012, 22(6):1167-1180.

[24] Propp J G, Wilson D B. Exact sampling with coupled Markov chains and applications to statistical mechanics[J]. Random Structures and Algorithms, 1996, 9(1/2):223-252.

[25] Murray I, Ghahramani Z, MacKay D. MCMC for doubly-intractable distributions[C]// Proceedings 22nd Conference UAI, Arlington, 2006: 359-366.

[26] Geman S, Geman D. Stochastic relaxation, Gibbs distributions, and the bayesian restoration of images[J]. IEEE Transactions on Pattern Analysis and Machine Intelligence, 1984, (6): 721-741.

[27] Haykin S. Neural Networks: A Comprehensive Foundation[M]. New Jersey: Printice-Hall, Inc., 1999.

[28] Pereyra M, Dobigeon N, Batatia H, et al. Computing the Cramer-Rao bound of Markov

random field parameters: Application to the Ising and the Potts models[J]. IEEE Signal Processing Letters, 2014, 21(1):47-50.

[29] van Trees H L. Detection, Estimation, and Modulation Theory[M]. New Jersey: John Wiley & Sons, 2004.

[30] Onsager L. A two-dimensional model with an order-disorder transition[J]. Physical Review, 1944, 65(3/4):117-149.

[31] Cross G R, Jain A K. Markov random field texture models[J]. IEEE Transactions on Pattern Analysis and Machine Intelligence, 1983, (1):25-39.

[32] Reed S, Petillot Y, Bell J. An automatic approach to the detection and extraction of mine features in sidescan sonar[J]. IEEE Journal of Oceanic Engineering, 2003, 28(1): 90-105.

[33] Petillot Y, Pailhas Y, Sawas J, et al. Target recognition in synthetic aperture and high resolution side-scan sonar[C]//European Conference on Underwater Acoustics, ECUA, Istanbul, 2010.

[34] Komodakis N, Paragios N. Beyond pairwise energies: Efficient optimization for higher-order MRFs[C]// IEEE Conference on Computer Vision and Pattern Recognition, Miami, 2009: 2985-2992.

[35] Kohli P, Osokin A, Jegelka S. A principled deep random field model for image segmentation[C]// 2013 IEEE Conference on Computer Vision and Pattern Recognition (CVPR), Portland, 2013: 1971-1978.

[36] Kanter I. Potts-glass models of neural networks[J]. Physical Review A, 1988, 37: 2739-2742.

[37] Meunier C, Hansel D, Verga A. Information processing in three-state neural networks[J]. Journal of Statistical Physics, 1989, 55(5/6):859-901.

[38] Gerl F, Bauer K, Krey U. Learning with q-state clock neurons[J]. Zeitschrift für Physik B Condensed Matter, 1992, 88(3):339-347.

[39] Russo E, Namboodiri V M, Treves A, et al. Free association transitions in models of cortical latching dynamics[J]. New Journal of Physics, 2008, 10(1):1-19.

[40] Song S M, Yao H X, Simonov A Y. Latching chains in k-nearest-neighbor and modular small-world networks[J]. Computation in Neural Systems, 2015, 26(1):1-24.

3

基于MRF模型的声呐图像分割(II)：Markov链的初始化

本质上，求解 Markov 随机场模型的过程就是构建一条逐渐收敛到平衡态的 Markov 链的过程。在基于 Markov 随机场的声呐图像分割过程中，有两个步骤非常重要，分别是预分割和先验参数估计。预分割为 Markov 链提供初态，而先验参数估计（和条件参数估计、能量场梯度下降）驱动 Markov 链的更新。

但是，在很多情况下，我们并不能得到平衡态（或最优解）。这是因为，一方面，我们很难选择理想的初始状态；另一方面，任何一个更新策略都不能保证 Markov 链在有限的时间步内收敛到平衡态①。尽管 Markov 链的更新策略已经得到了广泛的研究，如图割、模拟退火、遗传算法等[1]，以及局部算法如 ICM[2-4] 等，Markov 链的初始化问题却几乎被忽略了。

本章将讨论标签场的初始化问题。3.1 节分析目前通用的 K-均值聚类算法的缺陷。3.2 节提出了一个基于选择性自编码的标签场初始化算法。3.3 节给出了将其应用到声呐图像分割时得到的实验结果。3.4 节进行了简单的讨论并作总结。

3.1 标签场初始化

预分割为后续迭代优化过程提供初值。初始标签分布与真实分布之间的距离不仅直接决定了分割的速度，而且会影响到分割的成败。这是因为 ICM 算法并不追求全局最优，一个不合理的初值有可能导致网络陷入某个局部极小值形成的能量壁垒中，形成糟糕的分割。

①全局优化算法，如遗传算法和模拟退火，能保证系统最终收敛到平衡态。

目前，一般采用 K-均值聚类算法（算法 3.1）对图像进行初始分割[4-8]。K-均值聚类算法输出中的类属 γ_i 即可用于初始化标签场。但是 K-均值聚类算法存在以下缺陷：

(1) 从能量最小化的角度看，K-均值聚类是一种典型的局部最优算法，各个类质心初始点的选择直接决定分割的结果。

(2) 从聚类的本质来看，K-均值聚类还是一种基于灰度直方图的全局算法。像素值和直方图中波峰的距离决定了像素的类别。如果直方图中并没有表现出明显的“多峰”现象，K-均值聚类有可能完全失效。

(3) K-均值聚类不会考虑任何局部的配置信息，容易形成硬分割。由于预分割的结果会直接用于估计类条件分布 $P_{X/L}(x/l)$ 参数，所以一个不适当的初始化分割会在开始的时候形成大量的错分。ICM 算法通过 Markov 链逐步实现状态的更新。所以，在进行预分割的时候有必要考虑更多的结构信息。一个结构化的分割也更加符合视觉特性。

算法3.1 K-均值聚类

输入图像 X，类个数 K；
随机初始化 K 个质心 μ_k；
设置算法终止误差 ε 和前后两次迭代得到的质心的偏差 ζ；
while $\zeta < \varepsilon$ do
　　%计算每个像素的类别；
　　for $i = 1; i < \text{Height} \times \text{Width}; i++$ do
　　　　$\gamma_i \leftarrow \arg\min_k \left| x_i - \mu_k^{(t)} \right|$；
　　end for
　　%重新计算质心坐标；
　　for $k = 1; k \leqslant K; k++$ do
　　　　$\mu_k^{(t+1)} = \dfrac{\sum_i \delta_{\gamma_i k} x_i}{\sum_i \delta_{\gamma_i k}}$；
　　end for
　　%计算质心的变化量；
　　$\zeta = \arg\max_k \left| \mu_k^{(t+1)} - \mu_k^{(t)} \right|$；
end while
输出质心 μ_k 及类属 γ_i。

图 3.1 是利用 K-均值聚类算法对声呐图像进行分割的一个例子。从图中可以看出，阴影区和背景区完全混淆在一起了。也就是说，如果用这样的初态进行 ICM 迭代，需要经过多次迭代和大量的标签更新才能收敛到一个平衡态或次平衡态。由

于阴影区和背景区本身存在很大的区别，这提示我们有必要对这种相似的类进行区分。

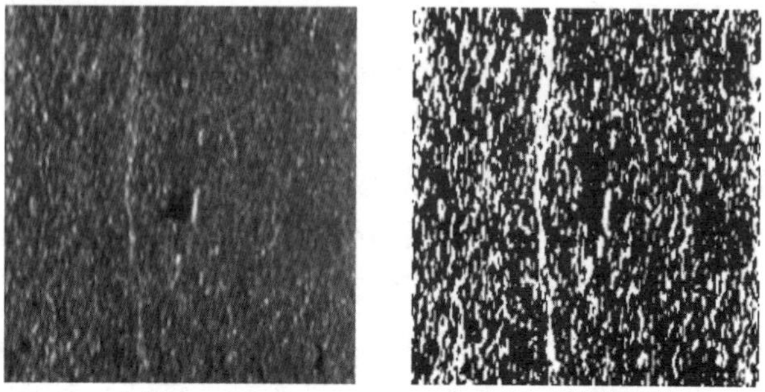

(a) Image (b) K-均值聚类

图 3.1 利用 K-均值聚类对声呐图像进行二类分割

K-均值聚类算法是一个典型的判别式算法。从声呐的产生机理来看，相邻像素之间存在很大的相关性，有必要选择生成式。从判别式到生成式的最简易思路就是对自身的重构。据此，我们提出了一种基于 SAE 的算法对标签场进行初始化。

3.2 基于 SAE 的标签场初始化

3.2.1 autoencoder

一个 autoencoder 是一个 3 层前向神经网络[9]（图 3.2），层内没有递归的突触连接（这个限制是可以突破的）。输入层神经元的个数 N_{I} 和输出层神经元的个数 N_{O} 相同，而隐层神经元的个数 N_{H} 一般显著少于输入层和输出层神经元的个数，即 $N_{\mathrm{H}} \ll N_{\mathrm{I}} = N_{\mathrm{O}}$。

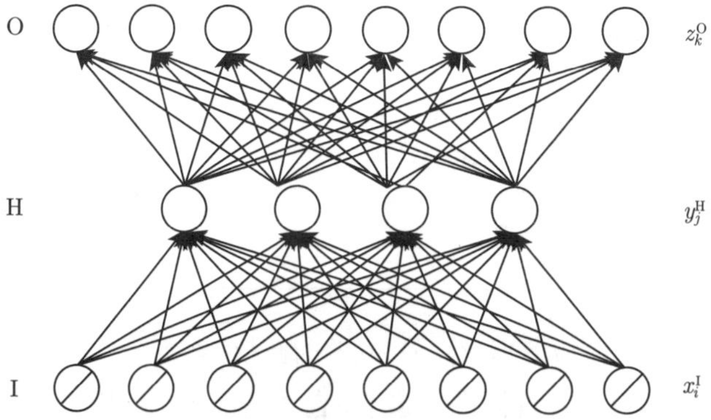

图 3.2 用于标签场初始化的自编码网络

输入层是原始的声呐图像，隐层是输入层的压缩表示，输出层从压缩表示中重构输入层。样本训练的目的是学习各层之间的突触连接权重，一般通过 BP 学习规则实现。

理论上，任何一个复杂信号都无法从其压缩表示中完全恢复。所以，autoencoder 的隐层总是在进行有损压缩，而各层之间的滤波器扮演着低通滤波器的角色。因此，autoencoder 在一定程度上又起着平滑或去噪的作用。而平滑或去噪都需要考虑相邻像素，这些特性和声呐图像分割的任务是有很多相似之处的。

值得注意的是，如果作出如下 3 个修改，则 autoencoder 变成一个 RBM，而级联的 RBM 就是 DBN[10]：

(1) 分层训练，并采用对比散度（contrast divergence，CD）学习规则进行权值训练。

(2) 对输入层进行白化变换。

(3) 隐层的输出为 $\{-1,1\}$。

由于 CD 学习规则是基于采样式学习规则，所以 DBN 往往需要海量的样本进行模型训练。对于 Markov 随机场，autoencoder 已经足够。限于篇幅，此处不再展开。

3.2.2 SAE 网络

SAE 网络和 autoencoder 网络非常相似，也是一个 3 层的前向网络。但是，SAE 网络和 autoencoder 网络的不同之处在于以下几个方面。

(1) 子块采样：输入是从图像中随机采集的子块。

(2) 选择性：隐层和输出层神经元的激活函数在正、负半轴具有不同的斜率。

之所以对图像进行子块采样，是基于以下几方面的考虑。

(1) 网络训练需要很多的样本，要想从单幅图像（声呐图像）学习环境参数，必须对图像进行子采样。

(2) 用图像子块对网络进行训练能显著降低计算的复杂度。

(3) 只选择少量的图像块能避免网络的过拟合。

利用激活函数的斜率赋予网络选择性编码的原因将在 3.2.4 节中进行解释。

3.2.3 SAE 网络的学习算法

这里采用标准的 BP 算法对 SAE 网络的权值进行学习。BP 算法分成前向预测和反向学习两个阶段。

1. 前向预测

用 x_i^{I} 表示输入层，y_j^{H} 和 z_k^{O} 分别表示隐层和输出层，则隐层的输出为

$$y_j^{\mathrm{H}} = \mathcal{R}\left(v_j^{\mathrm{H}}\right) \tag{3.1}$$

且隐层的输入为

$$v_j^{\mathrm{H}} = \sum_i \omega_{ji}^{\mathrm{HI}} x_i^{\mathrm{I}} - b_j^{\mathrm{H}} \tag{3.2}$$

式中，$\omega_{ji}^{\mathrm{HI}}$ 代表输入层和隐层之间的突触连接。
类似有输出层的输出和输入分别为

$$z_k^{\mathrm{O}} = \mathcal{R}\left(v_k^{\mathrm{O}}\right) \tag{3.3}$$

$$v_k^{\mathrm{O}} = \sum_j \omega_{kj}^{\mathrm{OH}} y_j^{\mathrm{H}} - b_k^{\mathrm{O}} \tag{3.4}$$

式中，$\mathcal{R}(\cdot)$ 代表激活函数；$\omega_{kj}^{\mathrm{OH}}$ 代表隐层和输出层之间的突触连接；b_j^{H} 和 b_k^{O} 分别代表隐层神经元和输出层神经元的偏置。

前向预测的目的是利用现有的权值预测一个输出。对 autoencoder 力求重构输入来说，这个输出和输入之间是存在误差的。因此，可以根据这个误差来校正权值，这就是 BP 算法的反向传播步。

2. 反向学习

重构误差为

$$\begin{aligned} E &= \frac{1}{2}\sum_k {e_k}^2 \\ &= \frac{1}{2}\sum_k \left(z_k^{\mathrm{O}} - x_k^{\mathrm{I}}\right)^2 \\ &= \frac{1}{2}\sum_k \left[\mathcal{R}\left(\sum_j \omega_{kj}^{\mathrm{OH}} y_j^{\mathrm{H}} - b_k^{\mathrm{O}}\right) - x_k^{\mathrm{I}}\right]^2 \end{aligned} \tag{3.5}$$

隐层和输出层之间的突触连接 $\omega_{kj}^{\mathrm{OH}}$、输出层神经元的偏置 b_k^{O} 的学习规则和传统的 BP 算法一样[11]：

$$\begin{cases} \Delta\omega_{kj}^{\mathrm{OH}} = -\eta \dfrac{\partial E}{\partial \omega_{kj}^{\mathrm{OH}}} = -\eta \delta_k y_j^{\mathrm{H}} \\ \Delta b_k^{\mathrm{O}} = -\eta \delta_k \end{cases} \tag{3.6}$$

式中，$\delta_k = e_k \mathcal{R}'$，$\mathcal{R}'$ 是激活函数 $\mathcal{R}$ 的导数；η 是学习速率。

类似地，可以得到 $\omega_{ji}^{\mathrm{HI}}$ 和 b_j^{H} 的学习规则：

$$\begin{cases} \Delta\omega_{ji}^{\mathrm{HI}} = -\eta\mathcal{R}'\delta_j x_i^{\mathrm{I}} \\ \Delta b_j^{\mathrm{H}} = -\eta\mathcal{R}'\delta_j \end{cases} \tag{3.7}$$

式中，$\delta_j = \sum_k \omega_{kj}^{\mathrm{OH}}\delta_k$。

3.2.4 选择性激活函数

SAE 网络的核心是一个分片 Sigmoid 函数，如图 3.3 所示。选择性激活函数的最大特点是其负半轴的斜率要大于正半轴的斜率，这主要是基于以下几方面的考虑。

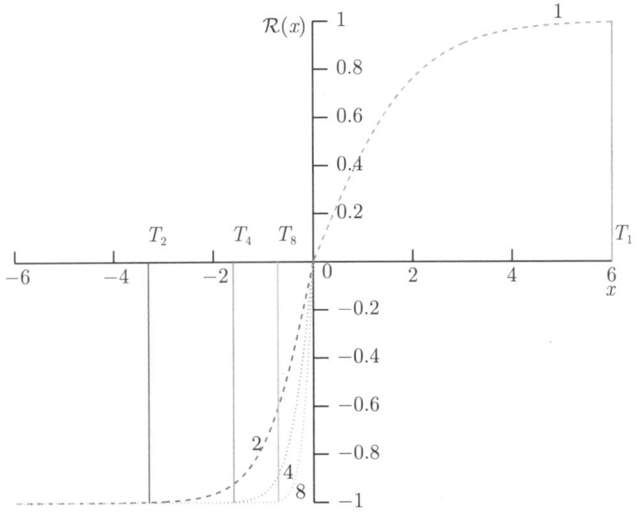

图 3.3　用于 SAE 的激活函数

(1) 我们应该尽可能地保留阴影区 [图 3.4(a)]，这是因为阴影区是在声呐图像中检测突出目标时最显著、最稳定的区域。当然，这个规则对反射区也成立。当输入足够大或足够小的时候，几乎任何 Sigmoid 函数都能达到饱和。

(2) 激活函数的负半轴应该快速饱和。声呐图像有很多斑块噪声 [图 3.4(b)]，我们希望包含噪声和阴影的子块的加权和，如 v_j^{H} 和 v_k^{O} 尽可能靠近激活函数负半轴的饱和区。一个较大的斜率 β 不仅有利于去除感兴趣区域（如阴影区和半阴影区）的噪声，而且有利于保留阴影区和其他区域之间的过渡区。

(3) 负半轴的斜率应该大于正半轴的斜率，因为包含较多阴影区的图像块应该更加精细地重构。例如，当一个图像块位于阴影区和目标区的过渡区时，图像块的能量一般为一个非常小的正数，如图 3.4(c) 所示。反过来，位于阴影区和海底目标反射区之间过渡区的图像子块一般为一个较小的正数，如图 3.4(d) 所示。

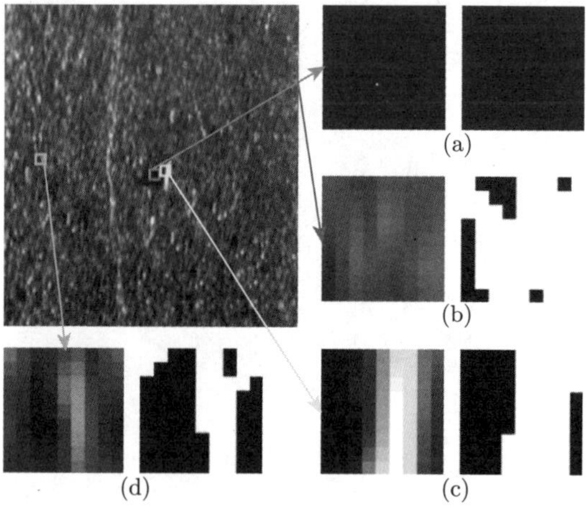

图 3.4　不同类型的块

基于此，我们可以设计如下的激活函数：

$$\mathcal{R}(x)=\begin{cases} g(x), & x>0 \\ g(\beta x), & x\leqslant 0 \end{cases} \tag{3.8}$$

式中，$\beta>1$ 是一个选择性因子，且

$$g(x)=\frac{2}{1+\mathrm{e}^{-x}}-1 \tag{3.9}$$

图 3.3 画出了不同 β 时的激活函数。

激活函数的导数为

$$\mathcal{R}'(x)=\begin{cases} \dfrac{1}{2}\left[1-g^2(x)\right], & x>0 \\ \dfrac{1}{2}\beta\left[1-g^2(\beta x)\right], & x\leqslant 0 \end{cases} \tag{3.10}$$

3.3　实验

本节分别用 SAE 算法和主流的 K-均值聚类算法对标签场进行初始化。为了直观地比较二者之间的区别，我们将初始化的标签场作为 Markov 链的初态并运行 ICM 程序，对图像进行分割。图 3.5～ 图 3.7 中的图 (a) 分别是用前视声呐、侧扫声呐和多波束声呐采集的三幅典型的声呐图。

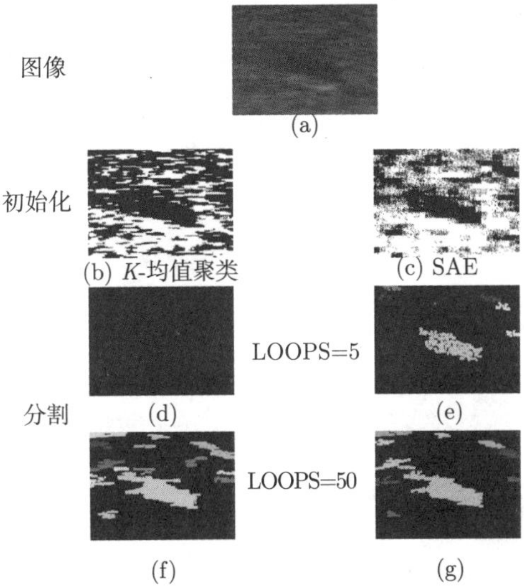

图 3.5 对前视声呐图像进行分割的例子

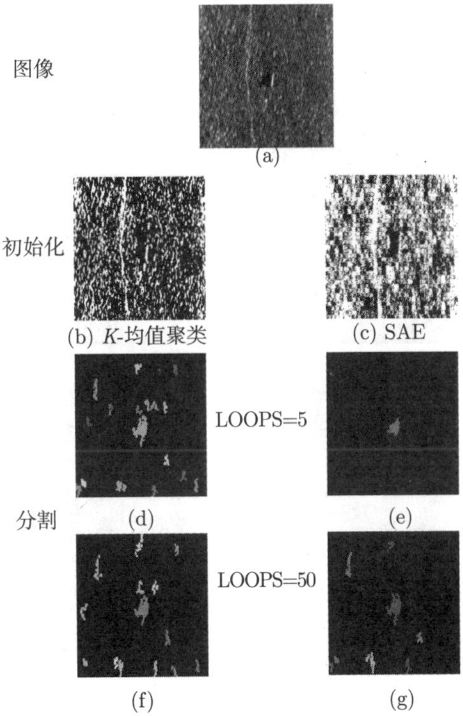

图 3.6 对侧扫声呐图像进行分割的例子

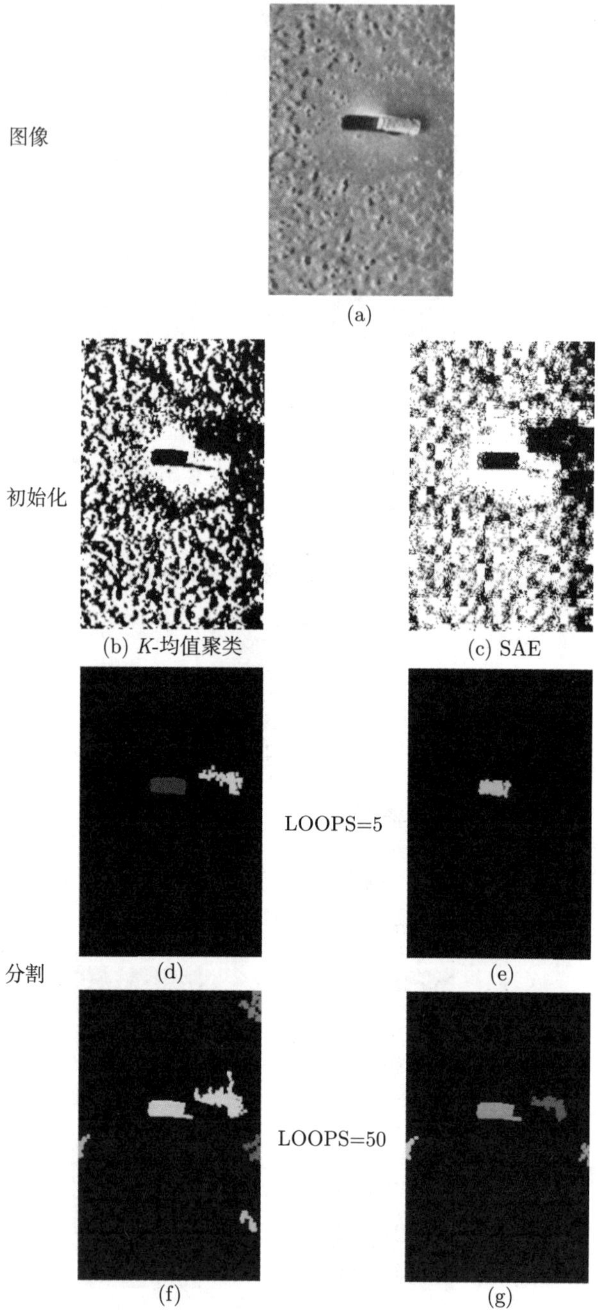

图 3.7　对多波束声呐图像进行分割的例子

在实验中，我们从图像中随机采集 8×8 的图像子块输入 SAE 网络。SAE 的输入层、隐层和输出层的神经元个数分别为 $N_{\rm I}=64$、$N_{\rm H}=8$、$N_{\rm O}=64$。在实验中，我们人为设置 $\beta=2$。从每幅图像中采集的图像子块为 40 个，一共训练 40 次。

训练完成后，将图像分成 8×8 的子块，将每个子块都输入 SAE 网络，并对输出层的输出进行二值化，即可得到最后的标签场。

3.3.1 标签场初始化

图 3.5~图 3.7 中的图 (b) 和图 (c) 分别给出了传统的 K-均值聚类算法和本章提出的 SAE 算法初始化后的标签场。从中可以得出如下两个结论。

(1) SAE 网络强调阴影区，这也正是声呐图像中的感兴趣区。例如，在图 3.5 中，由 K-均值聚类提供的标签场图 3.5(b) 包含很多实质的噪声斑块。但是在 SAE 算法提供的标签场中，这些斑块变得稀疏。这个结果说明，SAE 算法降低了斑块噪声的影响，更好地保留了结构信息。

(2) 当噪声增加时，K-均值聚类算法和 SAE 算法提供的初始化标签场之间的差别增大。例如，和图 3.7(b) 与 (c) 之间的差距相比，图 3.5(b) 和 (c) 之间的差距增加了，这是因为多波束声呐采集的图像比前视声呐采集的图像分辨率高得多。这表明，当图像中的噪声水平增加时，SAE 算法变得更加可靠。

3.3.2 图像分割

基于 MRF 的声呐图像分割的首要任务是将图像分成两类：阴影区和海底目标反射区。为了突出本章提出的标签场初始化算法的优势，在用 MRF 模型进行声呐图像分割时，其他步骤都和主流算法保持一致。例如，用 Weibull 分布描述像素的类条件分布，并用 Gibbs 分布描述标签之间的依赖关系。条件参数用最大似然估计法进行估计，而先验参数用最小二乘法进行估计。为了简化计算，也采用 ICM 算法更新 Markov 链。Markov 链收敛到平衡态后，采用形态学腐蚀和膨胀去除椒盐噪声。在最后的结果中，只显示面积大于 100 个像素的区域，且不同的区域用不同的颜色显示出来。

在图 3.5~图 3.7 中，图 (a) 是原始图像，图 (b) 和 (c) 分别是 K-均值聚类算法和 SAE 算法提供的初始化标签场。图 (d)~(g) 是利用 MRF 对图像进行分割的结果，其中 LOOPS 表示 ICM 算法中参数估计与 Markov 链更新步之间的迭代次数。对比图 (d)~(g) 可以看出，使用 SAE 算法初始化的标签场能加快图像的分割速度。例如，对于前视声呐图像和侧扫声呐图像，仅仅通过 LOOPS=5 次迭代，前视声呐图像和侧扫声呐图像就能返回可以接受的分割 [图 3.5(e) 和 图 3.6(e)]，而 K-均值聚类得到相对较糟糕的分割效果 [图 3.5(d) 和图 3.6 (d)]。这说明，SAE 算法能够提供一个更加合适的初态。经过 LOOPS=50 次迭代后，由 SAE 初始化的 Markov 链返回的分割结果中包含较少的背景斑块噪声。即使是同一位置的斑块，由 SAE 初始化的 Markov 链也拥有较小的尺寸。因此，由 SAE 初始化的 Markov 链能到达更加优化的平衡态。

为了进一步衡量 K-均值聚类算法和 SAE 算法之间的性能，我们计算平衡态 L_s 相对于初始态 L 的跳转概率：

$$d = \frac{L \odot L_s}{N} \tag{3.11}$$

式中，$\odot$ 是异或操作。d 越大，说明跳转得越多，即平衡态和初始态之间的距离越远；反之，说明算法提供的初态更加接近平衡态。

表 3.1 列出了图 3.5~图 3.7 中 K-均值聚类算法和 SAE 算法的跳转概率。从表 3.1 中可以看出，和 K-均值聚类算法相比，SAE 算法的平均跳转概率下降了：

$$\frac{46.47\% + 37.35\% + 26.83\%}{3} = 36.88\%$$

这说明 SAE 算法能生成一个更接近平衡态的初始状态。

表 3.1　标签的跳转概率

算法	图 3.5	图 3.6	图 3.7
K-均值聚类	51.39%	67.21%	45.77%
SAE	27.51%	42.11%	33.49%
↓	46.47%	37.35%	26.83%

3.4　小结

和传统的 K-均值聚类算法[5, 6] 相比，SAE 算法考虑了结构约束，能够生成一个更接近平衡态的初始态。

尽管 SAE 网络和 autoencoder[12] 或 RBM[13] 的结构一样，但是存在两点区别：一个是激活函数；另一个是二值化策略。

(1) RBM 从海量的样本中学习图像的统计特征，但是声呐图像的采样速率很低，SAE 需要从少量的声呐图中快速学习图的结构信息。

(2) 在 RBM 中，需要对样本进行正则化和白化变换，但是 SAE 网络只需要将样本的均值进行归零处理。

(3) RBM 的二值化表示是通过 Gibbs 采样实现的，而 SAE 直接对输出进行二值化。

(4) 激活函数对不同类型的图像子块使用不同的激活强度。

为了考察 SAE 网络的内部编码机制，我们将 SAE 算法应用于一幅光学图像。图 3.8(a) 是原始的建筑物图像，图 3.8(b) 是应用 SAE 算法对图像进行二类分割的结果，图 3.8(c) 是学习得到的隐层和输出层之间的 8 个滤波器，图 3.8(d) 是原始的 autoencoder 的滤波器。比较可以得出，autoencoder 的滤波器看起来像是一组旋转对称的滤波器组，而 SAE 的滤波器则偏向包含阴影区的图像块。值得注意的是，不同图像有不同的滤波器。从这个角度来说，SAE 有利于保留特定的信息，如选择性地保存阴影区。

(a) (b) (c) (d)

图 3.8　通过一幅光学图像考察 SAE 网络的滤波器

本章的工作还存在如下两个缺陷：

(1) 算法目前只能用于初始化 Ising 场。在以后的工作中，我们将考虑用类似的机制初始化 Potts 场。

(2) 在选取特定的图像块输入网络进行训练时，还缺乏一定的稳定性。后续将设计适当的选择策略实现稳定的网络训练。

参考文献

[1] Li S Z. Markov Random Field Modeling in Image Analysis[M]. Berlin: Springer, 2009.

[2] Dumontier C, Luthon F, Charras J P. Real-time DSP implementation for MRF-based video motion detection[J]. IEEE Transactions on Image Processing, 1999, 8(10): 1341-1347.

[3] Descombes X, Morris R D, Zerubia J, et al. Estimation of Markov random field prior parameters using Markov chain Monte Carlo maximum likelihood[J]. IEEE Transactions on Image Processing, 1999, 8(7):954-963.

[4] Mignotte M, Collet C, Pérez P, et al. Three-class Markovian segmentation of high-resolution sonar images[J]. Computer Vision and Image Understanding, 1999, 76(3): 191-204.

[5] Derin H, Elliott H. Modeling and segmentation of noisy and textured images using Gibbs random fields[J]. IEEE Transactions on Pattern Analysis and Machine Intelligence, 1987, (1):39-55.

[6] Mignotte M, Collet C, Pérez P, et al. Sonar image segmentation using an unsupervised hierarchical MRF model[J]. IEEE Transactions on Image Processing, 2000, 9(7): 1216-1231.

[7] Reed S, Petillot Y, Bell J. An automatic approach to the detection and extraction of mine features in sidescan sonar[J]. IEEE Journal of Oceanic Engineering, 2003, 28(1): 90-105.

[8] Petillot Y, Pailhas Y, Sawas J, et al. Target recognition in synthetic aperture and high resolution side-scan sonar[C]//European Conference on Underwater Acoustics, ECUA, Istanbul, 2010.

[9] Baldi P, Hornik K. Neural networks and principal components analysis: Learning from examples without local minima[J]. Neural Networks, 1989, 2:53-58.

[10] Hinton G E, Osindero S, Yee-Whye T. A fast learning algorithm for deep belief nets[J]. Neural Computation, 2006, 18:1527-1554.

[11] Haykin S. Neural Networks: A Comprehensive Foundation[M]. New Jersey: Printice-Hall, Inc., 1999.

[12] Hinton G E, Zemel R S. Autoencoders, minimum description length, and Helmholtz free energy[J]. Advances in Neural Information Processing Systems, 1994, 6: 3-10.

[13] Tieleman T. Training restricted Boltzmann machines using approximations to the likelihood gradient[C]//ACM Proceedings of the 25th International Conference on Machine Learning, Helsinki, 2008: 1064-1071.

4

基于 Graded-MRF 的声呐图像分割

在第 2 章中利用 ICM 算法求解 MRF 时，每个像素根据后验概率最大准则被赋予唯一的类标签。这和 K-均值聚类中的类别赋予机制非常相似。C-均值聚类算法存在一个模糊算法，即模糊 C-均值聚类。事实上，Mahalanobis 测度下的 FCM 就是期望最大算法。ICM 算法也应该存在一个类似的、建立在隶属度之上的模糊算法。将模糊算法和 MRF 模型结合的方法有两种：一种是将 MRF 模型引入模糊算法；另一种则是将隶属度引入 MRF 模型。

如 1.3.1 节所述，EMMF 算法先后由威斯康星大学密尔沃基分校的 Zhang[1] 和法国 INRIA Rhone-Alpes 国家实验室的 Celeux 等[2] 所提出和发展。在 MRF 框架下，EMMF 用均值表示场中所有其他粒子对当前粒子的影响，弱化原本随机场框架下为估计交互参数而做出的强制条件独立假设。通过均值场处理，全概率可以在形式上转化为基于条件概率的表达式，兼顾了交互参数估计的速度和精度，获得了非严格正则结构下[3] 的相对精确解。

正如 Celeux 等在其论文[2] 的引言中写的那样，“⋯ EM algorithm ⋯ uses conditional probabilities rather than restoration of the hidden data”①。在 ICM 中更新 Markov 链时，总是根据 Metropolis 采样决定某个粒子的状态是否发生跳转，即是否从一个离散的状态跳到另一个离散的状态。但是，在 EMMF 算法中，期望步得到的 $\tilde{z}_i^{(q)}$ 是一个隶属度函数。从这个角度考虑，EMMF 算法可以看成具有局部平滑能力的 ICM 算法。由于 EMMF 是一种相对独立的随机场算法，本章将对其进行详细的介绍。

相对于传统的 MRF，EMMF 算法具有较好的平滑效果。一方面，EMMF 几乎能够去除绝大多数斑块噪声，可以用于避障之类的前视声呐图像分割；另一方面，如果将 EMMF 用于前视目标识别，则会丢失太多的信息。例如，在前视图像中唯一存在的、微弱的边缘形状特征也会损失殆尽。为此，我们从 Potts 场出发，构

① “EM 算法 …… 不是在恢复隐状态，而是使用条件概率”。

造了一个基于模态热浴动力（heat-bath dynamics）的 MRF，即 Graded-MRF。在 Graded-MRF 中，声呐图像作为外场，MRF 局部依赖是内场，模态热浴动力驱动 Potts 场中粒子状态的更新。

为保证思路的连贯性，首先在 4.1 节中回顾基本离散形式的 MRF 算法；然后在 4.2 节和 4.3 节中对“半离散”形式的 EMMF 算法的原理与计算过程进行详细的推导；完全基于模态形式的 Graded-MRF 将在 4.4 节中给出。

4.1 回顾：离散形式的 MRF 算法

单个像素 s 的条件概率为

$$P_{X_s|L_s}(x_s|l_s)=\frac{1}{\sqrt{(2\pi)^d|\Sigma_k|}}\mathrm{e}^{-\frac{1}{2}(x_s-\mu_{l_s})^{\mathrm{T}}\Sigma_k^{-1}(x_s-\mu_{l_s})} \tag{4.1}$$

Potts 标签场中的 Gibbs 分布（先验分布）为

$$\begin{aligned}P(l)&=\frac{1}{Z}\mathrm{e}^{-H(l)}\\&=\frac{1}{Z}\mathrm{e}^{-\sum\limits_{c}V_c(l_c)}\\&=\frac{1}{Z}\mathrm{e}^{-\sum\limits_{s\sim t}V(l_s,l_t)}\\&=\frac{1}{Z}\mathrm{e}^{\beta\sum\limits_{s}\sum\limits_{t\in\Xi_s}\delta(l_s,l_t)}\end{aligned} \tag{4.2}$$

式中，$l_s\in\{1,2,\cdots,Q\}$ 是一个标量。

取最大后验概率的对数作为系统的能量函数：

$$\begin{aligned}E&=\log\left[P_L(l)\prod_s P_{X_s|L_s}(x_s|l_s)\right]\\&=-\log Z+\sum_s\sum_{t\in\Xi_s}\beta_{st}\delta(l_s,l_t)+\sum_s\log P_{X_s|L_s}(x_s|l_s)\end{aligned} \tag{4.3}$$

一种最基本的近似是抛弃划分函数，此时系统的能量函数为

$$E=\sum_s E_s \tag{4.4}$$

$$E_s=\sum_{t\in\Xi_s}\beta_{st}\delta(l_s,l_t)+\log P_{X_s|L_s}(x_s|l_s) \tag{4.5}$$

基于 ICM 的 MRF 求解过程如算法 4.1 所示。

算法 4.1 MRF 算法

1. 给定 Potts 态个数 Q;
2. 对图像进行初步分割，如 K-均值聚类，计算各类的均值和方差;
3. for $q=1$; $q<\text{LOOPS}$; $q++$ do
4. 设置当前学习速率，如 $\eta=\eta_0/\text{iter}$;
5. 更新参数：先计算各个类的条件参数

$$\begin{cases}\mu_k=\dfrac{1}{M}\displaystyle\sum_{s=1}^{M}x_s\\ \sigma_k^2=\dfrac{1}{M-1}\displaystyle\sum_{s=1}^{M}(x_s-\mu_k)^2\end{cases}$$

再计算先验参数

$$\Delta\beta=\eta\sum_s\left\{\sum_{t\in\Xi_s}\delta\left(l_s,l_t\right)-\frac{\displaystyle\sum_{l_s}\left[\mathrm{e}^{\beta\sum\limits_{t\in\Xi_s}\delta(l_s,l_t)}\sum_{t\in\Xi_s}\delta\left(l_s,l_t\right)\right]}{\displaystyle\sum_{l_s}\mathrm{e}^{\beta\sum\limits_{t\in\Xi_s}\delta(l_s,l_t)}}\right\}$$

6. 更新标签场：对每一个子块，计算中心像素的标签依次取 $q=1,2,\cdots,Q$ 时的局部能量

$$E_s^q=\sum_{t\in\Xi_s}\beta_{st}\delta\left(q,l_t\right)+\log P_{X_s|L_s}\left(x_s\left|l_s\right.\right)$$

最后，将中心像素的标签设置为能量最大的状态

$$q^*=\arg\max_q\left(E_i^q\right)$$

7. end for
8. 输出标签场。

4.2 EMMF(I): 从 EM 说起

4.2.1 Gibbs 分布的向量形式

在 4.1 节的经典 MRF 模型中，每个晶格在任一时刻只能以概率 1 取某个状态。但是在热浴动力中，每个晶格可以以概率的形式取任一状态。基于这个思想，

可以将标量形式的 Gibbs 分布改写成向量形式的 Gibbs 分布。

先重写整个晶格的标签配置为 l 时的先验概率：

$$P_L(l)=\frac{1}{Z}\mathrm{e}^{\sum\limits_{s}\sum\limits_{t\in\Xi_s}\beta_{st}\delta(l_s,l_t)} \tag{4.6}$$

晶格的状态（即标签）是个离散的标量，其向量形式为

$$l_s=2\Rightarrow \boldsymbol{z}_s=\begin{bmatrix}0\\1\\0\\\vdots\\0\end{bmatrix} \tag{4.7}$$

这样，δ 函数可以写成向量的内积：

$$\delta(l_s,l_t)\Leftrightarrow \boldsymbol{z}_s^{\mathrm{T}}\boldsymbol{z}_t \tag{4.8}$$

相应地，Potts 场中的 Gibbs 分布的向量形式可以表达为

$$P(\boldsymbol{z})=\frac{1}{W}\mathrm{e}^{\beta\sum\limits_{s\sim t}\boldsymbol{z}_s^{\mathrm{T}}\boldsymbol{z}_t} \tag{4.9}$$

值得注意的是，一般用 Z 表示配分函数。为了避免混淆，这里改用 W 表示配分函数。

4.2.2 MRF 的一般形式

由于 EMMF 算法要用到 EM 算法的思想，所以有必要对第 2 章中的 MRF 模型用 EM 算法的思路再次进行改写。同样，在条件独立的假设下，图像的条件分布为

$$f(X\,|\mathcal{Z},\Theta)=\prod_s f(x_s\,|\boldsymbol{z}_s,\Theta) \tag{4.10}$$

标签场的 Gibbs 分布为

$$P(\mathcal{Z}\,|\beta)=\frac{1}{W}\mathrm{e}^{-\sum\limits_{c}V_c(\boldsymbol{z}_c|\beta)} \tag{4.11}$$

综合式 (4.10) 和式 (4.11)，得到全概率为

$$L(X,\mathcal{Z}\,|\Theta,\beta)=\frac{1}{W}\mathrm{e}^{-\sum\limits_{c}V_c(\boldsymbol{z}_c|\beta)}\prod_s f(x_s\,|\boldsymbol{z}_s,\Theta) \tag{4.12}$$

取式 (4.12) 的对数作为似然函数：

$$\begin{aligned}\log L(X,\mathcal{Z}\,|\Theta,\beta)&\triangleq\log L(\Theta,\beta)\\&=-\log W-\sum_c V_c(\boldsymbol{z}_c\,|\beta)+\sum_s f(x_s\,|\boldsymbol{z}_s,\Theta)\end{aligned} \tag{4.13}$$

MRF 模型的首要任务是估计先验参数和条件参数集 $\Psi=\{\Theta,\beta\}$。

4.2.3 用 EM 估计参数并不可行

1. Q 函数

要想利用 EM 算法对参数集 $\Psi=\{\Theta,\beta\}$ 求解，首先需要写出携带隐变量的期望函数（即 Q 函数①），然后取期望函数的最大值。首先写出 Q 函数：

$$\begin{aligned}&Q\left(\Psi\middle|\Psi^{(q)}\right)\\&=\left\langle\log L\left(X,\mathcal{Z}\left|\Psi\right.\right)\middle|X,\Psi^{(q)}\right\rangle\\&=\left\langle\log f\left(X\left|\mathcal{Z},\Theta\right.\right)+\log P\left(\mathcal{Z}\left|\beta\right.\right)\middle|X,\Psi^{(q)}\right\rangle\end{aligned}\tag{4.14}$$

式中，$\langle\cdot\rangle$ 是对隐变量概率密度函数 $P\left(\mathcal{Z}\left|X,\Psi\right.\right)$ 的期望。

展开式 (4.14) 后有

$$\begin{aligned}&Q\left(\Psi\middle|\Psi^{(t)}\right)\\&=\left\langle\sum_s\log f\left(x_s\left|\boldsymbol{z}_s,\Theta\right.\right)-\log W-\sum_c V_c\left(\boldsymbol{z}_c\left|\beta\right.\right)\middle|X,\Psi^{(t)}\right\rangle\\&=\left\langle\sum_s\log f\left(x_s\left|\boldsymbol{z}_s,\Theta\right.\right)\middle|X,\Psi^{(t)}\right\rangle-\log W-\left\langle\sum_c V_c\left(\boldsymbol{z}_c\left|\beta\right.\right)\middle|X,\Psi^{(t)}\right\rangle\end{aligned}\tag{4.15}$$

第一项和第三项的变量分别为 $\boldsymbol{z}_s$ 和 $\boldsymbol{z}_c$，因此有

$$Q\left(\Psi\middle|\Psi^{(t)}\right)=\left\langle\sum_s\log f\left(x_s\left|\boldsymbol{z}_s,\Theta\right.\right)\middle|X,\Psi^{(t)}\right\rangle_{\boldsymbol{z}_s}-\log W-\left\langle\sum_c V_c\left(\boldsymbol{z}_c\left|\beta\right.\right)\middle|X,\Psi^{(t)}\right\rangle_{\boldsymbol{z}_c}\tag{4.16}$$

最后可得 Q 函数：

$$\begin{aligned}Q\left(\Psi\middle|\Psi^{(t)}\right)=&\sum_s\sum_{\boldsymbol{z}_s}\log f\left(x_s\left|\boldsymbol{z}_s,\Theta\right.\right)P\left(\boldsymbol{z}_s\middle|X,\Psi^{(t)}\right)-\log W\\&-\sum_c\sum_{\boldsymbol{z}_c}V_c\left(\boldsymbol{z}_c\left|\beta\right.\right)P\left(\boldsymbol{z}_c\middle|X,\Psi^{(t)}\right)\end{aligned}\tag{4.17}$$

2. 无法计算的配分函数

式 (4.17) 等号右边第一项和 β 没关系，第二、三项和 Θ 没关系。因此 Θ 和 β 的 Q 函数分别为

$$\begin{aligned}Q\left(\Theta\middle|\Psi^{(t)}\right)&=\sum_s\sum_{\boldsymbol{z}_s}\log f\left(x_s\left|\boldsymbol{z}_s,\Theta\right.\right)P\left(\boldsymbol{z}_s\middle|X,\Psi^{(t)}\right)\\&\triangleq E_{\Psi^{(q)}}\left[\log P\left(X\left|\mathcal{Z},\Theta\right.\right)\right]\end{aligned}\tag{4.18}$$

① Q 函数就是一个局部爬山函数，构造一个平滑的函数去逼近目标函数。而最大化就是要最大化这个近似的目标函数。之所以要函数逼近，是因为目标函数往往过于复杂，无法直接求解。

$$
\begin{aligned}
Q\left(\beta\left|\Psi^{(t)}\right.\right) &= -\log W - \sum_{c}\sum_{\boldsymbol{z}_c} V_c\left(\boldsymbol{z}_c\left|\beta\right.\right) P\left(\boldsymbol{z}_c\left|X,\Psi^{(t)}\right.\right) \\
&\triangleq E_{\Psi^{(q)}}\left[\log P\left(\mathcal{Z}\left|\Theta\right.\right)\right]
\end{aligned} \tag{4.19}
$$

最后来看隐变量 $\boldsymbol{z}_s$ 和 $\boldsymbol{z}_c$ 的概率密度函数 $P\left(\boldsymbol{z}_s\left|X,\Psi^{(t)}\right.\right)$ 和 $P\left(\boldsymbol{z}_c\left|X,\Psi^{(t)}\right.\right)$。

$$
\begin{aligned}
P\left(\boldsymbol{z}_s\left|X,\Psi^{(t)}\right.\right) &= P\left(\boldsymbol{z}_s\left|\Psi^{(q)}\right.\right) \\
&= P\left(\boldsymbol{z}_s\left|\beta^{(t)}\right.\right) \\
&= \sum_{\boldsymbol{z}_{\mathcal{S}\setminus s}} P\left(\boldsymbol{z}_s,\boldsymbol{z}_{\mathcal{S}\setminus s}\left|\beta^{(t)}\right.\right) \\
&= \sum_{\boldsymbol{z}_{\mathcal{S}\setminus s}} \frac{1}{\sum\limits_{\mathcal{S}} \mathrm{e}^{-H(\boldsymbol{z}_{\mathcal{S}})}} \mathrm{e}^{-H\left(\boldsymbol{z}_s\boldsymbol{z}_{\mathcal{S}\setminus s}\right)}
\end{aligned} \tag{4.20}
$$

式中，$\boldsymbol{z}_{\mathcal{S}\setminus s}$ 表示 $\mathcal{S}$ 中粒子 s 的标记固定为 $\boldsymbol{z}_s$，其他粒子的状态可以任意变化，尚有 Q^{N-1} 种配置。和原始的 Gibbs 分布一样，$W=\sum\limits_{Z}\mathrm{e}^{-H(\boldsymbol{z}_{\mathcal{S}})}$ 无法计算。

4.2.4 均值场近似计算原理

均值场（mean-field）近似的原理可以用文献 [4] 中的一句话概括："The influence of $\boldsymbol{z}_t, t\neq s$, in the calculation of $\langle\boldsymbol{z}_s\rangle$ can be calculated by $\langle\boldsymbol{z}_t\rangle$." 即在计算 $\langle\boldsymbol{z}_s\rangle$ 的时候，用 $\langle\boldsymbol{z}_t\rangle$ 代替 $\boldsymbol{z}_t$。

在均值场的假设下，可以用均值场解 $\langle\boldsymbol{z}_{\mathcal{S}\setminus s}\rangle$ 代替 $H\left(z_s z_{\mathcal{S}\setminus s}\right)$。具体而言：

$$
\begin{aligned}
& H_s^{mf}\left(\boldsymbol{z}_s\right) \\
&\equiv H_s^{mf}\left(\boldsymbol{z}_s\boldsymbol{z}_{\mathcal{S}\setminus s}\right) \\
&= H\left(\boldsymbol{z}_s\boldsymbol{z}_{\mathcal{S}\setminus s}\right)|_{\boldsymbol{z}_t=\langle\boldsymbol{z}_t\rangle, t\neq s} \\
&= H\left(\boldsymbol{z}_s\left\langle\boldsymbol{z}_{\mathcal{S}\setminus s}\right\rangle\right)
\end{aligned} \tag{4.21}
$$

进一步分解可得

$$
H_s^{mf}\left(\boldsymbol{z}_s\right) = H_s^{mf'}\left(\boldsymbol{z}_s\right) + R_s^{mf'}\left(\left\langle\boldsymbol{z}_{\mathcal{S}\setminus s}\right\rangle\right) \tag{4.22}
$$

式中，等号右边第一项称为位置 s 处的均值场局部能：

$$
H_s^{mf'}\left(\boldsymbol{z}_s\right) = \sum_{t\in\Xi_s} V_c\left(\boldsymbol{z}_s,\langle\boldsymbol{z}_t\rangle\right) \tag{4.23}
$$

注意，$\boldsymbol{z}_s\left\langle\boldsymbol{z}_{\mathcal{S}\setminus s}\right\rangle$ 代表配置而已，不是乘积。

式 (4.22) 等号右边第二项可以写成

$$R_s^{mf'}\left(\left\langle \boldsymbol{z}_{\mathcal{S}\backslash s}\right\rangle\right)=\sum_{s\in\Xi_t}V_c\left(\left\langle \boldsymbol{z}_t\right\rangle,\left\langle \boldsymbol{z}_s\right\rangle\right) \tag{4.24}$$

与 $\boldsymbol{z}_s$ 没有关系。由于这一项并不依赖于 $\boldsymbol{z}_s$，可以从后验分布式 (4.20) 的分子分母中同时略去。这样，将式 (4.20) 写成均值场形式：

$$\begin{aligned}
&P_s^{mf}\left(\boldsymbol{z}_s\right)\\
&\triangleq\frac{1}{W_s^{mf}}\mathrm{e}^{-H_s^{mf}\left(\boldsymbol{z}_s\right)}\\
&\triangleq P_s^{mf}\left(\boldsymbol{z}_s\boldsymbol{z}_{\mathcal{S}\backslash s}\right)\\
&=\frac{1}{W_s^{mf'}}\mathrm{e}^{-H_s^{mf'}\left(\boldsymbol{z}_s\right)}
\end{aligned} \tag{4.25}$$

4.2.5 均值 $\langle z_s\rangle$ 依然无法求解

现在就只剩下唯一的问题了，怎么计算 $H_s^{mf'}\left(\boldsymbol{z}_s\right)$ 中的 $\left\langle \boldsymbol{z}_t\right\rangle$ 呢？从 EM 算法的角度考虑，实际上就是求隐变量的期望：

$$\left\langle \boldsymbol{z}_s\right\rangle=\sum_{\boldsymbol{z}_{\mathcal{S}\backslash s}}\boldsymbol{z}_s P\left(\boldsymbol{z}_s\boldsymbol{z}_{\mathcal{S}\backslash s}\right) \tag{4.26}$$

根据均值场假设可得

$$\begin{aligned}
\left\langle \boldsymbol{z}_s\right\rangle&=\sum_{\boldsymbol{z}_{\mathcal{S}\backslash s}}\boldsymbol{z}_s P_s^{mf}\left(\boldsymbol{z}_s\right)\\
&=\sum_{\boldsymbol{z}_s}\boldsymbol{z}_s P_s^{mf}\left(\boldsymbol{z}_s\right)\\
&=\sum_{\boldsymbol{z}_s}\boldsymbol{z}_s\frac{1}{W_s^{mf}}\mathrm{e}^{-H_s^{mf}\left(\boldsymbol{z}_s\right)}\\
&=\frac{1}{W_s^{mf}}\sum_{\boldsymbol{z}_s}\boldsymbol{z}_s\mathrm{e}^{-H_s^{mf}\left(\boldsymbol{z}_s\right)}\\
&=\frac{1}{W_s^{mf'}}\sum_{\boldsymbol{z}_s}\boldsymbol{z}_s\mathrm{e}^{-H_s^{mf'}\left(\boldsymbol{z}_s\right)}
\end{aligned} \tag{4.27}$$

代入式 (4.24) 得

$$\left\langle \boldsymbol{z}_s\right\rangle=\frac{\sum\limits_{\boldsymbol{z}_s=1}^{Q}\boldsymbol{z}_s\mathrm{e}^{-\sum\limits_{t\in\Xi_s}V_c\left(\boldsymbol{z}_s,\left\langle \boldsymbol{z}_t\right\rangle\right)}}{\sum\limits_{\boldsymbol{z}_s=1}^{Q}\mathrm{e}^{-\sum\limits_{t\in\Xi_s}V_c\left(\boldsymbol{z}_s,\left\langle \boldsymbol{z}_t\right\rangle\right)}} \tag{4.28}$$

这是一个超越方程，常常通过迭代求解。

值得说明的是，式 (4.19) 和式 (4.18) 中都包含 $\boldsymbol{z}$，所以 $P_s^{mf}(\boldsymbol{z}_s)$ 还应该包含类条件概率。

4.3 EMMF(II): 算法推导

现在先简单地梳理一下前面的分析思路：我们希望用 EM 算法来求解 MRF 模型的似然函数，于是构造了 Q 函数，Q 函数依赖于隐变量 $\boldsymbol{z}$ 的概率密度函数，但是由于包含着划分函数，依然无法计算。于是，我们进一步用均值场近似去简化计算，又发现 $\langle \boldsymbol{z}_s \rangle$ 仍然是一个超越方程。但是，和划分函数的计算难度相比，超越方程是一个可以用迭代进行优化的问题。

于是，现在可以设想基于均值场近似的期望最大算法的图像分割过程。

(1) 给定一个初始分割 $\boldsymbol{z}^{(0)}$。

(2) Maximization: 利用 ML 计算条件参数和先验参数 $\Psi^{(0)} = \left\{\Theta^{(0)}, \beta^{(0)}\right\}$。

(3) Expectation: 计算期望，更新标签 $\boldsymbol{z}^{(1)} \leftarrow \langle \boldsymbol{z}_s \rangle$。

(4) 跳到第 (2) 步骤，迭代。

下面对 EM 算法的计算过程进行详细的推导。

4.3.1 Markov 链更新

Markov 链更新公式，也就是包含条件概率的式 (4.28)：

$$\tilde{\boldsymbol{z}}_s^{(t)} = \frac{\sum\limits_{\boldsymbol{z}_s} \boldsymbol{z}_s f_s\left(x_s \middle| \boldsymbol{z}_s, \Theta^{(t-1)}\right) \mathrm{e}^{-\sum\limits_{t\in\Xi_s} V_c\left(\boldsymbol{z}_s, \tilde{\boldsymbol{z}}_t \middle| \beta^{(t-1)}\right)}}{\sum\limits_{\boldsymbol{z}_s} f_s\left(x_s \middle| \boldsymbol{z}_s, \Theta^{(t-1)}\right) \mathrm{e}^{-\sum\limits_{t\in\Xi_s} V_c\left(\boldsymbol{z}_s, \tilde{\boldsymbol{z}}_t \middle| \beta^{(t-1)}\right)}} \tag{4.29}$$

重申一下，之所以有 $f_s\left(x_s \middle| \boldsymbol{z}_s, \Theta^{(t-1)}\right)$，是因为 Q 函数包含式 (4.19) 和式 (4.18)。

然后重写目标函数：

$$Q\left(\Theta \middle| \Psi^{(t)}\right) = \sum_s \sum_{\boldsymbol{z}_s} \log f\left(x_s \middle| \boldsymbol{z}_s, \theta\right) P\left(\boldsymbol{z}_s \middle| X, \Psi^{(t)}\right) \tag{4.30}$$

$$\begin{aligned} Q\left(\beta \middle| \Psi^{(t)}\right) &= -\log W - \sum_c \sum_{\boldsymbol{z}_c} V_c\left(\boldsymbol{z}_c \middle| \beta\right) P\left(\boldsymbol{z}_c \middle| X, \Psi^{(t)}\right) \\ &= \sum_c \sum_{\boldsymbol{z}_c} \log P_c\left(\boldsymbol{z}_c \middle| \beta\right) P\left(\boldsymbol{z}_c \middle| X, \Psi^{(t)}\right) \\ &= \sum_s \sum_{\boldsymbol{z}_s} \log P\left(\boldsymbol{z}_s \middle| \beta\right) P\left(\boldsymbol{z}_s \middle| X, \Psi^{(t)}\right) \end{aligned} \tag{4.31}$$

现在的问题进一步细化为计算 $P\left(\boldsymbol{z}_s\left|X,\varPsi^{(t)}\right.\right)$，这通过 EM 算法实现。

4.3.2 Maximization：计算 $\boldsymbol{P(z_s|X,\varPsi^{(t)})}$

计算标签 $\boldsymbol{z}_s$ 的后验概率为

$$P\left(\boldsymbol{z}_s\left|x_s,\varPsi^{(t)}\right.\right)=\frac{f\left(x_s\left|\boldsymbol{z}_s,\varTheta\right.\right)P\left(\boldsymbol{z}_s\left|\tilde{\boldsymbol{z}}_{\varXi_s},\varPsi^{(t)}\right.\right)}{\sum\limits_{z_s}f\left(x_s\left|\boldsymbol{z}_s,\varTheta\right.\right)P\left(\boldsymbol{z}_s\left|\tilde{\boldsymbol{z}}_{\varXi_s},\varPsi^{(t)}\right.\right)}\tag{4.32}$$

式中

$$P\left(\boldsymbol{z}_s\left|\tilde{\boldsymbol{z}}_{\varXi_s},\varPsi^{(t)}\right.\right)=\frac{\mathrm{e}^{-\sum\limits_{t\in\varXi_s}V_c\left(\boldsymbol{z}_s,\langle\boldsymbol{z}_t\rangle\right)}}{\sum\limits_{z_s=1}^{Q}\mathrm{e}^{-\sum\limits_{t\in\varXi_s}V_c\left(\boldsymbol{z}_s,\langle\boldsymbol{z}_t\rangle\right)}}\tag{4.33}$$

4.3.3 Expectation(I)：利用似然学习 $\boldsymbol{\varTheta}$

现在根据似然函数 $Q\left(\varTheta\left|\varPsi^{(t)}\right.\right)=\sum\limits_{s}\sum\limits_{\boldsymbol{z}_s}\log f\left(x_s\left|\boldsymbol{z}_s,\varTheta\right.\right)P\left(\boldsymbol{z}_s\left|X,\varPsi^{(t)}\right.\right)$ 推导 $\varTheta$ 的学习规则。

假设类条件分布为 Gauss 分布，则式 (4.30) 可以展开为

$$\begin{aligned}Q\left(\varTheta\left|\varPsi^{(q)}\right.\right)=&\sum_{s}\sum_{\boldsymbol{z}_s}P\left(\boldsymbol{z}_s\left|X,\varPsi^{(q)}\right.\right)\log\frac{1}{\sqrt{2\pi}\sigma_{\boldsymbol{z}_s}}\mathrm{e}^{-\frac{(x_s-\mu_{\boldsymbol{z}_s})^2}{2\sigma_{\boldsymbol{z}_s}^2}}\\=&-\sum_{s}\sum_{\boldsymbol{z}_s}\left[\frac{1}{2}\log\left(2\pi\sigma_{\boldsymbol{z}_s}^2\right)+\frac{\left(x_s-\mu_{\boldsymbol{z}_s}\right)^2}{2\sigma_{\boldsymbol{z}_s}^2}\right]P\left(\boldsymbol{z}_s\left|X,\varPsi^{(q)}\right.\right)\end{aligned}\tag{4.34}$$

下面将通过求偏导数推导均值和方差的梯度下降公式。

1. **均值**

将 $Q\left(\varTheta\left|\varPsi^{(t)}\right.\right)$ 对 μ_k 求导：

$$\begin{aligned}&\frac{\partial}{\partial\mu_k}Q\left(\varTheta\left|\varPsi^{(t)}\right.\right)\\=&-\frac{\partial}{\partial\mu_k}\left[\sum_{s}\sum_{\boldsymbol{z}_s}\frac{\left(x_s-\mu_{\boldsymbol{z}_s}\right)^2}{2\sigma_{\boldsymbol{z}_s}^2}P\left(\boldsymbol{z}_s\left|X,\varPsi^{(t)}\right.\right)\right]\\=&-\left[\sum_{s}\sum_{\boldsymbol{z}_s}P\left(\boldsymbol{z}_s\left|X,\varPsi^{(t)}\right.\right)\frac{1}{2\sigma_{\boldsymbol{z}_s}^2}\frac{\partial}{\partial\mu_k}\left(x_s-\mu_{\boldsymbol{z}_s}\right)^2\right]\\=&\sum_{s}\sum_{\boldsymbol{z}_s}P\left(\boldsymbol{z}_s\left|X,\varPsi^{(t)}\right.\right)\frac{1}{\sigma_{\boldsymbol{z}_s}^2}\left(x_s-\mu_{\boldsymbol{z}_s}\right)\delta_{\boldsymbol{z}_s,k}\end{aligned}\tag{4.35}$$

令 $\dfrac{\partial}{\partial \mu_k} Q\left(\Theta \left| \Psi^{(t)}\right.\right) = 0$，可以得到极值点：

$$
\begin{aligned}
& \sum_s \sum_{\boldsymbol{z}_s} P\left(\boldsymbol{z}_s \left| X, \Psi^{(t)}\right.\right) \frac{1}{\sigma_{\boldsymbol{z}_s}^2} \left(x_s - \mu_{\boldsymbol{z}_s}\right) \delta_{\boldsymbol{z}_s, k} = 0 \\
\Longleftrightarrow & \sum_{s, \boldsymbol{z}_s = k} P\left(\boldsymbol{z}_s \left| X, \Psi^{(t)}\right.\right) \frac{1}{\sigma_{\boldsymbol{z}_s}^2} \left(x_s - \mu_{\boldsymbol{z}_s}\right) = 0 \\
\Longleftrightarrow & \sum_s P\left(k \left| X, \Psi^{(t)}\right.\right) \frac{1}{\sigma_k^2} \left(x_s - \mu_k\right) = 0 \\
\Longleftrightarrow & \mu_k = \frac{\sum\limits_s P\left(k \left| x_s, \Psi^{(t)}\right.\right) x_s}{\sum\limits_s P\left(k \left| x_s, \Psi^{(t)}\right.\right)}
\end{aligned} \tag{4.36}
$$

2. *方差*

将 $Q\left(\Theta \left| \Psi^{(t)}\right.\right)$ 对 σ_k^2 求导：

$$
\begin{aligned}
& \frac{\partial}{\partial \sigma_k^2} Q\left(\Theta \left| \Psi^{(t)}\right.\right) \\
= & -\frac{\partial}{\partial \sigma_k^2} \left\{ \sum_s \sum_{\boldsymbol{z}_s} \left[\frac{1}{2} \log\left(2\pi \sigma_{\boldsymbol{z}_s}^2\right) + \frac{\left(x_s - \mu_{\boldsymbol{z}_s}\right)^2}{\sigma_{\boldsymbol{z}_s}^2} \right] P\left(\boldsymbol{z}_s \left| X, \Psi^{(t)}\right.\right) \right\} \\
= & -\frac{1}{2} \left\{ \sum_{s, \boldsymbol{z}_s = k} P\left(\boldsymbol{z}_s \left| X, \Psi^{(t)}\right.\right) \left[\frac{1}{\sigma_k^2} - \frac{\left(x_s - \mu_k\right)^2}{\left(\sigma_k^2\right)^2} \right] \right\} \\
= & -\frac{1}{2} \left\{ \sum_s P\left(\boldsymbol{z}_s \left| X, \Psi^{(t)}\right.\right) \left[\frac{1}{\sigma_k^2} - \frac{\left(x_s - \mu_k\right)^2}{\left(\sigma_k^2\right)^2} \right] \right\}
\end{aligned} \tag{4.37}
$$

令 $\dfrac{\partial}{\partial \sigma_k^2} Q\left(\Theta \left| \Psi^{(t)}\right.\right) = 0$，可以得到极值点：

$$
\begin{aligned}
& \sum_s P\left(k \left| X, \Psi^{(t)}\right.\right) \left[\frac{1}{\sigma_k^2} - \frac{\left(x_s - \mu_k\right)^2}{\left(\sigma_k^2\right)^2} \right] = 0 \\
\Longleftrightarrow & \sum_s P\left(k \left| X, \Psi^{(t)}\right.\right) \sigma_k^2 = \sum_s P\left(k \left| X, \Psi^{(t)}\right.\right) \left(x_s - \mu_k\right)^2 \\
\Longleftrightarrow & \sigma_k^2 = \frac{\sum\limits_s P\left(k \left| X, \Psi^{(t)}\right.\right) \left(x_s - \mu_k\right)^2}{\sum\limits_s P\left(k \left| X, \Psi^{(t)}\right.\right)}
\end{aligned} \tag{4.38}
$$

4.3.4 Expectation(II): 利用似然学习 β

现在根据似然函数 $Q\left(\beta\left|\Psi^{(t)}\right.\right)=\sum_{s}\sum_{\boldsymbol{z}_s}\log P\left(\boldsymbol{z}_s\left|\beta\right.\right)P\left(\boldsymbol{z}_s\left|X,\Psi^{(t)}\right.\right)$ 推导 β 的学习规则。将式 (4.33) 代入式 (4.31) 得

$$
\begin{aligned}
&Q\left(\beta\left|\Psi^{(t)}\right.\right)\\
=&\sum_{s}\sum_{\boldsymbol{z}_s}P\left(\boldsymbol{z}_s\left|X,\Psi^{(t)}\right.\right)\log\frac{\mathrm{e}^{-\sum\limits_{t\in\Xi_s}V_c(\boldsymbol{z}_s,\langle\boldsymbol{z}_t\rangle)}}{\sum\limits_{z_s=1}^{Q}\mathrm{e}^{-\sum\limits_{t\in\Xi_s}V_c(\boldsymbol{z}_s,\langle\boldsymbol{z}_t\rangle)}}\\
=&-\sum_{s}\sum_{\boldsymbol{z}_s}P\left(\boldsymbol{z}_s\left|X,\Psi^{(t)}\right.\right)\left[\sum_{t\in\Xi_s}V_c\left(\boldsymbol{z}_s,\langle\boldsymbol{z}_t\rangle\right)+\log\sum_{z_s=1}^{Q}\mathrm{e}^{-\sum\limits_{t\in\Xi_s}V_c(\boldsymbol{z}_s,\langle\boldsymbol{z}_t\rangle)}\right]
\end{aligned}
\tag{4.39}
$$

代入势函数:

$$
V_c\left(\boldsymbol{z}_s,\langle\boldsymbol{z}_t\rangle\right)=\beta\boldsymbol{z}_s\left\langle\boldsymbol{z}_t\right\rangle \tag{4.40}
$$

并取目标函数 $Q\left(\beta\left|\Psi^{(t)}\right.\right)$ 对 β 的导数:

$$
\begin{aligned}
&\frac{\partial}{\partial\beta}Q\left(\beta\left|\Psi^{(t)}\right.\right)\\
=&-\frac{\partial}{\partial\beta}\left[\sum_{s}\sum_{\boldsymbol{z}_s}P\left(\boldsymbol{z}_s\left|X,\Psi^{(t)}\right.\right)\left(\sum_{t\in\Xi_s}\beta\boldsymbol{z}_s\left\langle\boldsymbol{z}_t\right\rangle+\log\sum_{\boldsymbol{z}_s=1}^{Q}\mathrm{e}^{-\sum\limits_{t\in\Xi_s}V_c(\boldsymbol{z}_s,\langle\boldsymbol{z}_t\rangle)}\right)\right]\\
=&-\sum_{s}\sum_{\boldsymbol{z}_s}P\left(\boldsymbol{z}_s\left|X,\Psi^{(t)}\right.\right)\left[\sum_{t\in\Xi_s}\boldsymbol{z}_s\left\langle\boldsymbol{z}_t\right\rangle-\frac{\sum\limits_{z_s=1}^{Q}\left(\mathrm{e}^{-\sum\limits_{t\in\Xi_s}\beta\boldsymbol{z}_s\langle\boldsymbol{z}_t\rangle}\sum\limits_{t\in\Xi_s}\boldsymbol{z}_s\left\langle\boldsymbol{z}_t\right\rangle\right)}{\sum\limits_{z_s=1}^{Q}\mathrm{e}^{-\sum\limits_{t\in\Xi_s}\beta\boldsymbol{z}_s\langle\boldsymbol{z}_t\rangle}}\right]
\end{aligned}
\tag{4.41}
$$

令 $R_{\boldsymbol{z}_s}=\sum\limits_{t\in\Xi_s}\boldsymbol{z}_s\left\langle\boldsymbol{z}_t\right\rangle$，则有

$$
\begin{aligned}
&\frac{\partial}{\partial\beta}Q\left(\beta\left|\Psi^{(t)}\right.\right)\\
=&-\sum_{s}\sum_{\boldsymbol{z}_s}P\left(\boldsymbol{z}_s\left|X,\Psi^{(t)}\right.\right)\left[R_{\boldsymbol{z}_s}-\frac{\sum\limits_{z_s=1}^{Q}\left(\mathrm{e}^{-\beta R_{\boldsymbol{z}_s}}R_{\boldsymbol{z}_s}\right)}{\sum\limits_{z_s=1}^{Q}\mathrm{e}^{-\beta R_{\boldsymbol{z}_s}}}\right]
\end{aligned}
\tag{4.42}
$$

这时候 β 也没有解析解，只能求助于梯度学习规则：

$$\Delta\beta = \eta \frac{\partial}{\partial\beta} Q\left(\beta \middle| \Psi^{(t)}\right) \tag{4.43}$$

4.3.5 EMMF 算法

完整的 EMMF 算法如算法 4.2 所示。

算法 4.2 EMMF 算法

1. 给定 Potts 态个数 Q;
2. 对图像进行初步分割，如 K-均值聚类; 计算各类的均值和方差;
3. for $q = 1;\ q < \text{LOOPS};\ q++$ do
4. 　设置当前学习速率，如 $\eta = \eta_0/\text{iter}$;
5. 　计算条件概率 $f\left(x_s \middle| \boldsymbol{z}_s, \Theta\right)$;
6. 　利用式 (4.33) 计算均值场概率 $P\left(\boldsymbol{z}_s \middle| \tilde{\boldsymbol{z}}_{\Xi_s}, \Psi^{(t)}\right) = \dfrac{\mathrm{e}^{-\sum\limits_{t\in\Xi_s} V_c(\boldsymbol{z}_s, \langle \boldsymbol{z}_t\rangle)}}{\sum\limits_{\boldsymbol{z}_s=1}^{Q} \mathrm{e}^{-\sum\limits_{t\in\Xi_s} V_c(\boldsymbol{z}_s, \langle \boldsymbol{z}_t\rangle)}}$;
7. 　利用式 (4.32) 计算类的后验概率：

$$P\left(\boldsymbol{z}_s \middle| x_s, \Psi^{(t)}\right) = \frac{f\left(x_s \middle| \boldsymbol{z}_s, \Theta\right) P\left(\boldsymbol{z}_s \middle| \tilde{\boldsymbol{z}}_{\Xi_s}, \Psi^{(t)}\right)}{\sum\limits_{\boldsymbol{z}_s} f\left(x_s \middle| \boldsymbol{z}_s, \Theta\right) P\left(\boldsymbol{z}_s \middle| \tilde{\boldsymbol{z}}_{\Xi_s}, \Psi^{(t)}\right)}$$

8. 　Maximization：利用式 (4.36)、式 (4.38) 和式 (4.43) 计算条件参数和先验参数

$$\begin{cases} \mu_k = \dfrac{\sum\limits_s P\left(k \middle| x_s, \Psi^{(t)}\right) x_s}{\sum\limits_s P\left(k \middle| x_s, \Psi^{(t)}\right)} \\ \sigma_k^2 = \dfrac{\sum\limits_s P\left(k \middle| X, \Psi^{(t)}\right) (x_s - \mu_k)^2}{\sum\limits_s P\left(k \middle| X, \Psi^{(t)}\right)} \\ \Delta\beta = -\eta \sum\limits_s \sum\limits_{\boldsymbol{z}_s} P\left(\boldsymbol{z}_s \middle| X, \Psi^{(t)}\right) \left[R_{\boldsymbol{z}_s} - \dfrac{\sum\limits_{\boldsymbol{z}_s=1}^{Q} \left(\mathrm{e}^{-\beta R_{\boldsymbol{z}_s}} R_{\boldsymbol{z}_s}\right)}{\sum\limits_{\boldsymbol{z}_s=1}^{Q} \mathrm{e}^{-\beta R_{\boldsymbol{z}_s}}} \right] \end{cases}$$

9. Expectation：利用式 (4.29) 更新 Markov 链

$$\tilde{\boldsymbol{z}}_s^{(t)} = \frac{\sum\limits_{\boldsymbol{z}_s} \boldsymbol{z}_s f_s\left(x_s \middle| \boldsymbol{z}_s, \Theta^{(t-1)}\right) \mathrm{e}^{-\sum\limits_{t\in\Xi s} V_c\left(\boldsymbol{z}_s, \tilde{\boldsymbol{z}}_t \middle| \beta^{(t-1)}\right)}}{\sum\limits_{\boldsymbol{z}_s} f_s\left(x_s \middle| \boldsymbol{z}_s, \Theta^{(t-1)}\right) \mathrm{e}^{-\sum\limits_{t\in\Xi s} V_c\left(\boldsymbol{z}_s, \tilde{\boldsymbol{z}}_t \middle| \beta^{(t-1)}\right)}}$$

10. end for

11. 输出 $\tilde{\boldsymbol{z}}_s^{(t)}$。

为了方便地观察和理解 EM 算法和均值场近似的逻辑，作者重写了每一步的公式。

4.4 Graded-MRF

通过均值场近似，EMMF 算法看起来搭建了一座联系模态 Potts 场和离散 Potts 场之间的桥梁。但是，纵观 EMMF 算法，存在如下缺点。

(1) 无论估计先验参数还是计算均值场概率，在计算局部交互函数时，都会出现离散态和隶属度向量做内积的“奇怪”情况。从这个角度考虑，EMMF 算法可以看成一种半离散的随机场算法。

(2) 如果我们希望利用前视声呐图像进行目标识别，则会丢失太多的细节。特别是，前视声呐图像仅有的信息是微弱的边缘特征，在进行图像分割时应该尽可能地保留边缘信息。

(3) 在对侧扫声呐图像进行分割时，阴影往往和海底背景融为一体。

(4) EM 算法的计算量远大于 ICM 算法。

其中，第 (2) 条和第 (3) 条是同一个问题，即应该尽可能多地保留细节。这本身看起来就是一个矛盾，因为平滑和细节本身就是两个非常矛盾的目标。

为此，我们将在下面提出一个完全基于模态的 MRF 模型。该模型的出发点是非 0 K 时的热浴动力。遵照神经网络的习惯，我们将其定义为 Graded-MRF①。

图 4.1 画出了 Graded-MRF 的框架。简单地说，图像的分割结果由 Potts 场的平衡态决定，而每个 Potts 粒子的状态不仅由周围的 Potts 粒子的状态决定，也由图像所受到的外场决定。这其中涉及 4 个小问题：

① 关于“Graded”一词，作者向意大利国际高等研究院（Scuola Internazionale Superiore di Studi Avanzati, SISSA）的 Treves 教授进行了咨询。他的答复是“I would use the term ‘graded’ or the first time ‘graded-response’, which is the term we were all using in the late 80s to switch from binary spins to graded variables. These would be both graded and Potts.”。

(1) 如何定义热浴动力？怎么更新 Markov 链？

(2) 如何定义外场存在时的热浴动力？

(3) 怎么定义系统的平衡态？

(4) 怎么估计交互参数？

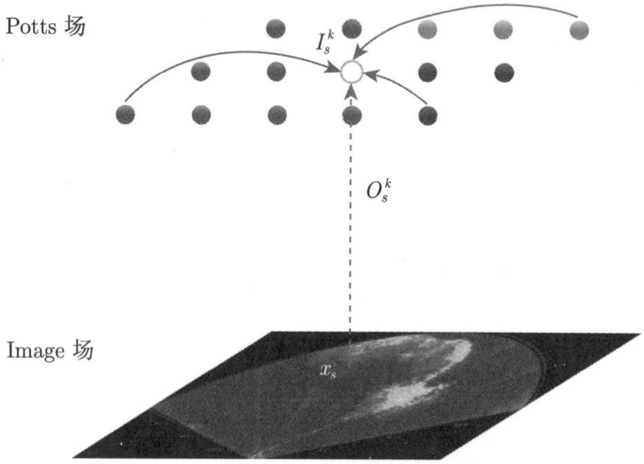

图 4.1　Graded-MRF 框架

I_s^k 和 O_s^k 分别表示第 s 个 Potts 单元处于状态 k 时的内场和外场；x_s 表示第 s 个像素的能量

4.4.1　热浴动力

如前所述，在热浴动力中，每个晶格可以以概率的形式取任一状态。为了构建概率形式下的 Gibbs 分布，需要考虑下面 3 个因素。

(1) 每个粒子仍然只和邻域中的粒子进行交互。

(2) 当两个粒子的状态相同时，存在交互；当两个粒子的状态不同时，交互为 0。

(3) 交互作用的强度与两个粒子呈现相同状态的概率成正比。

据此，我们可以构造如下的热浴动力，即 Potts 单元 s 位于任意状态 k 的激活概率：

$$\sigma_s^k = \frac{e^{h_s^k}}{\sum_{l=1}^{Q} e^{h_s^l}} \tag{4.44}$$

式中，局部场 h_s^k 包括内场 $\mathcal{I}_s^k$ 和外场 $\mathcal{O}_s^k$。

$$h_s^k = \mathcal{I}_s^k + \mathcal{O}_s^k \tag{4.45}$$

值得注意的是，这里的概率向量 $\boldsymbol{\sigma}$ 和模糊逻辑中的隶属度是两回事。举个例子，

假设 $Q=3$，当一个粒子位于不同 Potts 态的概率向量为 $\boldsymbol{\sigma}=\{0.32,0.65,0.03\}$ 时，不是说这个粒子能同时位于 3 种状态，也不是说该粒子能位于不是这 3 种 Potts 态的某种状态。对粒子而言，任何时刻都只能位于某一种状态。但是当温度不为 0 K 时，粒子位于某种状态存在概率性。

1. 内场

内场是 Potts 单元之间的交互势能。若交互权重与粒子及其状态有关，则 Potts 单元 s 位于任意状态 k 的内场可以表示为

$$\mathcal{I}_s^k=\sum_{t\in\Xi_s}\sum_{l=1}^{Q}\beta_{st}^{kl}\delta_{kl}\sigma_s^k\sigma_t^l$$

此时的 Potts 系统类似于 Kanter 的 Potts 模型[5]①。

若 β 与位置、状态无关，即 $\beta_{st}^{kl}\equiv\beta$，此时的内场变成

$$\mathcal{I}_s^k=\beta\sum_{t\in\Xi_s}\sum_{l=1}^{Q}\delta_{kl}\sigma_s^k\sigma_t^l \tag{4.46}$$

在后面的仿真中，为简化分析，我们均假设 β 与位置、状态无关。为了突出参数 β，定义

$$\begin{cases}\mathcal{I}_s^k=\beta I_s^k\\ I_s^k=\displaystyle\sum_{t\in\Xi_s}\sum_{l=1}^{Q}\delta_{kl}\sigma_s^k\sigma_t^l\end{cases} \tag{4.47}$$

2. 外场

一方面，根据热浴动力，有

$$P\left(l_s=k\,|l_{\Xi_s},x_s\right)=\frac{\mathrm{e}^{\mathcal{I}_s^k+\mathcal{O}_s^k}}{\displaystyle\sum_{l=1}^{Q}\mathrm{e}^{\mathcal{I}_s^l+\mathcal{O}_s^l}} \tag{4.48}$$

---

① 相应的 Gibbs 分布为

$$P(\sigma)=\frac{1}{W_\beta}\mathrm{e}^{\sum\limits_{t\in\Xi_s}\sum\limits_{l=1}^{Q}\beta_{st}^{kl}\delta_{kl}\sigma_s^k\sigma_t^l}$$

另一方面，根据 Bayes 公式，有

$$
\begin{aligned}
& P\left(l_s=k\left|l_{\Xi_s}, x_s\right.\right) \\
= & \frac{P\left(l_s=k, x_s, l_{\Xi_s}\right)}{P\left(l_{\Xi_s}, x_s\right)} \\
= & \frac{P\left(x_s\left|l_s=k, l_{\Xi_s}\right.\right) P\left(l_s=k, l_{\Xi_s}\right)}{P\left(l_{\Xi_s}, x_s\right)} \\
= & \frac{P\left(x_s\left|l_s=k, l_{\Xi_s}\right.\right) P\left(l_s=k\left|l_{\Xi_s}\right.\right) P\left(l_{\Xi_s}\right)}{P\left(l_{\Xi_s}\right) P\left(x_s\right)} \\
= & \frac{P\left(x_s\left|l_s=k, l_{\Xi_s}\right.\right) P\left(l_s=k\left|l_{\Xi_s}\right.\right)}{P\left(x_s\right)}
\end{aligned} \tag{4.49}
$$

综合式 (4.48) 和式 (4.49) 得

$$
\frac{\mathrm{e}^{\mathcal{I}_s^k+\mathcal{O}_s^k}}{\sum\limits_{l=1}^{Q} \mathrm{e}^{\mathcal{I}_s^l+\mathcal{O}_s^l}}=\frac{P\left(x_s\left|l_s=k, l_{\Xi_s}\right.\right) P\left(l_s=k\left|l_{\Xi_s}\right.\right)}{P\left(x_s\right)} \tag{4.50}
$$

代入 $P\left(l_s=k\left|l_{\Xi_s}\right.\right)=\dfrac{\mathrm{e}^{\mathcal{I}_s^k}}{\sum\limits_{l=1}^{Q} \mathrm{e}^{\mathcal{I}_s^l}}$，得到

$$
\frac{\sum\limits_{l=1}^{Q} \mathrm{e}^{\mathcal{I}_s^l}}{\mathrm{e}^{\mathcal{I}_s^k}} \frac{\mathrm{e}^{\mathcal{I}_s^k+\mathcal{O}_s^k}}{\sum\limits_{l=1}^{Q} \mathrm{e}^{\mathcal{I}_s^l+\mathcal{O}_s^l}}=\frac{P\left(x_s\left|l_s=k, l_{\Xi_s}\right.\right)}{P\left(x_s\right)} \tag{4.51}
$$

即

$$
P\left(x_s\right) \frac{\mathrm{e}^{\mathcal{O}_s^k}}{\sum\limits_{l=1}^{Q} P\left(l_s=l\left|l_{\Xi_s}\right.\right) \mathrm{e}^{\mathcal{O}_s^l}}=\frac{f\left(x_s\left|l_s=k\right.\right)}{\sum\limits_{l=1}^{Q} f\left(x_s\left|l_s=l\right.\right)} \tag{4.52}
$$

由于 $P\left(x_s\right)$ 是像素本身的先验概率，可以看成一个常数。可得

$$
f\left(x_s\left|l_s=k\right.\right) \propto \mathrm{e}^{\mathcal{O}_s^k} \tag{4.53}
$$

即

$$
\mathcal{O}_s^k \propto \log f\left(x_s\left|l_s=k\right.\right)
$$

这说明，外场与类条件概率的对数成正比。因此，我们令

$$\begin{cases} \mathcal{O}_s^k = \lambda O_s^k \\ O_s^k = \log f\left(x_s \mid l_s = k\right) \end{cases} \tag{4.54}$$

4.4.2 Potts 系统的平衡态

我们已经定义了系统的热浴动力，那么系统什么时候会达到平衡态呢？我们希望系统处于平衡态时的 Potts 态作为图像分割的结果。这其中的关键问题是，怎么定义系统的平衡态。从统计物理的角度定义平衡态① 是一个非常复杂的过程。一种直观的定义是：系统的状态不再发生改变。

但是事实上，在非 0 K 时，这样的状态是不可能存在的。因为根据热浴动力，每个粒子处于任意状态的概率都不为 0。因此，理论上，系统有可能处于状态空间中的任意位置，只是系统处于不同配置的概率不同。

下面以 Gibbs 采样为例探讨系统的平衡态。图 4.2 和图 4.3 给出了两个利用 Gibbs 采样采集纹理图的例子，交互参数分别为 $\beta = 0.9$ 和 $\beta = 1.2$。系统从一个随机初态出发，经过一段时间的迭代，会逐渐达到一种“相对稳定”的状态。之所以说是“相对稳定”，是出于以下几方面的考虑。

(1) 系统没有到达 burn-in 状态时，标签场的一致基团数 N_l 会经历一段快速上升的过程，如图 4.2(l) 和图 4.3(l) 所示；相应地，标签的翻转数也会经历一段快速下降的过程，如图 4.2(m) 和图 4.3(m) 所示。这都说明标签场在快速地收敛到一种相对平稳的状态。

(2) 系统的平衡态不是某种固定的配置。例如，在 burn-in 期间，粒子的状态会发生缓慢的变化。

(3) 尽管 burn-in 期间采集的样本的状态之间大相径庭，但是其一致基团数总是在某个固定值附近扰动。

在 Gibbs 采样中，系统可能要花费很长一段时间才能收敛到一种“相对稳定”的状态，但是我们却可以对 burn-in 期间的配置进行采样。尽管我们无法全面了解系统的状态空间，却可以通过这些样本对 Potts 系统的状态有一个宏观的把握。

因此，我们可以对平衡态给出一种启发式的定义：所谓平衡态，即使标签场翻转最少时的状态。可表示为

$$\Delta^* = \arg\min_{\sigma} \Delta E\left(\sigma, \beta, \lambda\right) \tag{4.55}$$

① 对于平衡态的定义问题，Treves 教授的建议是“I would say an equilibrium state is a stable distribution of the probability to occupy each microscopic configuration. It should respect detailed balance: so many realizations of the system flow out of each subset of configurations, as others flow in.”。

且

$$\Delta E\left(\sigma,\beta,\lambda\right)=\sum_{s}\sum_{k}\left[\sigma_{s}^{k}\left(t+1\right)-\sigma_{s}^{k}\right]^{2} \tag{4.56}$$

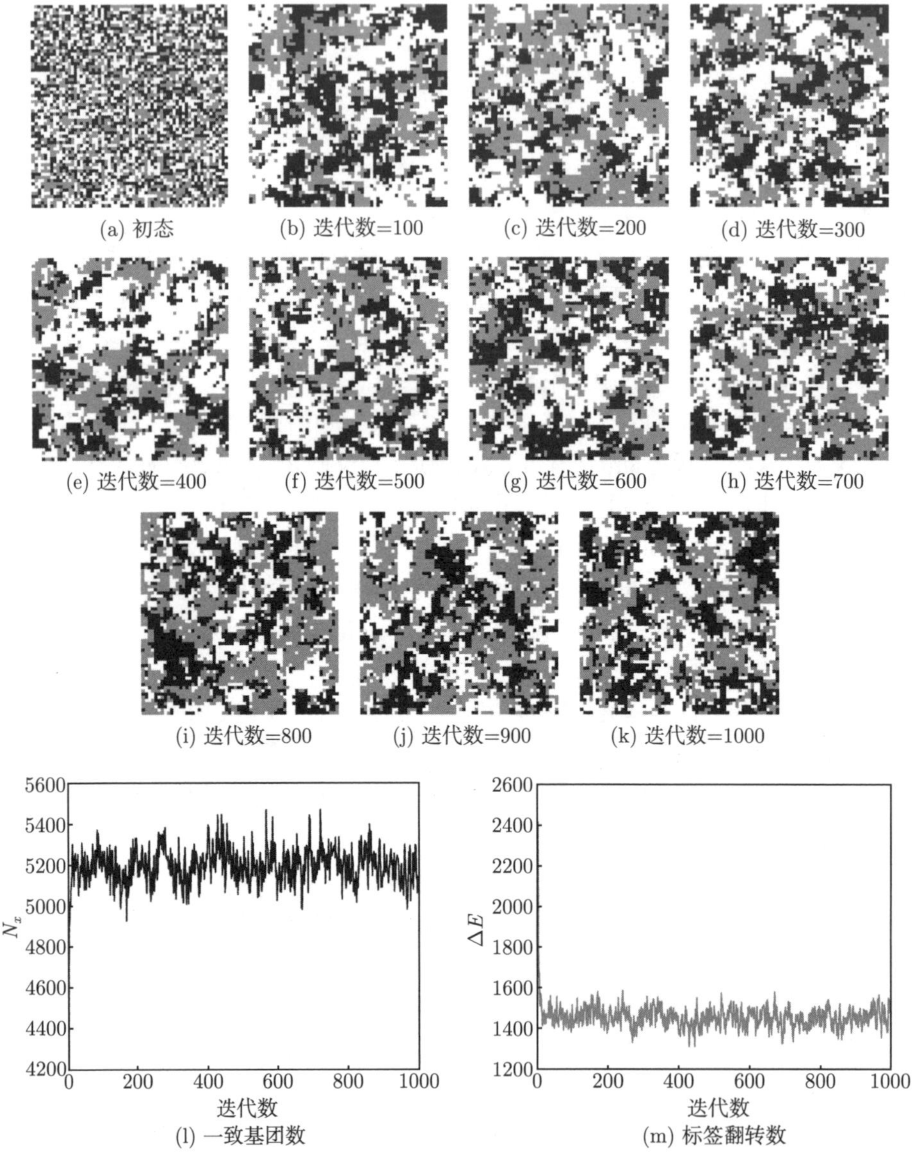

图 4.2　没有外场钳制时 Gibbs 采样中的平衡态的例子

纹理尺寸为 64×64；Potts 态个数 $Q=3$；$\beta=0.9$；在邻域依赖中，只有水平交互和垂直交互

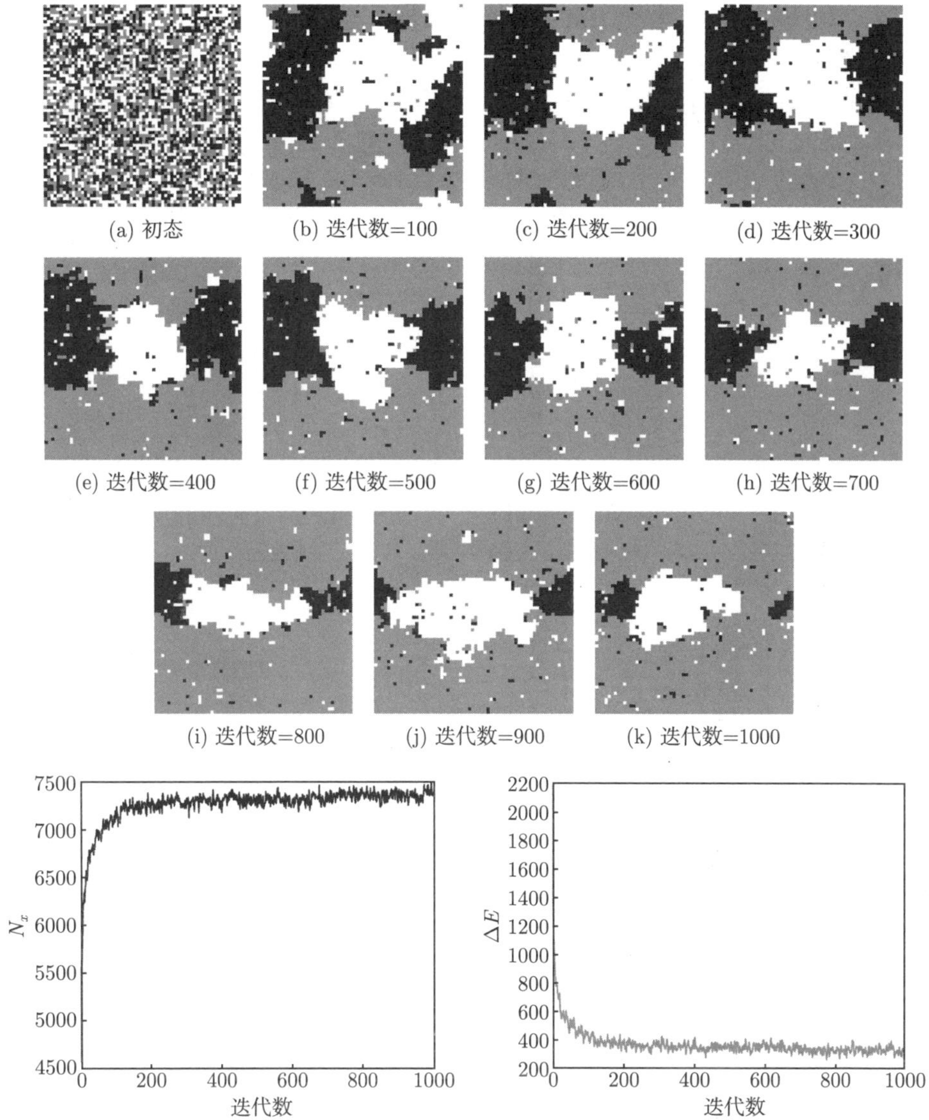

(a) 初态　(b) 迭代数=100　(c) 迭代数=200　(d) 迭代数=300

(e) 迭代数=400　(f) 迭代数=500　(g) 迭代数=600　(h) 迭代数=700

(i) 迭代数=800　(j) 迭代数=900　(k) 迭代数=1000

(l) 一致基团数　(m) 标签翻转数

图 4.3　另一个关于 Gibbs 采样中的平衡态的例子

交互参数 $\beta = 1.2$，其他采样条件同图 4.2

4.4.3　（内场）参数估计

式 (4.55) 和式 (4.56) 已经定义了目标函数，剩下的任务就是通过优化寻找最优的参数和 Potts 系统的平衡态。为了简化计算，这里采样梯度下降迭代计算参数

β 和 λ。需要说明的是，梯度下降是一个局部优化算法，因为梯度下降只能找到一个局部极值。

对式 (4.56) 取 β 的偏导数：

$$
\begin{aligned}
&\frac{\partial}{\partial \beta}\Delta E\left(\sigma,\beta,\lambda\right)\\
&=\frac{\partial}{\partial \beta}\sum_{s}\sum_{k}\left(\frac{\mathrm{e}^{\mathcal{I}_s^k+\mathcal{O}_s^k}}{\sum\limits_{l=1}^{Q}\mathrm{e}^{\mathcal{I}_s^l+\mathcal{O}_s^l}}-\sigma_s^k\right)^2\\
&=\frac{\partial}{\partial \beta}\sum_{s}\sum_{k}\left(\frac{\mathrm{e}^{\beta I_s^k+\lambda O_s^k}}{\sum\limits_{l=1}^{Q}\mathrm{e}^{\beta I_s^l+\lambda O_s^l}}-\sigma_s^k\right)^2\\
&=2\sum_{s}\sum_{k}\left(\frac{\mathrm{e}^{\beta I_s^k+\lambda O_s^k}}{\sum\limits_{l=1}^{Q}\mathrm{e}^{\beta I_s^l+\lambda O_s^l}}-\sigma_s^k\right)\\
&\quad\times\frac{\left(\mathrm{e}^{\beta I_s^k+\lambda O_s^k}I_s^k\right)\sum\limits_{l=1}^{Q}\mathrm{e}^{\beta I_s^l+\lambda O_s^l}-\mathrm{e}^{\beta I_s^k+\lambda O_s^k}\sum\limits_{l=1}^{Q}I_s^l\mathrm{e}^{\beta I_s^l+\lambda O_s^l}}{\left(\sum\limits_{l=1}^{Q}\mathrm{e}^{\beta I_s^l+\lambda O_s^l}\right)^2}\\
&=2\sum_{s}\sum_{k}\left(\frac{\mathrm{e}^{\beta I_s^k+\lambda O_s^k}}{\sum\limits_{l=1}^{Q}\mathrm{e}^{\beta I_s^l+\lambda O_s^l}}-\sigma_s^k\right)\left[\frac{\mathrm{e}^{\beta I_s^k+\lambda O_s^k}I_s^k}{\sum\limits_{l=1}^{Q}\mathrm{e}^{\beta I_s^l+\lambda O_s^l}}-\frac{\mathrm{e}^{\beta I_s^k+\lambda O_s^k}\sum\limits_{l=1}^{Q}I_s^l\mathrm{e}^{\beta I_s^l+\lambda O_s^l}}{\left(\sum\limits_{l=1}^{Q}\mathrm{e}^{\beta I_s^l+\lambda O_s^l}\right)^2}\right]\\
&=2\sum_{s}\sum_{k}\left[\sigma_s^k\left(t+1\right)-\sigma_s^k\right]\sigma_s^k\left(t+1\right)\left[I_s^k-\sum_{l=1}^{Q}I_s^l\sigma_s^l\left(t+1\right)\right]
\end{aligned}
\tag{4.57}
$$

类似可得

$$
\frac{\partial}{\partial \lambda}\Delta E\left(\sigma,\beta,\lambda\right)=2\sum_{s}\sum_{k}\left[\sigma_s^k\left(t+1\right)-\sigma_s^k\right]\sigma_s^k\left(t+1\right)\left[O_s^k-\sum_{l=1}^{Q}O_s^l\sigma_s^l\left(t+1\right)\right]
\tag{4.58}
$$

4.4.4 （外场）类条件参数估计

假设属于同一类的所有样本服从 Gauss 分布，则外场可以用 Gauss 混合分布进行描述：

$$f\left(x_s\right)=\sum_{k=1}^{Q}\pi_k f\left(x_s\left|\mu_k,\varSigma_k\right.\right) \tag{4.59}$$

其中类条件概率 $f\left(x_s\left|\mu_k,\varSigma_k\right.\right)$ 是 Gauss 函数：

$$f\left(x_s\left|\mu_k,\varSigma_k\right.\right)=\frac{1}{\sqrt{\left(2\pi\right)^D\left|\varSigma_k\right|}}\mathrm{e}^{-\frac{1}{2}\left(x_s-\mu_k\right)^{\mathrm{T}}\varSigma_k^{-1}\left(x_s-\mu_k\right)} \tag{4.60}$$

可以采用 EM 算法估计类条件参数 $\varTheta_k=(\pi_k,\mu_k,\varSigma_k)$。

单个样本的似然函数为

$$p\left(x_s,\boldsymbol{Z}_s\left|\mu,\varSigma\right.\right)=\prod_{k=1}^{K}\left[\pi_k f\left(x_s\left|\mu_k,\varSigma_k\right.\right)\right]^{z_s^k} \tag{4.61}$$

式中，$\boldsymbol{Z}_s=\begin{bmatrix} z_s^1\\ z_s^2\\ \vdots\\ z_s^Q\end{bmatrix}$ 是指示向量；指示变量 $z_s^k\in\{0,1\}$，表示样本 x_s 是否属于这个类。所有样本的似然函数为

$$L\left(X,Z\left|\mu,\varSigma\right.\right)=\prod_{s}p\left(x_s,\boldsymbol{Z}_s\left|\mu,\varSigma\right.\right) \tag{4.62}$$

相应的 Q 函数为

$$\begin{aligned}&E_{P(Z|X,\varTheta)}\left[\ln P\left(X,Z|\varTheta\right)\right]\\ =&\sum_{s}\sum_{k=1}^{K}\left\langle z_s^k\right\rangle_{P(Z|X,\varTheta)}\log\pi_k\\ &-\frac{1}{2}\sum_{s}\sum_{k=1}^{K}\left\langle z_s^k\right\rangle_{P(Z|X,\varTheta)}\left(\left\|x_s-\mu_k\right\|_{\varSigma}^2-\log\left|\varSigma_k\right|+C\right)\end{aligned} \tag{4.63}$$

通过梯度下降迭代最优可得 EM 迭代过程。

Expectation 步：

$$\left\langle z_s^k\right\rangle_{P(Z|X,\varTheta)}=P\left(z_s^k=1\left|x_s,\mu_k,\varSigma_k\right.\right)=\frac{\pi_k f\left(x_s\left|\mu_k,\varSigma_k\right.\right)}{\sum\limits_{q=1}^{Q}\pi_q f\left(x_s\left|\mu_q,\varSigma_q\right.\right)} \tag{4.64}$$

Maximization 步：

$$\begin{cases} \pi_k = \dfrac{1}{N}\sum\limits_s \left\langle z_s^k \right\rangle \\ \mu_k = \dfrac{\sum\limits_s \left\langle z_s^k \right\rangle x_s}{\sum\limits_s \left\langle z_s^k \right\rangle} \\ \Sigma_k = \dfrac{\sum\limits_s \left\langle z_s^k \right\rangle (x_s - \mu_k)(x_s - \mu_k)^{\mathrm{T}}}{\sum\limits_s \left\langle z_s^k \right\rangle} \end{cases} \tag{4.65}$$

4.4.5 Graded-MRF 算法

Graded-MRF 算法的详细计算过程如算法 4.3 所示。

算法 4.3 Graded-MRF 算法

1. 给定 Potts 态个数 Q;
2. 利用 FCM 聚类得到隶属度矩阵;
3. for $t=1$; $t<\text{LOOPS}$; $t++$ do
4. 设置当前学习速率，如 $\eta = \eta_0/\text{iter}$;
5. 利用式 (4.64) 和式 (4.65) 计算外场参数：

$$\left\langle z_s^k \right\rangle = \frac{\pi_k f\left(x_s \left|\mu_k, \Sigma_k\right.\right)}{\sum\limits_{q=1}^{Q} \pi_q f\left(x_s \left|\mu_q, \Sigma_q\right.\right)}$$

$$\begin{cases} \pi_k = \dfrac{1}{N}\sum\limits_s \left\langle z_s^k \right\rangle \\ \mu_k = \dfrac{\sum\limits_s \left\langle z_s^k \right\rangle x_s}{\sum\limits_s \left\langle z_s^k \right\rangle} \\ \Sigma_k = \dfrac{\sum\limits_s \left\langle z_s^k \right\rangle (x_s - \mu_k)(x_s - \mu_k)^{\mathrm{T}}}{\sum\limits_s \left\langle z_s^k \right\rangle} \end{cases}$$

6. 利用式 (4.57) 和式 (4.58) 计算内场参数：

$$\Delta\beta = \eta \sum_s \sum_k \left[\sigma_s^k(t+1) - \sigma_s^k\right] \sigma_s^k(t+1) \left[I_s^k - \sum_{l=1}^{Q} I_s^l \sigma_s^l (t+1)\right]$$

$$\Delta\lambda = \eta \sum_{s} \sum_{k} \left[\sigma_s^k(t+1) - \sigma_s^k\right] \sigma_s^k(t+1) \left[O_s^k - \sum_{l=1}^{Q} O_s^l \sigma_s^l(t+1)\right]$$

7. 利用热浴动力式 (4.44)更新标签场：

$$\tilde{\sigma}_s^k = \frac{f_s(x_s|k)\,\mathrm{e}^{\beta \sum\limits_{t\in\Xi_s} \sum\limits_{l=1}^{Q} \delta_{kl}\sigma_s^k\sigma_t^l}}{\sum\limits_{k=1}^{Q} f_s(x_s|k)\,\mathrm{e}^{\beta \sum\limits_{t\in\Xi_s} \sum\limits_{l=1}^{Q} \delta_{kl}\sigma_s^k\sigma_t^l}}$$

8. end for
9. 输出标签场。

4.4.6 另一个视角：用 Bayes 推断思考先验参数估计

当 β 与位置和状态无关时，系统的 Gibbs 分布为

$$P(\sigma) = \frac{1}{W_\beta}\mathrm{e}^{\beta \sum\limits_{t\in\Xi_s} \sum\limits_{l=1}^{Q} \delta_{kl}\sigma_s^k\sigma_t^l} \tag{4.66}$$

具有条件概率的局部似然函数为

$$P(l_s = k|l_{\Xi_s}) = \tilde{\sigma}_s^k = \frac{f_s(x_s|k)\,\mathrm{e}^{\beta \sum\limits_{t\in\Xi_s} \sum\limits_{l=1}^{Q} \delta_{kl}\sigma_s^k\sigma_t^l}}{\sum\limits_{k=1}^{Q} f_s(x_s|k)\,\mathrm{e}^{\beta \sum\limits_{t\in\Xi_s} \sum\limits_{l=1}^{Q} \delta_{kl}\sigma_s^k\sigma_t^l}} \tag{4.67}$$

注意，此时没有参数 λ。

令 $R_s^k = \sum\limits_{t\in\Xi_s} \sum\limits_{l=1}^{Q} \delta_{kl}\sigma_s^k\sigma_t^l$，则此时的伪似然函数为

$$\mathrm{PL} = \prod_{s} \max P(l_s = k|l_{\Xi_s}) \tag{4.68}$$

相应的对数似然函数为

$$\log \mathrm{PL} = \sum_{s} \max_{k} \left\{ \log f_s(x_s|k) + \beta \sum_{t\in\Xi_s} \sum_{l=1}^{Q} R_s^k - \log\left(\sum_{k=1}^{Q} f_s(x_s|k)\,\mathrm{e}^{\beta \sum\limits_{t\in\Xi_s} \sum\limits_{l=1}^{Q} R_s^k} \right) \right\} \tag{4.69}$$

类似可得出基于 Kanter 的 Potts 模型的 MRF 下的学习规则为

$$\frac{\partial}{\partial\beta}\log\mathrm{PL}=\sum_{s}\max_{k}\left\{R_s^k-\frac{\sum\limits_{k=1}^{Q}\left[f_s\left(x_s\left|k\right.\right)\mathrm{e}^{\beta R_s^k}R_s^k\right]}{\sum\limits_{k=1}^{Q}\left[f_s\left(x_s\left|k\right.\right)\mathrm{e}^{\beta R_s^k}\right]}\right\} \tag{4.70}$$

4.5 实验

本节将通过前视声呐图像和侧扫声呐图像分割的实验来初步分析 Graded-MRF 算法的特性。由于研究时间的关系，暂时只和 K-均值聚类[6]、基本的 MRF 模型[7] 以及 EMMF 算法[2] 进行比较。后续研究，我们还会和其他算法[8-11] 进行更加详细的比较。

4.5.1 前视声呐图像

图 4.4(a) 是 AUV 避障实验中利用 BlueView 声呐采集的一幅前视图像。图 4.4(b)~(d) 分别是基本的 K-均值聚类、MRF 模型（参数估计用的是第 2 章的 LAE 算法）和 EMMF 算法（4.3 节）进行分割的结果。值得注意的是，图 4.4(b) 是 MRF 模型的平衡态经过形态学开运算（先腐蚀后膨胀）后处理的结果，且用不同颜色显示不同的区域。

由图 4.4 可以得出如下结论。

(1) 后处理：基本的 MRF 模型必须经过一定的后处理才能得到相对“无噪”的感兴趣区域。这是因为在 ICM 中，如果某个像素的类条件概率太强，先验概率没有办法将该像素归为相邻像素的类。

(2) 斑块噪声：K-均值聚类算法分割的结果具有强烈的斑块噪声；（经过形态学后处理的）MRF 模型分割、EMMF 算法和 Graded-MRF 算法几乎没有斑块噪声。

(3) 边界：（经过形态学后处理的）MRF 模型分割和 EMMF 算法丢失了太多的轮廓信息，特别是 EMMF 算法存在过度平滑的现象。本书提出的 Graded-MRF 算法在去除斑块噪声的同时，几乎完好地保留了边缘信息。

(4) 目标：就避障而言，（经过形态学后处理的）MRF 模型分割、EMMF 算法和 Graded-MRF 算法都能实现障碍物的检测。

该实验表明，本书提出的 Graded-MRF 算法在去除斑块噪声的同时能完好地保留目标的原始轮廓信息。前视声呐图像没有颜色信息和纹理信息，只具有微弱的形状信息。如果我们希望利用前视声呐图像进行目标识别与环境感知，这些轮廓信息是必须保留的。Graded-MRF 算法能很好地实现这个目标。后续我们将在基于轮廓信息的水下目标识别与水下环境 3D 重构方面开展更多的工作。

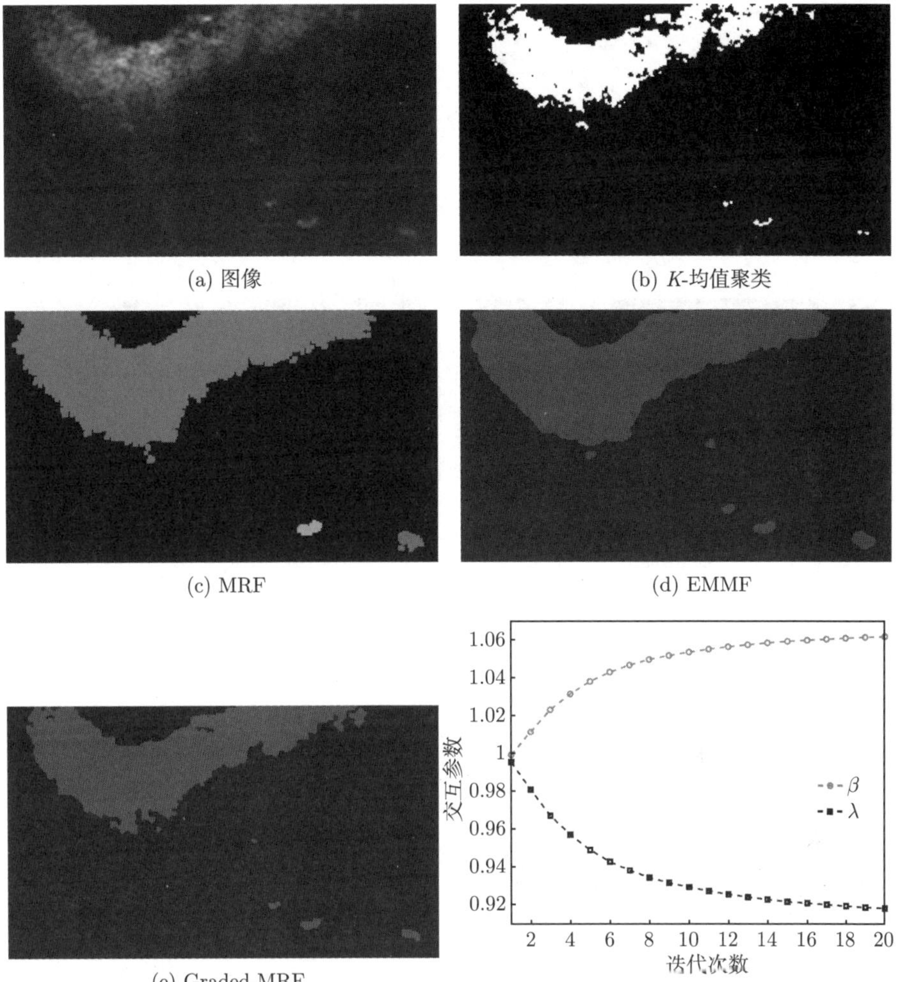

(a) 图像　(b) K-均值聚类

(c) MRF　(d) EMMF

(e) Graded-MRF　(f) Graded-MRF的参数

图 4.4　比较 Graded-MRF 和其他算法对前视声呐图像分割的效果

为了进一步突出 Graded-MRF 算法相对于 MRF、EMMF 算法的优势，我们在原始的 BlueView 前视声呐图像上加上 ProViewer 软件的 “Range Arcs”①和 “Range Labels”②，如图 4.5(a) 所示。可以看出，图 4.5(a) 中有一座明显的海山。

比较图 4.5(e) 和图 4.5(b)~(d) 还可以看出，Graded-MRF 算法能够完好地保留目标的原始轮廓信息。值得注意的是，Graded-MRF 算法不仅有效地去除了斑块

① 将声呐图像区域划分为网格状的区域，标识目标的距离。
② 声呐图像中最大开角和最小开角两侧的数字。

噪声，而且完好地保留了网格。

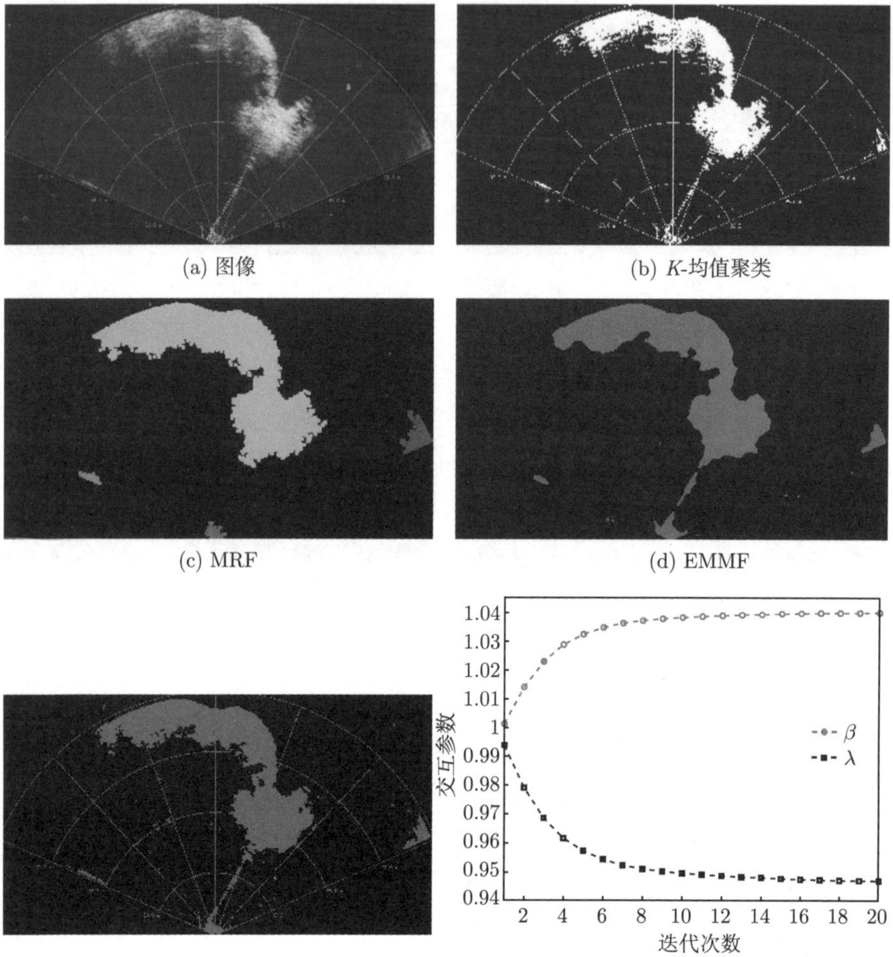

(a) 图像　(b) K-均值聚类

(c) MRF　(d) EMMF

(e) Graded-MRF　(f) Graded-MRF的参数

图 4.5　利用 EMMF 算法分割前视声呐图像

网格线和数字分别是 ProViewer 软件的“Range Arcs”和“Range Labels”

需要说明的是，MRF 算法本身是没有能力去除网格的，图 4.5(c) 是经过形态学开运算后处理后的结果。所以，这些算法中，只有 EMMF 算法能去除网格。这也间接说明，EMMF 算法存在过度平滑的现象。

4.5.2　侧扫声呐图像

根据前面的实验结果，Graded-MRF 算法能较好地保留图像的边缘信息。在侧扫图像分割中，我们希望尽可能保留阴影的边缘信息。那么，如果将 Graded-MRF 算法应用于侧扫声呐图像分割，会得到什么样的分割结果呢？图 4.6 给出了一个侧扫声呐图像分割的例子。在侧扫声呐图像中，由于目标的阴影本身和海底回声区非常相似，我们用 $Q=2$ 和 $Q=3$ 的 Potts 模型对图像进行了分割。而且，由于非二值形态学运算比较复杂，对 $Q=3$ 时的 MRF 模型提供的分割结果进行形态学后处理，只对阴影类进行形态学开操作和噪声区域删除。

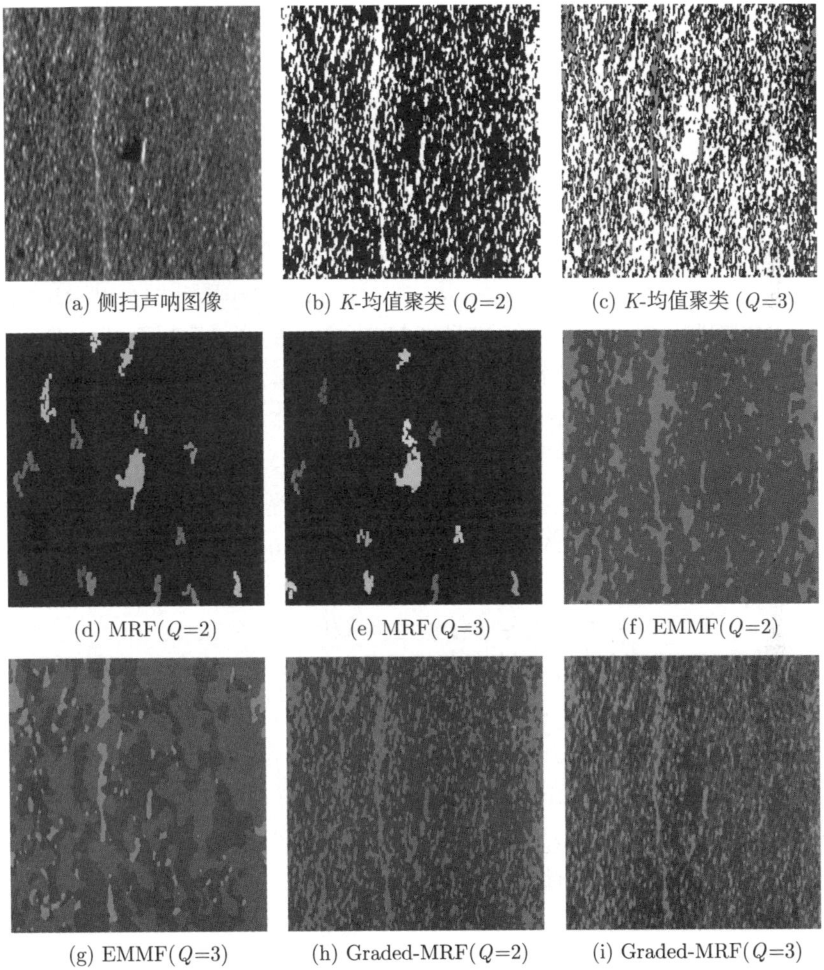

(a) 侧扫声呐图像　(b) K-均值聚类 (Q=2)　(c) K-均值聚类 (Q=3)

(d) MRF(Q=2)　(e) MRF(Q=3)　(f) EMMF(Q=2)

(g) EMMF(Q=3)　(h) Graded-MRF(Q=2)　(i) Graded-MRF(Q=3)

图 4.6　利用 Graded-MRF 算法分割侧扫声呐图像

在图 (e) 中，只对阴影类进行了形态学开操作和噪声区域删除

通过以上分析可以得出如下结论。

(1) 若 $Q=2$，除了 MRF 算法，其他算法提供的结果中阴影和背景直接分成

了一类。

(2) 无论 $Q=2$，还是 $Q=3$，EMMF 算法都将阴影和海底进行了严重的混淆。这再次说明 EMMF 算法存在过度平滑的现象。

(3) 本书提出的 Graded-EMMF 算法虽然分割效果不如 MRF 算法，但基本保留了阴影的轮廓信息。

这表明，无论 EMMF 算法还是 Graded-MRF 算法，都不太适合进行侧扫声呐图像分割；但是相对于 EMMF 算法，Graded-MRF 算法还是尽可能保留了更多关于阴影的信息。

4.6 小结

本章对 EMMF 算法进行了详细的推导和介绍，并提出了一种完全基于模态的 Markov 随机场（Graded-MRF）算法。从 EMMF 算法的推导过程可以看出，EMMF 算法和 MRF 模型最大的区别在于辅助变量 $z_i^{(q)}$。辅助变量可以看成一个隶属度函数，赋予 MRF 模型平滑的特性。遗憾的是，在计算局部交互能量的时候，会出现离散变量和隶属度向量作内积的情况。因此，EMMF 是一种半离散形式的 MRF 模型。

为此，我们提出了一种完全基于模态的 MRF 模型 —— Graded-MRF 算法。在 Graded-MRF 算法中，Potts 的激活状态向量按照非 0 K 时的热浴动力更新，外场和内场共同驱动 Potts 状态的更新。我们证明了外场和类条件概率的对数成正比，并根据 Markov 链采样的原理推导出了交互参数的学习公式。

从前视声呐图像分割的实验来看，EMMF 算法存在过度平滑的现象，Graded-MRF 算法在去除斑块噪声的同时能几乎完美地保留目标的边缘信息。但是，在应用到侧扫声呐图像分割时，Graded-MRF 算法会在一定程度上将阴影和背景区域混淆。尽管如此，Graded-MRF 算法的分割效果要远好于 EMMF 算法。

这表明，基本的 MRF 模型适用于侧扫声呐图像分割，EMMF 算法（以及 MRF 模型和 Graded-MRF 算法）能用于避障，Graded-MRF 算法则适用于前视声呐图像分割。后续我们将会开展基于 Graded-MRF 算法的前视声呐目标识别和 3D 环境重构工作。

参 考 文 献

[1] Zhang J. The mean field theory in EM procedures for Markov random fields[J]. IEEE Transactions on Image Processing, 1992, 40(10): 2570-2583.

[2] Celeux G, Forbes F, Peyrard N. EM procedures using mean field-like approximations for Markov model-based image segmentation[J]. Pattern Recognition, 2003, 36(1): 131-144.

[3] Giovannelli J F. Estimation of the Ising field parameter thanks to the exact partition function[C]// 17th IEEE International Conference on Image Processing, Hong Kong, 2010: 1441-1444.

[4] Zhang J. The mean field theory in EM procedures for blind Markov random field image restoration[J]. IEEE Transactions on Image Processing, 1993, 2(1): 27-40.

[5] Kanter I. Potts-glass models of neural networks[J]. Physical Review A, 1988, 37: 2739-2742.

[6] Mignotte M, Collet C, Pérez P, et al. Three-class Markovian segmentation of high-resolution sonar images[J]. Computer Vision and Image Understanding, 1999, 76(3): 191-204.

[7] Mignotte M, Collet C, Pérez P, et al. Sonar image segmentation using an unsupervised hierarchical MRF model[J]. IEEE Transactions on Image Processing, 2000, 9(7): 1216-1231.

[8] Sanjay-Gopal S, Hebert T J. Bayesian pixel classification using spatially variant finite mixtures and the generalized EM algorithm[J]. IEEE Transactions on Image Processing, 1998, 7(7): 1014-1028.

[9] Nikou C, Sotirious P, Varvarigou T A. A class-adaptive spatially variant mixture model for image segmentation[J]. IEEE Transactions on Image Processing, 2007, 16(4): 1021-1030.

[10] Nikou C, Likas A C, Galatsanos N P. A Bayesian framework for image segmentation with spatially varying mixtures[J]. IEEE Transactions on Image Processing, 2010, 19(9): 2278-2289.

[11] Chatzis S P, Varvarigou T A. A fuzzy clustering approach toward hidden Markov random field models for enhanced spatially constrained image segmentation[J]. IEEE Transactions on Fuzzy Systems, 2008, 16(5): 1351-1361.

5 基于CRF的前视声呐目标识别

声呐是 AUV 探测水下环境的基本工具，常用的声呐包括前视声呐和侧扫声呐。水下环境和水上环境大相径庭。水上环境中往往存在大量的人工地标，通过特定的机器学习或模式识别算法可以提取地标的特征，如颜色、纹理、特定的奇点、直线、平面、特定的弧线和曲面等信息。而水下环境几乎都是自然场景，一般并不存在有规律的特征。如果基于特定特征的目标识别可以归结为结构化匹配，那么自然环境中的目标识别可以归结为非结构化匹配。

从已有的文献来看，基于声呐图像的水下目标识别都无一例外地集中在基于侧扫声呐图像的海底底质分类或水雷识别[1-7]。不同的海底底质具有不同的纹理结构，而水雷本身是一个人工目标。这也间接地说明水下缺乏明显的特征。到目前为止，还没有关于前视声呐图像目标识别的研究报告。这是因为，和侧扫声呐图像相比，前视声呐图像中基本没有明显的纹理信息，而且轮廓也变得非常模糊。在这种情况下，依赖于特征的分类器如支持向量机[8] 和深度信念网络[9] 并不能取得理想的效果。

本章试图开展基于前视声呐图像的水下目标识别。一般而言，前视声呐图像具有如下一些特点。

(1) 拼接噪声：不同扇区拼接时会在边缘部分出现强噪声。这些噪声的位置比较固定，但是强度却不断变化。

(2) 虚景：当测深开启时，会在前视图像中出现高强度的圆弧形条带。这些虚景的灰度相对固定，但是位置却总在变化，时有时无。

(3) 目标：前视声呐的最大用途是避障。障碍物的尺寸、反射强度和位置总在变化。

对于前视声呐图像目标识别，主要存在以下困难。

(1) 虚景很容易被当成障碍物，拼接噪声和海山等非常相似。

(2) 水下的绳索等和虚景具有非常类似的特征。

(3) 水下目标的特征非常微弱，不足以通过特征进行判别。

当每个区域的特征都非常微弱时，可以考虑用相邻区块的特征辅助进行判别。基于这种思路，本章试图将 CRF[10] 应用到水下目标识别。

学术界一般做出如下界定：MRF 是产生式，而 CRF 是判别式。作者对此持保留意见，MRF 和 CRF 的表达式都包括先验概率和条件概率，区别只在先验概率分布函数的选择上。MRF 的先验概率交互参数与位置相关，而 CRF 的先验概率交互参数与类别相关。作为对类别的扩展，CRF 将特征直接写入交互函数。

根据前面的叙述，CRF 和 MRF 非常相似。由于 CRF 一般考虑基于块的图像分割，我们做出如下假设：$S=\{s\}_{1,2,\cdots,M\times N}$ 表示各个块的坐标，f_s 表示各个块的特征。块可以分成 Q 个类，则标签 $l_s\in\{1,2,\cdots,Q\}$。

5.1 从 MRF 到 CRF

不同随机场模型的根基都是 MRF，CRF 也不例外。出于描述的完整性，我们先在 5.1.1 节中简单地回顾第 2 章中的 MRF 模型，然后过渡到 CRF 模型。

5.1.1 基于块的 MRF 模型

利用块特征重写第 2 章中的 MRF 模型。根据 Bayes 规则，可以写出特征 $\boldsymbol{f}$ 的后验概率：

$$P_{L/F}(l/\boldsymbol{f})=\frac{P_L(l)\,P_{F/L}(\boldsymbol{f}/l)}{P_F(\boldsymbol{f})} \tag{5.1}$$

一般假设标签场服从 Gibbs 分布：

$$P_L(l)=\frac{1}{Z}\mathrm{e}^{-\sum\limits_s\sum\limits_{t\in\Xi_s}\beta_{st}\phi(l_s,l_t)} \tag{5.2}$$

对于类条件概率，出于模型解析的需要，一般假设特征之间彼此独立，有

$$P_{F/L}(\boldsymbol{f}/l)=\prod_s P_{F_s/L_s}(f_s/l_s) \tag{5.3}$$

对声呐图像而言，如果灰度为像素块灰度的平均值，则类条件概率可以假设为 Weibull 分布或 Gauss 分布。这就退化到第 2 章中的情形。但是，自然环境中的特征往往具有如下特性。

(1) 特征是高维的，且往往不服从单模态分布。

(2) 进一步，类特征的多模态分布意味着以“类别”为基础的 CRF 模型需要考虑具体属于哪一个模态。

这就意味着，块之间的交互函数不能只考虑“类别”，而需要考虑具体的特征。

由于 MRF 需要同时给出先验概率和条件概率，所以一般将 MRF 归结为产生式。

5.1.2 CRF

和 MRF 不同的是，CRF 直接将后验分布表达为 Gibbs 分布：

$$P_{L/F}\left(l/\boldsymbol{f}\right)=\frac{1}{Z}\mathrm{e}^{\sum\limits_{c\in\mathcal{C}}W_c^{\mathrm{T}}\mathcal{G}_c(\boldsymbol{f},l_c)}$$

式中，$\mathcal{C}$ 表示所有的基团。准确地说，上式只是参数的条件分布 $P_{L/F}\left(l/\boldsymbol{f};w\right)$。严格的后验分布应该表述为

$$P_{L/F}\left(l/\boldsymbol{f}\right)=P_{L/F}\left(l/\boldsymbol{f};w\right)P_W\left(w\right) \tag{5.4}$$

式中，参数的条件分布和先验分布分别为

$$P_{L/F}\left(l/\boldsymbol{f},w\right)=\frac{1}{Z}\mathrm{e}^{\sum\limits_{c\in\mathcal{C}}\mathcal{G}_c(\boldsymbol{f},l_c,w)} \tag{5.5}$$

$$P_W\left(w\right)=\frac{1}{\sqrt{2\pi}\sigma}\mathrm{e}^{-\frac{(w-\bar{w})^2}{2\sigma^2}} \tag{5.6}$$

式中，$\mathcal{G}$ 为交互函数；$w=\{\alpha,\beta\}$，且 α 和 β 分别为一阶和二阶交互参数。α 的维数为 $Q\times d^1$，β 的维数为 $Q\times Q\times d^2$，d^1 和 d^2 分别为块的特征和块之间的交互特征的维数。

5.1.3 交互函数

按照一阶和二阶交互，可以将交互函数分解为

$$\mathcal{G}_c\left(\boldsymbol{f},l_c,w\right)=\sum_s\mathcal{F}\left(v_s,\boldsymbol{f},\alpha_{l_s}\right)+\sum_s\sum_{t\in\varXi_s}\mathcal{D}\left(l_s,l_t,\boldsymbol{f},\beta_{l_sl_t}\right) \tag{5.7}$$

一阶交互实际上为类条件概率分布，即特征 f_s 属于类 l_s 的概率。在神经网络中，典型的多类判别函数为

$$\mathcal{F}\left(l_s,\boldsymbol{f},\alpha_{l_s}\right)=\frac{\mathrm{e}^{\alpha_{l_s}f_s}}{\sum\limits_q\mathrm{e}^{\alpha_qf_s}} \tag{5.8}$$

最简单的二阶交互特征就是将两个相邻块的特征串联起来。此时的交互函数可以写成

$$\mathcal{D}\left(l_s,l_t,\boldsymbol{f},\beta_{l_sl_t}\right)=\beta_{l_sl_t}f_{st} \tag{5.9}$$

5.2 似然最大

至此，我们可以写出 CRF 的概率分布，并计算参数 $w=\{\boldsymbol{\alpha},\boldsymbol{\beta}\}$ 的最大似然估计。

5.2.1 似然函数

将式 (5.6)~式 (5.9) 代入式 (5.4)，即得到 CRF 的条件分布函数为

$$P_{L/X}\left(l|x,w\right)=\frac{1}{Z}\exp\left\{\sum_{i}\frac{\mathrm{e}^{\alpha_{l_i}f_i}}{\sum\limits_{q}\mathrm{e}^{\alpha_q f_i}}+\sum_{i}\sum_{j\in c_i}\beta_{l_i l_j}f_{ij}\right\} \tag{5.10}$$

取其对数作为似然函数：

$$L\left(\boldsymbol{\alpha},\boldsymbol{\beta}\right)=-\log Z+\sum_{s}\frac{\mathrm{e}^{\alpha_{l_s}f_s}}{\sum\limits_{q}\mathrm{e}^{\alpha_q f_s}}+\sum_{s}\sum_{t\in\Xi_s}\beta_{l_s l_t}f_{st}-\frac{\left(w-\bar{w}\right)^2}{2\sigma^2}-\log\sigma \tag{5.11}$$

由于最后一项和参数没有关系，所以似然函数可以写成

$$\begin{aligned}L\left(\boldsymbol{\alpha},\boldsymbol{\beta}\right)=&-\log Z+\sum_{s}\frac{\mathrm{e}^{\alpha_{l_s}f_s}}{\sum\limits_{q}\mathrm{e}^{\alpha_q f_s}}+\sum_{s}\sum_{t\in\Xi_s}\beta_{l_s l_t}f_{st}\\&-\left[\sum_{k}\frac{\left(\alpha_k-\bar{\alpha}_k\right)^2}{2\sigma^2}+\sum_{k,l}\frac{\left(\beta_{k,l}-\bar{\beta}_{k,l}\right)^2}{2\sigma^2}\right]\end{aligned} \tag{5.12}$$

由于参数的先验概率相对比较独立，所以在后面的分析中，只讨论前面的条件概率项。

5.2.2 梯度

为了方便取似然函数的导数，用 Kroneker 函数改写式 (5.12)：

$$L\left(\boldsymbol{\alpha},\boldsymbol{\beta}\right)=-\log Z+\sum_{s}\sum_{k}\delta_{l_s k}\frac{\mathrm{e}^{\alpha_k f_s}}{\sum\limits_{q}\mathrm{e}^{\alpha_q f_s}}+\sum_{s}\sum_{t\in\Xi_s}\sum_{k,q}\delta_{l_s k}\delta_{l_t q}\beta_{kq}f_{st} \tag{5.13}$$

先对似然函数取 α_l 的偏导数。

当 $l=k$ 时，有

$$
\begin{aligned}
\frac{\partial}{\partial\alpha_k}L(\boldsymbol{\alpha},\boldsymbol{\beta}) &= -\frac{1}{Z}\frac{\partial Z}{\partial\alpha_k}+\sum_s\sum_k\delta_{l_sk}\frac{\mathrm{e}^{\alpha_kf_s}f_s\sum_q\mathrm{e}^{\alpha_qf_s}-\mathrm{e}^{\alpha_kf_s}\mathrm{e}^{\alpha_kf_s}f_s}{\left(\sum_q\mathrm{e}^{\alpha_qf_s}\right)^2} \\
&= -\frac{1}{Z}\frac{\partial Z}{\partial\alpha_k}+\sum_s\sum_k\delta_{l_sk}\frac{\sum_q\mathrm{e}^{\alpha_qf_s}-\mathrm{e}^{\alpha_kf_s}}{\left(\sum_q\mathrm{e}^{\alpha_qf_s}\right)^2}\mathrm{e}^{\alpha_kf_s}f_s
\end{aligned}
\tag{5.14}
$$

当 $l\neq k$ 时，有

$$
\frac{\partial}{\partial\alpha_{l\neq k}}L(\boldsymbol{\alpha},\boldsymbol{\beta}) = -\frac{1}{Z}\frac{\partial Z}{\partial\alpha_l}+\sum_s\sum_k\delta_{l_sk}\frac{-\mathrm{e}^{\alpha_lf_s}}{\left(\sum_q\mathrm{e}^{\alpha_qf_s}\right)^2}\mathrm{e}^{\alpha_kf_s}f_s \tag{5.15}
$$

综合式 (5.14) 和式 (5.15) 有

$$
\frac{\partial}{\partial\alpha_l}L(\boldsymbol{\alpha},\boldsymbol{\beta}) = -\frac{1}{Z}\frac{\partial Z}{\partial\alpha_l}+\sum_s\sum_k\delta_{l_sk}\frac{\delta_{lk}\sum_q\mathrm{e}^{\alpha_qf_s}-\mathrm{e}^{\alpha_lf_s}}{\left(\sum_q\mathrm{e}^{\alpha_qf_s}\right)^2}\mathrm{e}^{\alpha_kf_s}f_s \tag{5.16}
$$

由于 $Z=\sum_L\exp\left\{\sum_s\sum_k\delta_{l_sk}\frac{\mathrm{e}^{\alpha_kf_s}}{\sum_q\mathrm{e}^{\alpha_qf_s}}+\sum_s\sum_{t\in\Xi_s}\sum_{k,q}\delta_{l_sk}\delta_{l_tq}\beta_{kq}f_{st}\right\}$，所以

$$
\begin{aligned}
\frac{1}{Z}\frac{\partial Z}{\partial\alpha_l} &= \frac{1}{Z}\sum_{L'}\mathrm{e}^{\sum_s\sum_k\delta_{l_sk}\frac{\mathrm{e}^{\alpha_kf_s}}{\sum_q\mathrm{e}^{\alpha_qf_s}}+\sum_s\sum_{t\in\Xi_s}\sum_{k,q}\delta_{l_sk}\delta_{l_tq}\beta_{kq}f_{st}} \\
&\quad\times\left[\sum_s\sum_k\delta_{l_sk}\frac{\delta_{lk}\sum_q\mathrm{e}^{\alpha_qf_s}-\mathrm{e}^{\alpha_lf_s}}{\left(\sum_q\mathrm{e}^{\alpha_qf_s}\right)^2}\mathrm{e}^{\alpha_kf_s}f_s\right] \\
&= \left\langle\sum_s\sum_k\delta_{l_sk}\frac{\delta_{lk}\sum_q\mathrm{e}^{\alpha_qf_s}-\mathrm{e}^{\alpha_lf_s}}{\left(\sum_q\mathrm{e}^{\alpha_qf_s}\right)^2}\mathrm{e}^{\alpha_kf_s}f_s\right\rangle_{P_{L/X}(l|x,w)}
\end{aligned}
\tag{5.17}
$$

将式 (5.17) 代入式 (5.16)，有

$$\frac{\partial}{\partial \alpha_k} L(\boldsymbol{\alpha}, \boldsymbol{\beta})$$

$$= -\left\langle \sum_s \sum_k \delta_{l_s k} \frac{\delta_{lk} \sum_q \mathrm{e}^{\alpha_q f_s} - \mathrm{e}^{\alpha_l f_s}}{\left(\sum_q \mathrm{e}^{\alpha_q f_s}\right)^2} \mathrm{e}^{\alpha_k f_s} f_s \right\rangle_{P_{L/X}(l|x,w)}$$

$$+ \sum_s \sum_k \delta_{l_s k} \frac{\delta_{lk} \sum_q \mathrm{e}^{\alpha_q f_s} - \mathrm{e}^{\alpha_l f_s}}{\left(\sum_q \mathrm{e}^{\alpha_q f_s}\right)^2} \mathrm{e}^{\alpha_k f_s} f_s - \sum_k \frac{\alpha_k - \bar{\alpha}_k}{\sigma^2} \tag{5.18}$$

此外，对似然函数取 β_{kl} 的导数可得

$$\frac{\partial}{\partial \beta_{kl}} L(\boldsymbol{\alpha}, \boldsymbol{\beta}) = -\left\langle \sum_s \sum_{t \in \Xi_s} \sum_{k,l} \delta_{l_s l} \delta_{l_j k} f_{st} \right\rangle_{P_{L/X}(l|x,w)}$$

$$+ \sum_s \sum_{t \in \Xi_s} \sum_{k,l} \delta_{l_s l} \delta_{l_t k} f_{st} - \sum_k \frac{\beta_{k,l} - \bar{\beta}_{k,l}}{\sigma^2} \tag{5.19}$$

5.2.3 鞍点近似

梯度公式和对标签场的模型平均没有解析解，可以采用鞍点近似求解。即用使得后验分布 $P_{L/X}(l|x,w)$ 最大的标签场去近似所有可能出现的标签场配置的均值。因此

$$\left\langle \sum_s \sum_k \delta_{l_s k} \frac{\delta_{lk} \sum_q \mathrm{e}^{\alpha_q f_s} - \mathrm{e}^{\alpha_l f_s}}{\left(\sum_q \mathrm{e}^{\alpha_q f_s}\right)^2} \mathrm{e}^{\alpha_k f_s} f_s \right\rangle_{P_{L/X}(l|x,w)}$$

$$= \sum_s \sum_k \delta_{l_s^* k} \frac{\delta_{lk} \sum_q \mathrm{e}^{\alpha_q f_s} - \mathrm{e}^{\alpha_l f_s}}{\left(\sum_q \mathrm{e}^{\alpha_q f_s}\right)^2} \mathrm{e}^{\alpha_k f_s} f_s \tag{5.20}$$

$$\left\langle \sum_s \sum_{t \in \Xi_s} \sum_{k,l} \delta_{l_s l} \delta_{l_t k} f_{st} \right\rangle_{P_{L/X}(l|x,w)} = \sum_s \sum_{t \in \Xi_s} \sum_{k,l} \delta_{l_s^* l} \delta_{l_t^* k} f_{st} \tag{5.21}$$

式中

$$l_s^* = \arg\max_k P\left(l_s | x, \hat{\boldsymbol{\alpha}}, \hat{\boldsymbol{\beta}}\right) \tag{5.22}$$

从式 (5.20)~式 (5.22) 可以看出，l_s^* 和 $w=\{\boldsymbol{\alpha},\boldsymbol{\beta}\}$ 之间存在相互依赖关系，可以通过迭代求解。即先给出 $\{\boldsymbol{\alpha}^0,\boldsymbol{\beta}^0\}$，通过式 (5.22) 计算 l_s^{*0}；然后通过计算梯度，得到 $\{\boldsymbol{\alpha}^1,\boldsymbol{\beta}^1\}$；最后计算 l_s^{*1}。如此迭代，直到收敛（图 5.1）。

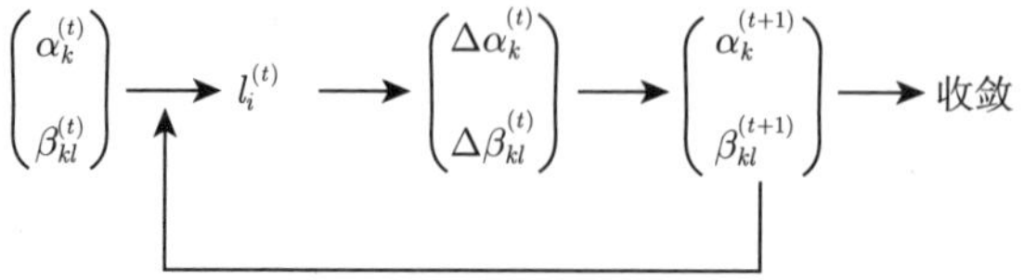

图 5.1　CRF 的求解过程

5.2.4　利用 LBP 计算 MAP

现在剩下的问题是，如何求解

$$
\begin{aligned}
P_{L/X}(l|x,w) &= \frac{1}{Z}\exp\left\{\sum_s \frac{\mathrm{e}^{\alpha_{l_s} f_s}}{\sum\limits_q \mathrm{e}^{\alpha_q f_s}} + \sum_s \sum_{t\in\Xi_s} \beta_{l_s l_t} f_{st}\right\} \\
&\propto \exp\left\{\sum_s \frac{\mathrm{e}^{\alpha_{l_s} f_s}}{\sum\limits_q \mathrm{e}^{\alpha_q f_s}} + \sum_s \sum_{t\in\Xi_s} \beta_{l_s l_t} f_{st}\right\} \\
&= \prod_s \mathrm{e}^{\frac{\mathrm{e}^{\alpha_{l_s} f_s}}{\sum_q \mathrm{e}^{\alpha_q f_s}}} \prod_s \prod_{t\in\Xi_s} \mathrm{e}^{\beta_{l_s l_t} f_{st}} \\
&\to \prod_s \xi_s(l_s,f_s) \prod_s \prod_{t\in\Xi_s} \xi_{st}(l_s,l_t)
\end{aligned}
\tag{5.23}
$$

具有这种分布形式的推断可以通过循环信念传播（loopy belief propagation, LBP）算法高效地实现。这里采用最大积（max-product）算法实现 LBP 推断[11]，包括三个步骤，如算法 5.1 所示 [图 5.2(a)]。

算法 5.1　基于 max-product 的 LBP 推断算法

---

1. 初始化消息 $m_{s\leftrightarrow t}^{t=0}(l_s,l_t)\equiv 1$；
2. 迭代更新消息 $m_{s\to t}(l_s,l_t)$：

$$
m_{s\to t}^{t+1}(l_t) \leftarrow \gamma \max_{l_s}\left\{\xi_{s\to t}(l_t,l_s)\,\xi_s(l_s,f_s)\prod_{k\in\eta_s\backslash s} m_{k\to s}^t(l_s)\right\}
\tag{5.24}
$$

3. 计算置信度并求极大解：

$$b_s(l_s) \leftarrow \gamma \xi_s(l_s, f_s) \prod_{k \in \eta_s} m_{k \to s}(l_s) \tag{5.25}$$

$$l_s^* = \arg\max_{l_k} b_s(l_k) \tag{5.26}$$

4. 输出 l_s^*;
5. 然后，根据 l_s^* 和样本之间的差异学习参数 $\boldsymbol{\alpha}$ 和 $\boldsymbol{\beta}$。

5.2.5 理解 LBP 的传播过程

Freeman 等给出了一个顶点数是 3 的例子[11]，如图 5.2(b) 所示。

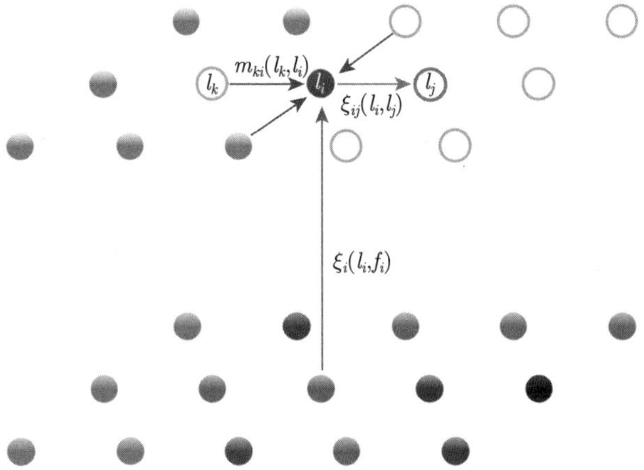

(a) LBP 算法

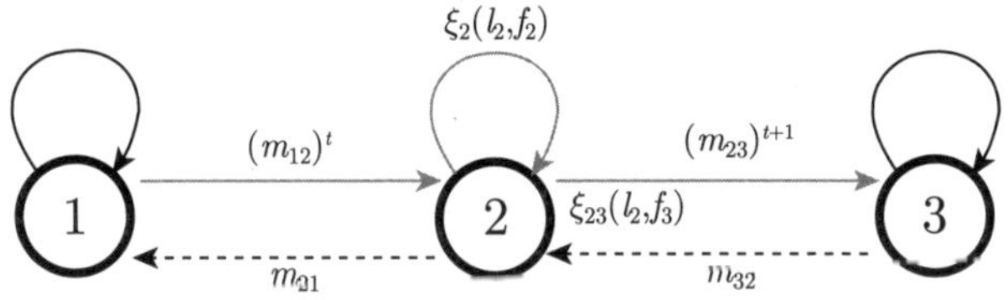

(b) 只有3个顶点时的例子

图 5.2 LBP 的信念传播过程

第一步，将所有消息初始化为 $m_{st} = 1$。

第二步，$(t = 0)$ 计算节点之间的消息：

前向传播：

$$m_{12}^{t=0}(l_2) = \max_{l_1} \xi_1(l_1, f_1)\, \xi_{12}(l_1, l_2)$$

$$m_{23}^{t=0}(l_3) = \max_{l_2} \xi_2(l_2, f_2)\, \xi_{23}(l_2, l_3)$$

后向传播：

$$m_{21}^{t=0}(l_1) = \max_{l_2} \xi_2(l_2, f_2)\, \xi_{21}(l_2, l_1)$$

$$m_{32}^{t=0}(l_2) = \max_{l_3} \xi_3(l_3, f_3)\, \xi_{32}(l_3, l_2)$$

第三步：（$t=1$）计算节点之间的消息：

前向传播：

$$m_{12}^{t=1}(l_2) = \max_{l_1} \xi_1(l_1, f_1)\, \xi_{12}(l_1, l_2)$$

$$m_{23}^{t=1}(l_3) = \max_{l_2} m_{12}^{t=0}(l_2)\, \xi_2(l_2, f_2)\, \xi_{23}(l_2, l_3)$$

后向传播：

$$m_{21}^{t=1}(l_1) = \max_{l_2} \xi_2(l_2, f_2)\, \xi_{21}(l_2, l_1)$$

$$m_{32}^{t=1}(l_2) = \max_{l_3} \xi_3(l_3, f_3)\, \xi_{32}(l_3, l_2)\, m_{21}^{t=0}(l_1)$$

5.3 预处理：去除虚景噪声

测深仪打开时，经常会在前视声呐图像上产生圆弧状的虚景。在通常情况下，虚景的强度甚至比目标还高，这会给目标识别和避障造成巨大的干扰。由于虚景是一个以声波发射源为中心的规则圆弧，可以通过极坐标转换将其去除。

5.3.1 坐标转换

声呐图像的极坐标转换示意图如图 5.3 所示。假设声呐阵列的位置是 (x_0, y_0)，声呐图像扇区的角度是 $[\theta_1, \theta_2]$，径向扫描半径的范围是 $[r, R]$。则 (d, θ) 矩形阵列下坐标可以表示为

$$\begin{cases} d = \sqrt{(x-x_0)^2 + (y-y_0)^2} \\ \theta = \bmod\left(\arctan\dfrac{y-y_0}{x-x_0}, \pi\right) \end{cases} \tag{5.27}$$

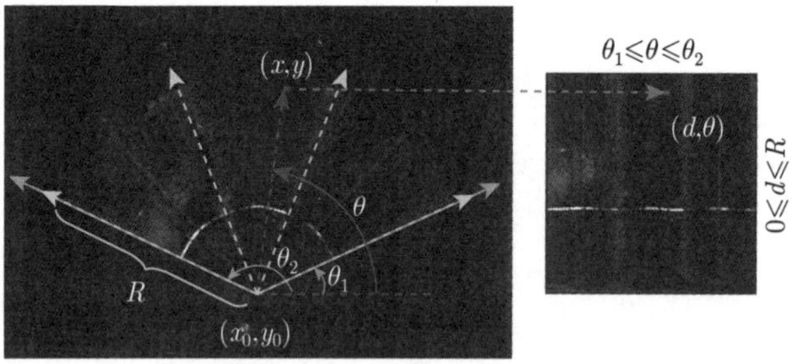

图 5.3　极坐标转换示意图

且 $\theta_1 \leqslant \theta \leqslant \theta_2$；$0 \leqslant d \leqslant R$。

图 5.4(b) 是图 5.4(a) 的极坐标表示。为了便于观察，这里 θ 的长度是 300。但

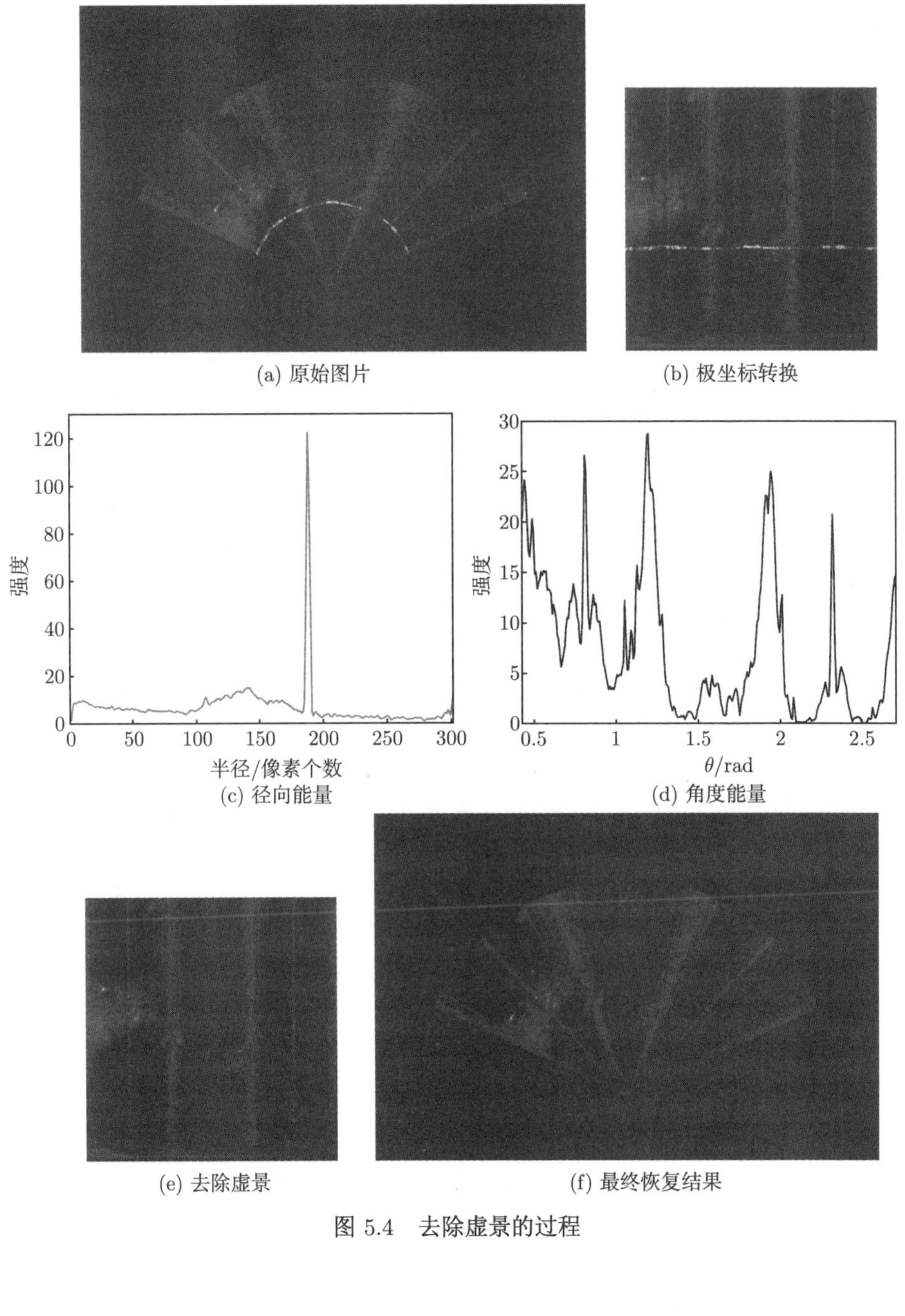

(a) 原始图片　(b) 极坐标转换

(c) 径向能量　(d) 角度能量

(e) 去除虚景　(f) 最终恢复结果

图 5.4　去除虚景的过程

是，坐标转换的目的只是检测虚景的位置，所以 θ 采样频率并不需要那么大。一般情况下，对角度进行 10 次采样就足够了。

5.3.2 虚景检测

从图 5.4(b) 可以看出，圆弧形的虚景在极坐标系中近似为一条水平直线。为了检测虚景的位置，对 (d,θ) 坐标系下的图像取行和作为径向的能量：

$$h=\sum_{\theta} f_{d\theta} \tag{5.28}$$

如图 5.4(c) 所示。

虚景并不是一直存在，因此需要首先检测图像中是否存在虚景。可以看出，虚景处的能量远大于其他行的能量，一个简单的比较就可以判断出图像中是否存在虚景。根据经验，本节采用的标准为

$$h^* > 3\bar{h} \tag{5.29}$$

即如果行和 h 的最大值比其均值的 3 倍还大，说明存在虚景。

如果虚景存在，下一步就是检测虚景的位置。方法也很简单，就是以最大值 h^* 所对应的行号 d^* 为中心，分别向左和向右搜索第一个局部极值 d_{l} 和 d_{r}。这样，虚景所对应的行区间就是 $[d_{\mathrm{l}}, d_{\mathrm{r}}]$。

5.3.3 基于 MRF 的图像复原

检测出虚景条带后，下一步就是要对图像复原。图像复原就是尽可能还原声呐图像采集的原始信号，即用声呐信号代替虚景区域。原则上说，虚景对图像的损害是不可逆的，因此，图像复原的目的只是尽可能降低虚景对图像质量的影响，方便后面的目标识别。

值得注意的是，前视声呐采集得到的原始图像是一个扇形，看起来像是极坐标，但是实际上是笛卡儿坐标系，反映的是真实的物理世界。所以，最好在原始声呐图像中进行图像复原。但是出于计算的简洁性，这里采用的方案是在极坐标中进行图像复原，然后通过逆映射将图像投射到笛卡儿坐标系。

这里采用基于 Markov 随机场的纹理合成方法对图像进行复原[12]。

在第 2 章中利用最小二乘法估计 Ising 场的先验参数时，中心像素取不同标签（如 e_0 和 e_1）的概率可以用整幅图像的配置直方图进行近似，即

$$\frac{P\left(e_0\left|l_{\Xi_s}\right.\right)}{P\left(e_1\left|l_{\Xi_s}\right.\right)} \approx \frac{N_{l_s,l_{\Xi_s}}\left(e_0,\varGamma_s\right)}{N_{l_s,l_{\Xi_s}}\left(e_1,\varGamma_s\right)} \tag{5.30}$$

式中，$N_{l_s,l_{\Xi_s}}(e_i,\Gamma_s)$ 为当前像素属于类 i 且周围配置为 Γ_s 的块在图像中出现的次数。这个思想也可以移植到纹理合成中来。这里采用的策略是逐像素地对虚景区进行恢复。

这里考虑合成像素 s，且其邻域配置为 l_{Ξ_s}。从式 (5.30) 可以得到

$$P\left(e_0 \left| l_{\Xi_s}\right.\right) \sim N_{l_s,l_{\Xi_s}}\left(e_0,\Gamma_s\right) \tag{5.31}$$

这表明，像素 s 取某个标签（或像素值）的概率与相同邻域配置 l_{Ξ_s} 在图像中出现时中心像素取该标签（或像素值）的概率成正比。也就是说，相似的邻居决定了相似的中心像素。因此，图像复原的方法如下。

(1) 合成当前像素 s 时，取其局部图像块。图像块中既有已知的像素，也有待恢复的像素，还有已经恢复的像素。

(2) 根据已知的像素和已经恢复的像素，在图像中找到最相似的图像块。

(3) 将最相似图像块的中心像素赋值给像素 s。

需要注意以下几个方面。

(1) 取当前像素 s 的局部图像块时，邻域不限于 2 阶邻域。窗口的半径为 5 时能取得不错的效果。

(2) 基于声呐的特性，我们无须在整幅图像中搜索相似的块，只需要在虚景区附近搜索相似的块即可。

(3) 对于边界像素，可以进行简单的线性插值处理。

图 5.4(e) 给出了对图 5.4(b) 进行图像复原的结果，而图 5.4(f) 则是将图 5.4(e) 重新映射到笛卡儿坐标系后的最终恢复结果。

5.4 特征提取

声呐图像中的目标缺乏颜色信息，可能只有纹理状的斑块噪声和模糊的边缘信息。这里将声呐图像分割成 64×64 的小块，并分别提取每个子块的纹理特征和形状特征。其中，纹理特征采用 Gabor 滤波器进行提取，而形状特征用 Hu 不变矩表示。

5.4.1 纹理特征

Gabor 滤波器包含尺度和方向参数，可以用来提取图像块的边缘信息。这里采用 Manjunath 和 Ma 提出的多尺度 Gabor 滤波器组[13] 提取每个图像的纹理特征。图像检索实验表明，Gabor 滤波器的性能甚至优于 Daubechies 小波[13]。具体而言，

首先定义一个二维的 Gabor 母小波：

$$g(x,y)=\frac{1}{2\pi\sigma_x\sigma_y}\mathrm{e}^{-\frac{1}{2}\left(\frac{x^2}{\sigma_x^2}+\frac{y^2}{\sigma_y^2}\right)}\mathrm{e}^{i2\pi\varphi x} \tag{5.32}$$

式中，φ 是复调制频率。Gabor 函数可以看成用一个余弦函数调制一个 Gauss 函数的结果。

为了提取图像的多尺度和旋转特征，进一步定义 Gabor 滤波器组：

$$g_{mn}(x,y)=a^{-m}g(x',y') \tag{5.33}$$

式中，a 是尺度因子；(x',y') 是 (x,y) 逆时针旋转 θ 角后的坐标，可表示为

$$\begin{pmatrix} x' \\ y' \end{pmatrix}=\begin{pmatrix} \cos\theta & \sin\theta \\ \sin\theta & -\cos\theta \end{pmatrix}\begin{pmatrix} x \\ y \end{pmatrix} \tag{5.34}$$

在提取一个图像块的纹理特征时，用每一个 Gabor 小波对该图像块进行卷积：

$$W_{mn}(x,y)=\iint I(x_1,y_1)*g_{mn}(x-x_1,y-y_1)\,\mathrm{d}x_1\mathrm{d}y_1 \tag{5.35}$$

然后计算 Gabor 变换的均值和方差：

$$\begin{cases} \mu_{mn}=\displaystyle\iint |W_{mn}(x,y)|\,\mathrm{d}x\mathrm{d}y \\ \sigma_{mn}=\sqrt{\displaystyle\iint (|W_{mn}(x,y)|-\mu_{mn})^2\mathrm{d}x\mathrm{d}y} \end{cases} \tag{5.36}$$

将所有 Gabor 滤波器得到的均值和方差首尾相连，即得到该图像块的特征 $z=[\mu_{00},\sigma_{00},\cdots,\mu_{S-1,K-1},\sigma_{S-1,K-1}]$。

现在考虑 Gabor 滤波器的参数设置，如 a、σ_u、σ_v 和 φ。

假设有 S 个尺度和 K 个方向，且在感兴趣的频带中，尺度最大和最小的 Gabor 滤波器的中心频率分别是 f_{H} 和 f_{L}。很显然，有

$$a=\left(\frac{f_{\mathrm{H}}}{f_{\mathrm{L}}}\right)^{\frac{1}{S-1}} \tag{5.37}$$

得益于 Gauss 函数的特性，Gabor 小波可以看成近似紧支撑的。在设计尺度参数时，只需要考虑 Gauss 函数之间的关系。为了设计尽可能完备且尽可能正交的滤波器组，可以使 Gauss 函数的半峰幅度剖面之间相切，如图 5.5 所示。注意 Gauss 函数的剖面是一个椭圆，而且椭圆的长轴为 $\sigma_u\sqrt{2\ln 2}$。由于同一个方向的多尺度椭圆的长轴和短轴之间呈等比数列，可以推出尺度参数：

$$\sigma_u=\frac{(a-1)f_{\mathrm{H}}}{(a+1)\sqrt{2\ln 2}} \tag{5.38}$$

而且同一尺度内具有相邻朝向的椭圆之间相切，交点满足 $v = u\tan\left(\frac{\pi}{2K}\right)$。根据切线和椭圆之间有唯一解的条件可以进一步得出

$$\sigma_v = \tan\left(\frac{\pi}{2K}\right)\sqrt{\frac{f_{\rm H}^2 - \sigma_u^2}{2\ln 2}} \tag{5.39}$$

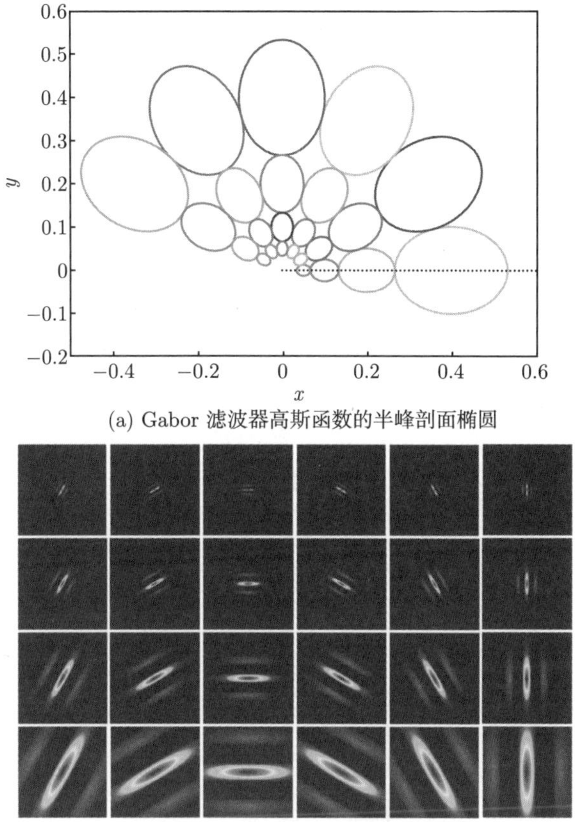

(a) Gabor 滤波器高斯函数的半峰剖面椭圆

(b) Gabor 滤波器

图 5.5　Gabor 滤波器组

对于复调制频率 φ，只需简单地令 $\varphi = f_{\rm H}$ 即可。

5.4.2　形状特征

矩是对图像的统计描述。定义图像块 I_{xy} 的 $p+q$ 阶几何矩为

$$m_{pq} = \iint x^p y^q I_{xy} {\rm d}x{\rm d}y \tag{5.40}$$

则图像块的灰度质心坐标为

$$\bar{x} = \frac{m_{10}}{m_{00}}, \quad \bar{y} = \frac{m_{01}}{m_{00}} \tag{5.41}$$

根据几何矩，可以进一步计算图像块的中心矩：

$$\mu_{pq} = \iint (x-\bar{x})^p (y-\bar{y})^q I_{xy} \mathrm{d}(x-\bar{x}) \,\mathrm{d}(y-\bar{y}) \tag{5.42}$$

为了消除图像块尺度变化的影响，需要对中心矩进行归一化：

$$\eta_{pq} = \frac{\mu_{pq}}{\mu_{pq}^{\gamma}} \tag{5.43}$$

式中，$\gamma = \dfrac{p+q}{2} + 1, p+q = 2, 3, \cdots$。几何矩具有旋转不变性，而中心矩具有平移和伸缩不变性。根据归一化后的二阶和三阶中心矩，Hu 于 1962 年定义了经典的 Hu 不变矩特征[14]。Hu 不变矩是一个长度为 7 的列向量：

$$\boldsymbol{T} = \begin{bmatrix} \zeta_{20} + \zeta_{02} \\ E^2 + 4\zeta_{11}^2 \\ C^2 + D^2 \\ A^2 + B^2 \\ CA\left(A^2 - 3B^2\right) + DB\left(3A^2 - B^2\right) \\ E\left(A^2 - B^2\right) + 4\zeta_{11}AB \\ DA\left(A^2 - 3B^2\right) + CB\left(3A^2 - B^2\right) \end{bmatrix} \tag{5.44}$$

式中

$$\begin{cases} A = \zeta_{30} + \zeta_{12} \\ B = \zeta_{21} + \zeta_{03} \\ C = \zeta_{30} - 3\zeta_{12} \\ D = 3\zeta_{21} - \zeta_{03} \\ E = \zeta_{20} - \zeta_{02} \end{cases} \tag{5.45}$$

值得注意的是，除了 Hu 不变矩，还可以选择 Zernike 矩描述声呐图像的纹理。

5.5 实验 (I)：直角坐标系

到目前为止，尚未见到基于前视声呐的水下目标识别方面的工作。为了测试前视声呐目标识别的可行性，本章的实验采用监督式学习训练 CRF 的参数 $\boldsymbol{\alpha}$ 和 $\boldsymbol{\beta}$。后续我们会进一步开展基于隐条件随机场（hidden-CRF, HCRF）的参数学习[15]。

一共设计了两个实验对算法进行测试。我们在第一个实验中，不对声呐图像进行任何预处理，直接对原始的声呐图像进行横向和纵向的块划分，并提取每个块的特征，如图 5.6 所示。由于直角坐标系下的划分与声呐图像的采集方式没有关系，对声呐图像没有任何限制，数据库中的尺寸可以不一致。在本实验中，人工标识了 24 幅图像，其中 16 幅用于训练，剩下的 8 幅用于测试。

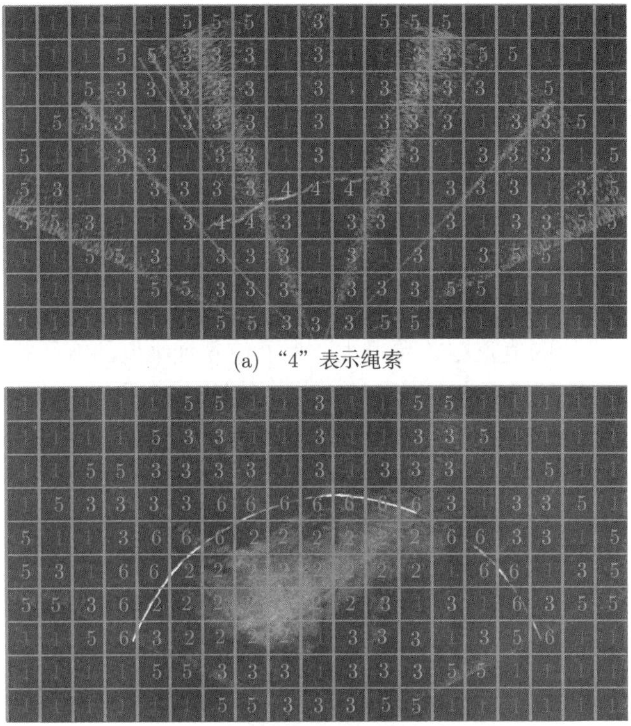

(a) “4” 表示绳索

(b) “2” 和 “6” 分别是障碍物和虚景

图 5.6　人工标记的图像举例

值得注意的是，那些包含声呐扇区边缘的块并不包含任何目标，却会因为坐标划分的原因携带明显的形状特征。为了降低这些块对识别任务的干扰，将这些类指定为一个单独的类。

目标识别实验包含如下步骤。

(1) 人工标记一些例图。

(2) 分别利用 Gabor 滤波器和 Hu 不变矩提取纹理特征（$2 \times 4 \times 6 = 48$ 维）和形状特征（7 维）。

(3) 利用例图学习 CRF 模型的参数。

(4) 利用 CRF 模型推断测试图像。

5.5.1 CRF 训练

图 5.6 给出了 2 幅人工标记的声呐图像。图像块包括 $Q=6$ 个类，如海水、海山、拼接噪声、绳索、边缘、光圈虚景，标记和类之间的对应关系如表 5.1 所示。海山每个图像块的特征维数为 $d^1=7+48=55$。参数学习的目的就是估计 $\alpha_{Q\times d^1}$ 和 $\beta_{Q\times Q\times d^2}$。为简单起见，双位置特征直接取两个相邻块的特征的连接，即 $d^2=2d^1$。

表 5.1 标记的含义 (一)

标记	含义
1	海水
2	海山
3	拼接噪声
4	绳索
5	边缘
6	光圈虚景

不同特征之间的取值范围差异很大。为了使各个维度的特征相对平等地参与模型学习，需要对特征进行归一化。即对每个维度的特征 f^d，计算其均值和方差 $\mu\left(f^d\right)$ 和 $\sigma\left(f^d\right)$。然后进行归一化处理：

$$f^d=\frac{f^d-\mu\left(f^d\right)}{\sigma\left(f^d\right)} \tag{5.46}$$

为了进一步避免噪声的干扰，需要将非常大和非常小的特征值进行截断：

$$f_{ij}^d=\begin{cases}-T, & f_{ij}^d<-T\\ T, & f_{ij}^d>T\\ f_{ij}^d, & \text{其他}\end{cases} \tag{5.47}$$

式中，T 为截断阈值。这样，所有的特征都落入 $[-T,T]$ 中。

图 5.7 画出了图 5.6(b) 中第 3 行到第 5 行、第 10 列到第 11 列的图像块的 Hu 特征和 Gabor 特征，图 5.7(a) 和图 5.7(b) 的截断阈值 T 分别为 1, 2。从图中可以看出，形状特征和纹理特征具有如下特点。

(1) $T=2$ 时，海山和光圈虚景之间的特征差异更大，特征更具有鉴别力。因此，在后面的实验中，我们选取截断阈值 $T=2$。

(2) 不同类型的图像块之间存在较大的差异。例如，海水 (1)、拼接噪声 (3) 与光圈虚景 (6)、海山 (2) 之间，无论纹理特征还是形状特征都存在较大的差异。

(3) 海水 (1) 和拼接噪声 (3) 具有相似的纹理特征，但是形状特征差别较大。

(4) 光圈虚景 (6) 和海山 (2) 都有两个图像块，但是属于同一类的图像块之间尽管具有相似的 Hu 特征，但形状特征存在一定的差异。

(5) 光圈虚景（6）和海山（2）的特征向量有些相似，这也说明有必要提取更加具有鉴别力的特征。

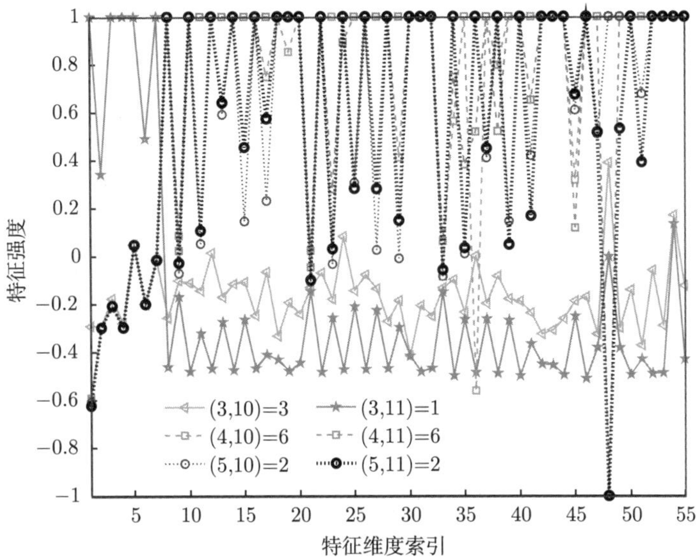

(a) 用1截断的特征

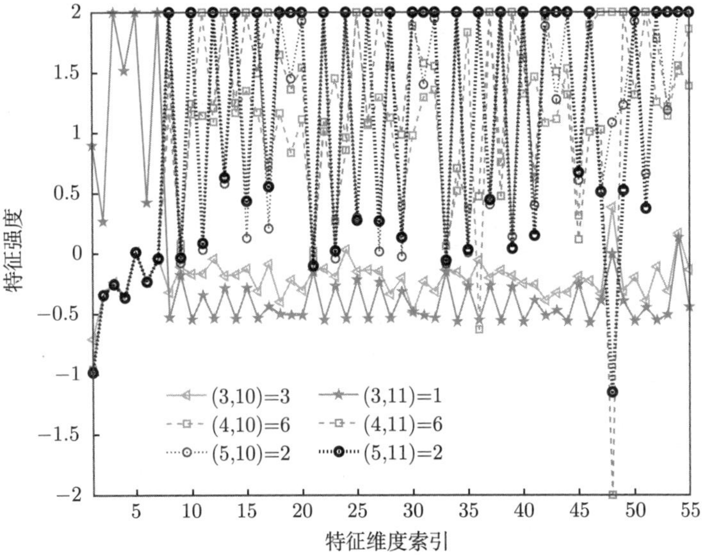

(b) 用2截断的特征

图 5.7　不同类的图像块及特征（一）（见书后彩图）

前 7 维为 Hu 特征，后 48 维为 Gabor 特征

5.5.2 识别结果

图 5.8(a)、(c)、(e) 给出了将 CRF 模型分别应用于训练样本、测试样本和全部样本时得到的混淆矩阵。混淆矩阵是一个概率矩阵，第 i 行、第 j 列的元素表示人工标注的是第 i 类、分类器将其分为第 j 类的概率，即

$$p_{ij} = \frac{N_{ij}}{\sum\limits_{j} N_{ij}} \tag{5.48}$$

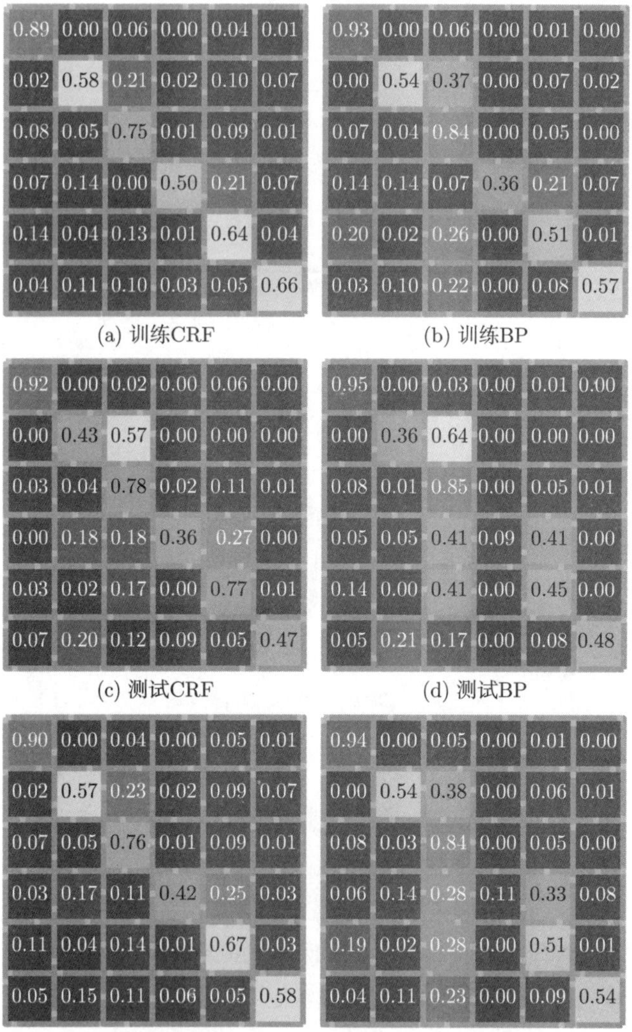

(a) 训练CRF　(b) 训练BP

(c) 测试CRF　(d) 测试BP

(e) 全部CRF　(f) 全部BP

图 5.8　CRF 模型和 BP 网络得到的混淆矩阵（一）（见书后彩图）

式中，N_{ij} 表示将第 i 类的图像块划分成第 j 类的次数。分类器的性能越好，混淆矩阵的能量越靠近对角线。

如果相邻图像块之间没有交互，CRF 模型将退化为一个单层神经网络。此时，α 对应网络的权值，我们用 BP 算法来学习这些权值。BP 算法得到的混淆矩阵如图 5.8(b)、(d)、(f) 所示。

对比 CRF 模型和 BP 网络可以得出如下结论。

(1) CRF 模型得到的混淆矩阵更趋向对角线。

(2) AUV 避障实验中，我们最关心的是海山（2）和绳索（4）。对于海山，CRF 模型（0.58, 0.43）无论在训练集还是在测试集上的性能略好于 BP 网络（0.54, 0.36）；对于绳索，CRF 模型（0.36）在测试集上的性能远好于 BP 网络（0.09）。

(3) 两种算法对海水的识别性能较好。这个原因很简单，因为海水非常空旷，和其他的类之间基本上没有什么交叉。而特征直接决定分类器的性能。

因此可以看出，CRF 模型对声呐图像的识别率还很低。这主要是由以下几个方面造成的。

(1) 图像的类别之间本身就存在重叠。例如，离发射源较远的拼接噪声（3）和海山（2）比较相似，而离发射源较近的拼接噪声（3）和绳索（4）、光圈虚景（6）比较相似；光圈虚景（6）经常和拼接噪声（3）、海山（2）混在一起。

(2) 图像块的划分值得商榷。声呐图像分为几个扇区，拼接噪声按照极坐标展开。因此，按照角度和半径划分图像块可能更加科学。这涉及图像的基元问题，这将是我们下一步的工作。

(3) 图像的特征之间还存在着重叠，Hu 特征和 Gabor 特征还不足以将不同的类很好地区分开来。

5.6 实验 (II)：极坐标系

从图 5.8 的混淆矩阵可以看出，绳索（第 4 行）和边缘（第 5 行）混淆比较严重，海山（第 2 行）和拼接噪声（第 3 行）混淆也比较严重。这是因为，边缘具有“人为划分”造成的边缘特征，而海山和拼接噪声具有非常相似的特征。如果将声呐图像的实际扇区映射到直角坐标系，同海山、拼接噪声的特征之间的差距会变大，而且极坐标系中的光圈虚景也会变成一条直线。为此，本节开展了极坐标系中的目标识别实验。

5.6.1 极坐标系中的特征提取

首先，我们在本实验中作出了如下设置。

(1) 所有的图像都使用 BlueView 前视声呐采集的原始数据。这样方便图像从极坐标系转换到直角坐标系。

(2) 在极坐标系中利用 5.3 节的纹理合成方法去除光圈虚景。

(3) 对预处理后的声呐图像进行极坐标系中的块划分（图 5.9），并提取各个块的特征（图 5.10）。

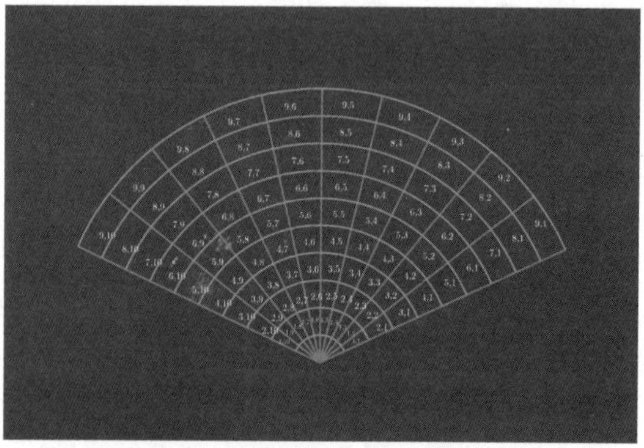

图 5.9　极坐标系中的块划分

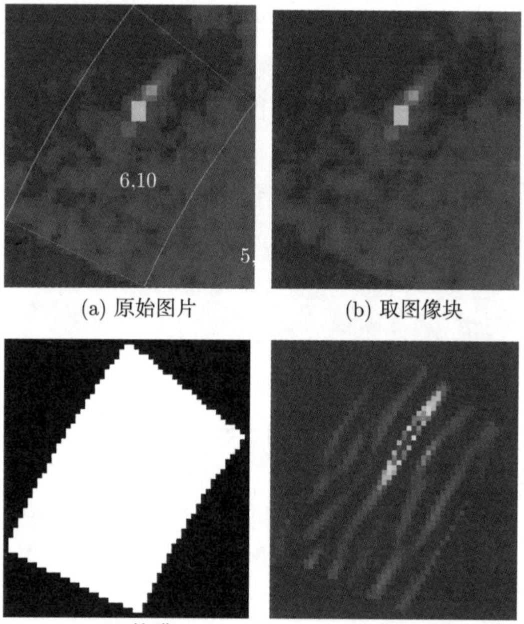

(a) 原始图片　(b) 取图像块

(c) 掩膜　(d) 提取特征

图 5.10　极坐标系中的 Gabor 特征

在新的坐标系下，没有了光圈虚景和边缘。重写标记如表 5.2 所示。

表 5.2 标记的含义 (二)

标记	含义
1	海水
2	海山
3	拼接噪声
4	绳索

在提取某个极坐标系中的图像块 [图 5.10(a)] 的特征时，首先利用坐标变换计算包含该块的矩形图像块 [图 5.10(b)]，然后计算实际包含极坐标系中图像块的区域的掩膜 [图 5.10(c)]，最后提取掩膜区域的 Gabor 特征 [图 5.10(d)] 和 Hu 特征。

图 5.11 列出了不同类子块的特征。和图 5.7 相比可以看出，极坐标系中的特征具有更好的辨识度。

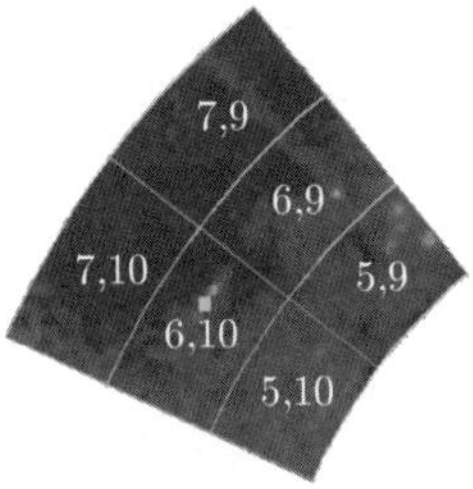

(a) 区域1

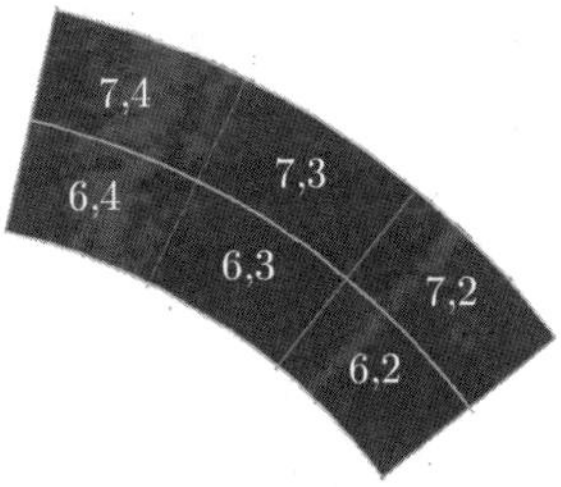

(b) 区域2

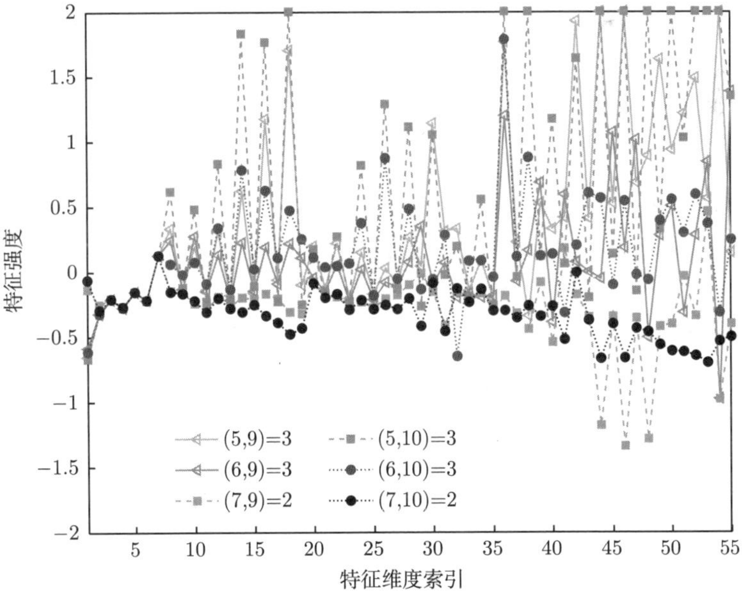

(c) 图(a)的特征

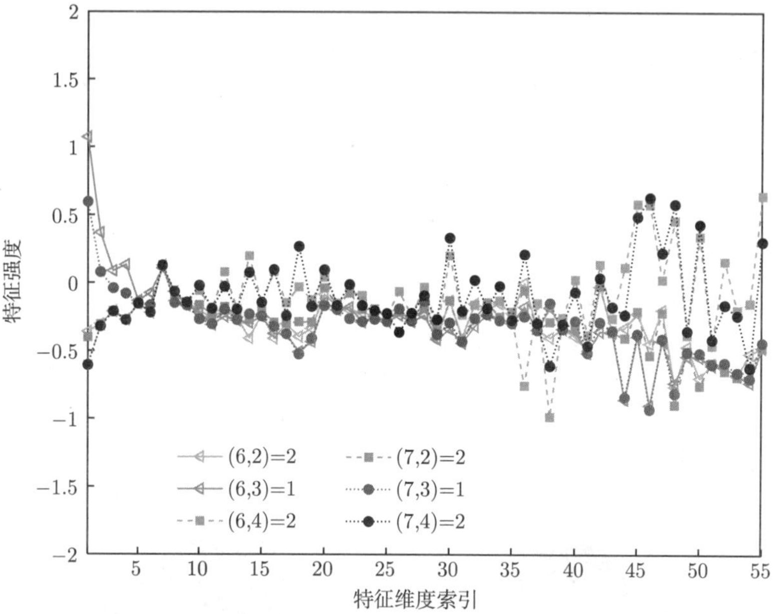

(d) 图(b)的特征

图 5.11　不同类的图像块及特征（二）（见书后彩图）

前 7 维为 Hu 特征，后 48 维为 Gabor 特征

5.6.2　识别结果

在本实验中，我们手动标注了 20 幅 BlueView 前视声呐采集的图像。前 15 幅用来学习 CRF 模型的参数，后 5 幅用来测试 CRF 模型的性能。图 5.12 给出了将 CRF 模型和 BP 算法分别应用于训练样本、测试样本和全部样本时得到的混淆矩阵。

对比 CRF 模型和 BP 网络可以得出如下结论。

(1) CRF 模型在训练数据上几乎得到了完美的识别率，4 个类的识别率都达到了 85%以上，且均超过了 BP 网络。

(2) CRF 模型在测试数据上存在明显的下降，特别是海山和绳索。

(3) CRF 模型和 BP 网络在测试数据上并不存在明显的区别。

对于前两个结论，这可能是训练数据过拟合造成的。最后一个结论提示交互特征不是简单的特征拼接。因为，如果直接拼接，模型并没有因为多了交互项而得到新的信息和更高的判别能力。

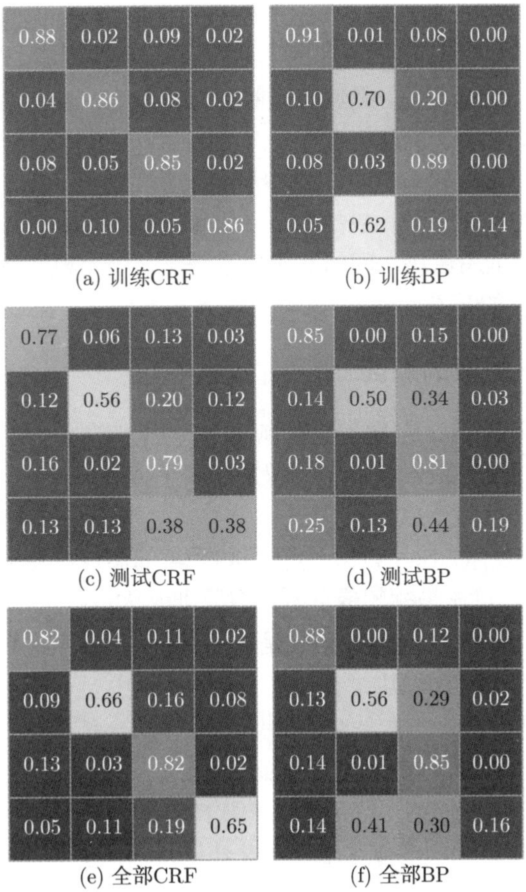

图 5.12　CRF 模型和 BP 网络得到的混淆矩阵（二）（见书后彩图）

5.7　讨论

本节讨论两个问题：①为什么要考虑图像块之间的依赖关系，即为什么需要参数 β？②为什么要进行特征提取？

5.7.1　相邻图像块之间交互

无论 Markov 随机场还是条件随机场，我们都试图利用先验分布建立相邻图像块之间的联系。于是，一个问题很自然地出现了，为什么需要考虑相邻像素或图像块之间的交互？这里以基于随机场的目标识别为例，讨论交互参数的必要性。

从上面的目标识别实验看出，考虑了相邻图像块之间的交互的 CRF 模型比没有考虑交互的 BP 网络得到更好的识别结果。这一点在绳索（4）和光圈虚景（6）上体现得更加明显。这是因为，绳索和光圈虚景都具有一定的几何结构，如都是长条形。也就是说，如果某个像素块被鉴别为绳索后，在其附近的图像块极有可能也是绳索。而这一点正是先验概率从图像中所要捕获的重要信息。而事实上，这一点也符合自然规律。自然的景物，包括水下目标都不是孤立的。海山、岩石、人工物体等具有一定的尺寸，图像块之间的共生关系是满足一定概率依赖关系的。而这也正是 MRF 模型存在的基石。

5.7.2 进行特征提取的原因

之所以进行特征提取，是因为在基于 MRF 模型的图像分割中，我们并没有考虑图像块和提取，而是直接假设每一类像素的灰度值服从 Weibull 分布。为什么需要划分图像块？这里有两个原因。

(1) 为了降低计算量。BlueView 前视声呐采集的图像维度一般非常高，直接用 MRF 模型或 EMMF 算法进行图像分割计算量非常大。

(2) 单个像素不具有语义信息。语义是本体感觉，是多个像素涌现出来的特性。

进一步，为什么要对图像块进行特征提取？这里主要有两个原因。

(1) 为了降低计算量。即使是简单的 BP 网络，一个 64×64 的图像块需要训练 $64 \times 64 \times 6 + 6$ 个参数，其中，6 是类别个数。

(2) 直接将像素输入网络，得到的是非常糟糕的结果，BP 网络的混淆矩阵如图 5.13 所示。因为简单的灰度值基本上缺乏任何判别能力。例如，拼接噪声（3）有时很强，有时又非常弱。也就是说，任何一个类都是多峰分布，极容易出现所有的输入都映射到某一个类的灾难性后果。

0.00	0.00	0.00	0.96	0.00	0.04
0.00	0.05	0.00	0.85	0.00	0.10
0.00	0.02	0.00	0.82	0.00	0.16
0.00	0.00	0.00	0.00	0.00	0.00
0.00	0.00	0.00	0.95	0.00	0.05
0.00	0.01	0.00	0.82	0.00	0.17

图 5.13 直接将像素输入 BP 网络得到的混淆矩阵（见书后彩图）

5.8 小结

本章率先开展了基于前视声呐图像的水下目标识别工作，并详细地描述了条件随机场的原理。初步试验表明，条件随机场对邻域关系的建模能在一定程度上提升识别能力。仿真实验表明，条件随机场存在如下特点。

(1) 条件随机场模型不仅包含了条件概率，而且包含了相邻图像块之间的交互。这些交互信息对弱特征的目标识别任务来说是非常重要的。

(2) 如果没有二阶交互，条件随机场将沦为简单的多层感知机。而实验结果表明，考虑交互能提高分类器的识别能力。

(3) 和 Markov 随机场相比，条件随机场直接考虑特征之间的交互。

尽管当前的识别率还不是很理想，但是依然可以得到很多重要的启迪。

(1) 人工标记图像需要耗费大量的时间，且图像块之间本身存在重叠，人工标记容易出现错误。隐条件随机场可能是一个后续选项。

(2) 极坐标系中的划分能有效地提升分类器的判别能力。

(3) 当前的纹理特征和形状特征还缺乏足够的鉴别力，或许可以考虑光流特征对障碍物识别进行实质性的提升。

(4) 条件随机场中的二阶交互项应该避免简单的特征拼接，因为拼接不会为分类器提供更多有用的信息。

(5) 应该提高样本量，提升分类器的泛化能力；同时，训练时应该防止分类器过拟合。

后续研究将针对这些不足开展更多务实的工作。

参 考 文 献

[1] Reed S, Petillot Y, Bell J. An automatic approach to the detection and extraction of mine features in sidescan sonar[J]. IEEE Journal of Oceanic Engineering, 2003, 28(1): 90-105.

[2] Dura E, Bell J, Lane D. Superellipse fitting for the recovery and classification of mine-like shapes in sidescan sonar images[J]. IEEE Journal of Oceanic Engineering, 2008, 33(4): 434-444.

[3] Fandos R, Zoubir A M. Optimal feature set for automatic detection and classification of underwater objects in SAS images[J]. IEEE Journal of Selected Topics in Signal Processing, 2011, 5(3): 454-468.

[4] Kumar N, Tan Q F, Narayanan S S. Object classification in sidescan sonar images with sparse representation techniques[C]//IEEE International Conference on Acoustics, Speech and Signal Processing (ICASSP), Kyoto, 2012: 1333-1336.

[5] 王慧斌, 张荣, 陈哲, 等. 基于点扩散函数特征优化融合的水下目标识别[J]. 电子测量与仪器学报, 2013, 26(11): 944-952.

[6] Ruiz T, Lane D M, Chantler M J. A comparison of inter-frame feature measures for robust object classification in sector scan sonar image sequences[J]. IEEE Journal of Oceanic Engineering, 1999, 24(4): 458-469.

[7] 徐袭, 石敏, 张纪铃. 基于广义 S 变换的水下目标特征提取[J]. 计算机应用, 2013, 32(A02): 280-282.

[8] Hollesen P, Connors W A, Trappenberg T. Comparison of Learned Versus Engineered Features for Classification of Mine Like Objects from Raw Sonar Images[M]. Berlin: Springer, 2011: 174-185.

[9] Hinton G E, Osindero S, Yee-Whye T. A fast learning algorithm for deep belief nets[J]. Neural Computation, 2006, 18: 1527-1554.

[10] Lafferty J, McCallum A, Pereira F. Conditional random fields: Probabilistic models for segmenting and labeling sequence data[C]//IEEE International Conference on Machine Learning, Williamstown, 2001: 1-8.

[11] Freeman W T, Pasztor E C, Carmichael O T. Learning low-level vision[J]. International Journal of Computer Vision, 2000, 40(1): 25-47.

[12] Efros A A, Thomas K L. Texture synthesis by non-parametric sampling[C]//IEEE International Conference on Computer Vision, Kerkyra, 1999: 1-6.

[13] Manjunath B, Ma W. Texture features for browsing and retrieval of image data[J]. IEEE Transactions on Pattern Analysis and Machine Learning, 1996, 18(8): 837-841.

[14] Hu M K. Visual pattern recognition by moment invariants[J]. IRE Transactions on Information Theory, 1962: 179-187.

[15] Quattoni A, Wang S, Morency L P, et al. Hidden conditional random fields[J]. IEEE Transactions on Pattern Analysis and Machine Learning, 2007, 29(10): 1848-1853.

6 二维前视声呐图像配准：外周互信息最大化

前视声呐是一种可以用来对海底作业场景进行监测的理想视觉传感器。例如，在海底资源勘探和开发过程中，需要铺设越来越多的线缆和管线。这些管线目前主要由 ROV 进行铺设，然后利用 ROV 或 AUV 实现定期巡检和维护。受到海流的冲刷或泥沙沉降等因素的影响，这些管线可能处于掩埋、半掩埋甚至是悬空的状态。因此，在管线巡检时，需要采用光学相机、侧扫声呐、多波束声呐、剖面仪或磁力计等传感器对这些管线进行检测和跟踪。无论管线铺设过程还是管线巡检过程，传感器数据被实时传回给母船上的操作员进行人工分析[1]，或者直接通过模式识别或机器学习的方法由计算机自主处理[2]。施工方必须通过后续操作对潜在危险进行检测，还必须通过预防性措施确保管线的安全，如对管线埋设或巡检过程进行实时监控和分析。

6.1 二维前视声呐图像配准

当管线埋设机器人在海底作业的时候，会翻动大量的淤泥和沙石，造成海水浑浊不堪，严重压缩光学相机的可视距离。在这种情形下，前视声呐可能是唯一可以用于环境感知的传感器。另外，高频前视声呐的出现（如 BlueView 前视声呐和 Didson 前视声呐）使得水下机器人能够在浑浊的海水中对周围的环境进行实时精细观测[3]。但是，由于声学传感器特别是高频声呐的成像区域非常有限，每一帧前视声呐图像的覆盖区域非常狭小。为了对作业区域进行宏观的地形地貌分析，必须将每一帧中的扫描信息进行拼接，以得到全局环境地图[4]。对前视声呐图像进行配准以得到全局地图在其他应用中也存在同样紧迫的需求，如热液喷口观测[5] 和沉船打捞[6] 等。

6.1.1 图像配准

图像拼接一般包括两个步骤：图像对配准和全局误差校正[7, 8]。一个合理的图像配准方法不仅能支持全局特征映射，而且能降低全局误差后处理的代价。另外，和声呐图像配准相比，全局误差校正并不依赖于水下声学成像机制方面的先验知识。因此，本章只考虑图像之间的两两配准问题。

考虑前视声呐在不同时刻采集的两幅图像 $f(x)$ 和 $g(x)$ 。如果图像之间部分重叠，则存在一个变换矩阵 $\boldsymbol{T}$，将图像 f 中的像素 x_1 映射到图像 g 中的像素 x_2：

$$x_2 = \boldsymbol{T}x_1 \tag{6.1}$$

这个变换矩阵 $\boldsymbol{T}$ 可以通过最小化两幅图像重叠区域中的能量差异实现：

$$\boldsymbol{T}^* = \arg\min \sum_{(x_1,x_2)} |f(x_1) - g(x_2)| \tag{6.2}$$

图像配准的目的就在于对变换矩阵 $\boldsymbol{T}$ 进行优化。变换矩阵 $\boldsymbol{T}$ 是参数集 Θ 的函数。如果不考虑伸缩，Θ 一般包括水平面内的平移 $(\Delta x, \Delta y)$ 和高度升降 Δz，而角度变换则包括旋转角 θ、倾斜角 ϕ 和横滚角 ψ。

6.1.2 前视声呐图像配准算法分类

传统的前视声呐图像配准算法可以分为以下三类。

第一类是基于特征点的方法。和光学图像配准一样，首先从每一幅图像中提取感兴趣的特征点，然后通过特定的距离度量函数对浮动图像与参考图像中的特征点进行匹配得到特征点对 (x_1^i, x_2^j)。其中，上标 i 和 j 分别指图像 f 中的第 i 个点和图像 g 中的第 j 个点。将这些特征点代入式 (6.1) 就可以得到一个超度线性方程组。这样，通过简单的最小二乘法即可实现对运动参数的估计。2005 年，迈阿密大学的 Negahdaripour 等[9] 从前视声呐图像中提取 Harris 角点，并提出了一个加窗搜索的角点匹配算法。同年，Kim 等[10] 也提出了一个类似的特征点提取方法，其不同之处在于构造 Gaussian 金字塔并且只提取第 3 层和第 4 层的角点。但是，由于前视声呐图像包含大量的斑块噪声，直接提取的角点中包括大量的噪声特征点，给随后的配准程序造成了严重的干扰。2011 年，Negahdaripour 等[11] 指出，从自然非结构化的海底前视声呐图像中提取稳健的尺度不变特征变换（scale-invariant feature transform, SIFT）特征点是一件非常困难的事情。

第二类是基于区域配准的方法。尽管水下前视声呐图像中单个特征点受斑块噪声的影响较大[12]，但是人眼可以通过观测特征点集的运动感知潜航器的运动方向和速度，即可以通过分析特征点集对运动参数进行估计。从另外一个角度来说，对空间分布进行建模还可以对基本的映射函数式 (6.2) 提供一个直观的数学表达式。一旦将特征点集描述为数学表达式，在目标函数最优化的时候就有可能得到一个解析解或者一个梯度下降程序。2010 年，Johannsson 等[13] 将能量超过给定阈值的像素作为特征点进行提取。为了去除虚假的特征点，在图像预处理过程中利用中值滤波对图像进行平滑，并在后处理过程中去掉较小的特征点簇。随后，通过标准的正态分布变换（normal distribution transform, NDT）对特征点进行建模，并采用梯度下降算法对目标函数进行最优化以计算运动参数。在正态分布建模过程中，需要将整幅图像划分成同等尺寸的图像块，并用 Gauss 分布描述每个图像块中像素的分布。但是，并不是每个图像块都适合用 Gauss 分布进行建模，如边缘区域。为了更好地满足 Gauss 假设，Aykin 等[14] 直接提取图像的阴影区，并通过 K-均值聚类算法将较大的区域或凹陷的区域划分成近似相等的子区域。NDT 算法的性能很大程度上取决于特征点的提取算法和特征点的划分策略。从本质上说，NDT 源于 Parzen 窗[15]，也是对样本空间的一种统计描述，尽管 NDT 可以降低噪声点的影响，但是也会面临对运动参数进行欠估计的可能。

第三类是基于频域变换的方法。根据 Fourier 变换，关联功率谱的相位等价于两幅图像的相位差[16]，而尺度改变和旋转变换都可以转化为 Fourier 对数幅度谱中的相位差[17]。这说明，可以通过在 Fourier 变换域和 Fourier 对数幅度域中搜索脉冲频谱的方式得到运动参数。2012 年，Hurtós 等[18] 应用 Fourier-Mellin 变换[17] 对前视声呐图像进行配准。为了增强目标和阴影信息，他们采用了两种策略：一方面，为了消除背景噪声，利用一定时间窗内的多帧信息对非均匀声学辐照度模式进行校正，同时利用自适应直方图均衡进行帧内能量校正[19]；另一方面，在极坐标系和笛卡儿坐标系中分别设计两个掩膜消除成像区域的边界效应[20]。值得注意的是，在 Fourier-Mellin 变换[17] 中，需要通过高通滤波器对图像进行锐化，这样才能在正则化关联功率谱矩阵中形成明显的峰值响应。也就是说，如果前视声呐图像中没有明显的目标区域或阴影区域，是很难定位平移和旋转参数的。另外，Li 等[21] 提出了一个自适应的声呐图像配准算法。如果 SIFT 特征点数超过一定的数量就采用基于特征点匹配的算法，反之则采用 Fourier-Mellin 变换进行配准。

本章提出了一个基于互信息最大化的变换参数估计算法，由于采用的是 PMI，在后面的叙述中会将其简称为 PMI。基于互信息最大化的图像配准算法已经在医学图像配准中得到了广泛的应用[22-24]。在计算 Shannon 熵时，往往采用直方图逼近联合概率分布和边缘概率分布。考虑到像素对的所有可能取值个数，这种计算方法无法应用于高维图像配准。为了充分利用 Gauss 情形下 Shannon 熵具有闭式解的优点，Russakoff 等[25] 提出了一个基于 RMI 的方案来衡量两幅图像之间的相似性。但是，只有当包含邻域信息的样本向量满足正态分布假设时，这个解析解才成立。对水下前视声呐图像而言，这点几乎不能成立。由于海底的混响和水体的散射，声呐图像中充满强烈的斑块噪声，导致像素能量值的扭曲和相邻像素之间的强关联。为了更好地支持多维正态分布假设，增强像素之间的独立性，我们在 PMI 中只采用处于邻域中最远的像素来计算 Gauss-Shannon 熵。实验表明，PMI 具有更加平滑的配准函数，有助于互信息最大化过程中局部极值的搜索过程。另外，还通过实际的水下前视声呐图像数据来验证所提算法的效率。

一般来说，管线都埋设在地势相对平坦的海区。当埋缆机在海底铺设管线时，声呐到海底的距离基本保持不变。因此，可以认为埋缆机在二维平面内运动。相应地，可以将图像之间的变换简化为二维空间中的变换，只需要考虑平移参数和旋转参数。这样一个简化模型在 Johannsson 等[13] 和 Hurtós 等[18, 20] 的研究中也被采用。

6.2 互信息最大化

在基于互信息的图像配准框架中，优化的目的就是寻找使得图像 f 和 g 之间的互信息最大化的参数集 $\varTheta^*$：

$$\varTheta^* = \arg\max I\left(f, g \left| \varTheta\right.\right) \tag{6.3}$$

6.2.1 互信息

图像 f 和 g 之间的互信息被定义成两幅图像重叠区对应像素之间的联合概率分布 $p_{fg}\left(x_1, x_2\right)$ 和边缘概率分布 $p_f\left(x_1\right)$ 与 $p_g\left(x_2\right)$ 乘积的 Kullback-Leibler 散度，即

$$I(f,g) = \sum_{x_1,x_2} p_{fg}\left(x_1, x_2\right) \log \frac{p_{fg}\left(x_1, x_2\right)}{p_f\left(x_1\right) p_g\left(x_2\right)} \tag{6.4}$$

式 (6.4) 可以用熵改写成

$$I\left(f,g\right) = H\left(f\right) + H\left(g\right) - H\left(f|g\right) \tag{6.5}$$

式中，熵为

$$H(f) = -\sum_{x_1} p_f\left(x_1\right) \log p_f\left(x_1\right) \tag{6.6}$$

联合熵为

$$H\left(f,g\right) = -\sum_{x_1,x_2} p_{fg}\left(x_1, x_2\right) \log p_{fg}\left(x_1, x_2\right) \tag{6.7}$$

通过最大化浮动图像 f 和参考图像 g 之间的互信息以实现图像配准的常见步骤。

(1) 给参数集 Θ 赋一个初值 Θ^0。

(2) 对浮动帧 f 进行映射，并通过一定的插值策略得到变化后的图像 f'。

(3) 统计图像 f' 和参考图像 g 之间的联合概率分布和边缘概率分布，并计算互信息。

(4) 通过一定的局部搜索策略计算互信息的局部最优值，如 Powell 的多维方向集方法和 Brent 的一维线性最小化方法。

(5) 更新 Θ 参数。

(6) 如果变量更新已经小于某个很小的阈值，即 $\|\Delta\Theta\| < \varepsilon$，则算法终止；否则继续迭代。

6.2.2 研究现状

基于互信息的图像配准算法最早可以追溯到 Maes 等关于医学图像配准方面的工作[22]。他们将 Woods 等[26] 提出的启发式扩散测度扩展到了 Shannon 熵，并成功应用到计算机断层扫描（computed tomography, CT）图像、磁共振图像和正电子发射型计算机断层扫描（positron emission computed tomography, PET）图像之间的跨模态配准。后来，研究人员在模型中结合了各种不同类型的先验知识以提高配准的效率和精度。

在通过迭代实现互信息最大化的过程中，需要用不同的参数集对浮动图像 f 进行变换。研究人员提出了不同的插值函数以得到更加平滑的配准函数。Chen 等[24] 用通用部分体积估计插值（generalized partial volume estimation，GPVE）取代原始的三次线性部分体积分布插值（trilinear partial volume distribution，PV），其实质是将二次线性插值扩展到 B 样条插值。当邻域的半径增加后，可以得到一个更加平滑的配准函数，降低由插值导致的配准能量函数曲线上的颠簸效应。Lu 等[27] 提出了一个基于 Hanning 窗 sinc 函数的插值方案，据报道该方案可以降低局部极值效应。

通过计算联合概率和边缘概率，研究人员提出了不同的策略以增强互信息的稳定性。一方面，可以在互信息中引入先验知识，例如，Pluim 等[23] 通过在互信息中增加梯度项考虑空间信息。另一方面，Zhao 等[28] 用 Rényi 熵取代 Shannon 熵降低配准函数的局部机制效应。Voronov 等[29] 用 Gauss-Parzen 窗描述概率函数，并比较不同熵函数的梯度。他们发现 Shannon 熵具有最低的计算复杂度，但是 Rényi 熵和 Tsallis 熵具有更快的收敛速度和更低的参数估计扰动。

6.2.3 区域互信息

在原始的互信息框架下计算联合概率和边缘概率时，只需要计算对应像素间的一致性关系[22-24,27,28]。但是，在基于 Markov 随机场的图像建模中[12, 30, 31]，每个像素的能量都取决于周围像素的能量。例如，在第 2 章中，先验参数的大小反映了这种关系的强弱。这种正关联可能是由海底的混响和水体对声波的散射造成的。这说明，在进行二维图像配准的时候，有必要包括邻域像素的能量信息。

如果在计算互信息的联合概率和边缘概率时，考虑的是图像块之间的一致性，而不是单个像素之间的能量相似度，则式 (6.4) 变成

$$I(f,g)=\sum_{X_1,X_2}p_{fg}(X_1,X_2)\log\frac{p_{fg}(X_1,X_2)}{p_f(X_1)\,p_g(X_2)} \tag{6.8}$$

式中，X 是一个多维列向量，包括当前像素及其邻域像素。由于在互信息中考虑局部图像块或区域，所以这种方法也称为 RMI[25]。

但是，在高维空间中，传统的直方图统计方法已经无法用于联合概率 $p_{fg}(X_1, X_2)$ 和边缘概率 $p_f(X_1)$ 与 $p_g(X_2)$ 的计算。例如，对于图 6.1 中的二阶邻域关系，X_1 和 X_2 的长度是 9。这样，即便是二维灰度图像配准，单个子块的能量组合就有 256^9 种，而联合概率直方图的大小更是达到 256^{18}。此外，基于联合直方图的概率计算方法也无法应用于高维图像配准。考虑将一幅灰度图像和一幅彩色图像

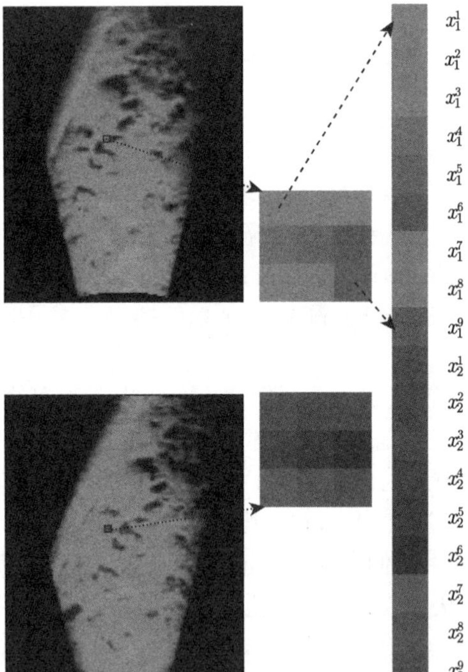

图 6.1 将两个对应的图像区域按照行首尾相接的方式组合成一个向量

邻域的大小是 3×3

进行配准，如果灰度图像的灰度级 N_f 和彩色图像 N_g 每个通道的能量级都是 256，则联合直方图的大小为 $N_f \times N_g = 256^4$。因此，必须采用合适的方法计算 Shannon 熵。

只有针对某些特定的分布，Shannon 熵才有闭式解。所以，一种可行的思路是，考察样本向量在空间中分布是否服从某种具有闭式解的分布。例如，如果一个 D 维变量 X 服从均值为 $\boldsymbol{\mu}$、方差为 Σ 的正态分布：

$$N\left(X\left|\boldsymbol{\mu},\Sigma\right.\right)=\frac{1}{\sqrt{\left(2\pi\right)^{D}\left|\Sigma\right|}}\exp\left[-\frac{1}{2}(X-\boldsymbol{\mu})^{\mathrm{T}}\Sigma^{-1}\left(X-\boldsymbol{\mu}\right)\right] \tag{6.9}$$

则其解析解为[32]

$$H_{\Sigma}=\frac{1}{2}\log\left[\left(2\pi\mathrm{e}\right)^{D}\left|\Sigma\right|\right] \tag{6.10}$$

将式 (6.10) 代入式 (6.5)，互信息可以简化为

$$I=\frac{1}{2}\log\left[\frac{\left|\Sigma_{X_1}\right|\left|\Sigma_{X_2}\right|}{\left|\Sigma_{(X_1,X_2)}\right|}\right] \tag{6.11}$$

这表明，如果从声呐图像中获取的区域向量构成的样本近似服从 Gauss 分布，RMI 的计算将变得非常简单。我们将在 6.3 节讨论这个问题。

6.3 外周互信息

式 (6.9)~式 (6.11) 中的正态分布假设一般很难满足。特别是，按照 RMI 构造的高维样本可以看成一个时移序列，各个维度几乎服从同样的分布且彼此之间（特别是相邻像素之间）存在较强的关联。但是，如果满足如下两个条件：①每个维度的像素能量分布都近似服从正态分布；②不同的维度之间彼此独立。则样本空间能够很好地被多维 Gauss 分布所拟合或逼近。6.3.1 节和 6.3.2 节将对这两个充分条件进行测试和验证。

6.3.1 正态分布假设

如果声呐图像的能量直方图能够由单个 Gauss 函数很好地拟合，则正态分布假设近似成立。

理论上，只要自由度不受限制，一个直方图能够被一个混合高斯模型（mixture Gauss model，MGM）无限逼近[15]：

$$\mathcal{G}\left(x\right)=\sum_{k=1}^{K}\frac{\pi_k}{\sqrt{2\pi}\sigma_k}\exp\left[-\frac{\left(x-\mu_k\right)^2}{2\sigma_k^2}\right] \tag{6.12}$$

式中，混合模型的参数可以由期望最大算法[33] 所确定，K 是 Gauss 成分的个数。拟合误差取决于混合模型的复杂度。Gauss 成分个数越多，拟合越精确，但是计算代价越高。由于没有简单的方法直接设置 Gauss 混合模型的成分个数，这里采用 Bayes 信息准则（Bayes information criterion, BIC）进行启发式确定[34]：

$$\mathrm{BIC} = \log\left(\varepsilon^2\right) + Q\frac{\log N}{N} \tag{6.13}$$

式中，ε 是直方图和拟合曲线之间的逼近误差；N 是数据的规模；$Q = 3K - 1$ 是参数个数。注意，之所以乘以 3，是因为每个 Gauss 成分有 3 个参数，如先验概率 π_k、均值 μ_k 和标准差 σ_k。之所以减去 1，是因为先验概率之和为 1，需要去除一个自由度。

图 6.2 给出一个直方图拟合的例子。从图 6.2(b) 可以看出，在 $K = 3$ 处 BIC 曲线出现快速的下降。这表明图 6.2(a) 中的直方图可以由成分数不超过 $K = 2$ 的混合 Gauss 模型很好地拟合。另外，从 $K = 1$ 到 $K = 2$ 的拟合误差下降非常小，所以可以近似地认为，直方图可以由单 Gauss 函数拟合。

Gauss 函数主要刻画的是背景像素的能量分布。从图 6.2(a) 可以看出，最大拟合错误出现在 0.05 左右。事实上，这些灰度值极低的像素主要来源于阴影区。和背景区域相比，这些区域在声呐图像中的比例相对较低。

值得注意的是，这里考虑的场景是埋缆机的坐地作业。对于一般情况下潜航器的近底航行，如果声呐图像中还存在空旷的海水区，海底成像区域不能覆盖整幅声呐图像，正态分布将不再成立。声呐图像中海底成像区域以外的部分会充满大量空

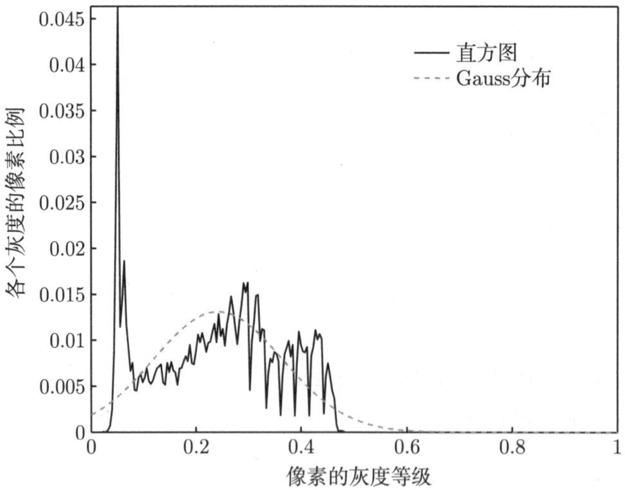

(a) 用单Gauss函数逼近一幅图像的直方图

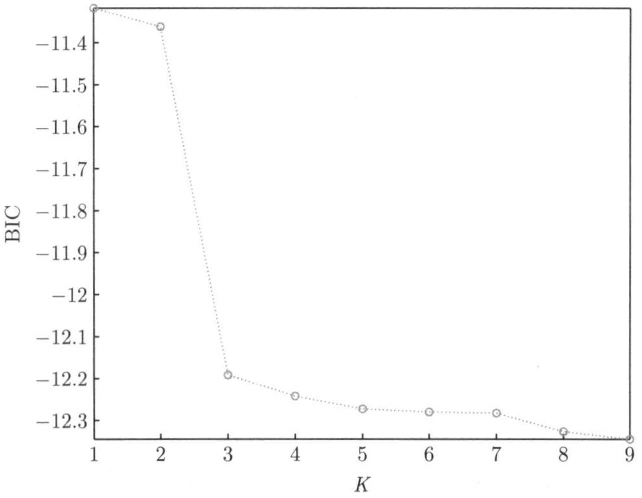

(b) Gauss成分的个数由BIC曲线决定

图 6.2 用混合 Gauss 模型逼近声呐图像的能量直方图

旷的海水形成的低能量随机噪声。这些噪声的能量分布和阴影区域非常相似，会在低能量区形成一个明显有别于海底背景区域的 Gauss 成分。此时，直方图不能由单个 Gauss 成分所逼近，一种可行的方案是先将海水区通过阈值去除。

6.3.2 独立假设

如果两个变量 x 和 y 的联合概率分布等于边缘概率分布的乘积，即 $p(x,y)=p(x)\,p(y)$，则这两个变量是独立的。局部区域中的像素彼此依赖，很明显存在相关性。

在统计学中，一般用 χ^2 测试衡量两个变量之间的独立性。由于声呐图像局部区域的像素之间并不独立，我们用相对值来衡量两个变量之间的关联程度：

$$\hat{F}_{ij}=\frac{F_{ij}}{\max\limits_{k,l=1,2,\cdots,D}(F_{kl})} \tag{6.14}$$

式中，F 表示基本的 χ^2 测试值[35]。

图 6.3 给出了邻域像素之间的相对关联程度。图 6.3(a) 是中心像素 $x_{(0,0)}$ 与 $x_{(0,-1)}$ 之间的联合概率分布；图 6.3(b) 是 $x_{(0,0)}$ 与 $x_{(-2,-2)}$ 之间的联合概率分布；图 6.3(c) 是中心像素和所有三阶邻域像素之间的 χ^2 测试值（按照列序排列）。关联矩阵是一个对称矩阵。在图 6.3(c) 的右上子图中，用于计算 PMI 的像素都用红色标识，且标记为“2”。图 6.3(d) 是不同邻域下 PMI 的选取方法。同一邻域下的被选像素用同样的颜色和标记所表示。

从图 6.3(a) 可以看出，中心像素 $x_{(0,0)}$ 和直接相邻的像素 $x_{(0,-1)}$ 之间的联合概率分布呈现强烈的对角线分布。相对而言，其和三阶邻域中的像素 $x_{(-2,-2)}$ 处于更加随机的分布 [图 6.3(b)]。这表明，$x_{(0,0)}$ 对 $x_{(0,-1)}$ 的依赖要远大于 $x_{(-2,-2)}$。图 6.3(c) 给出了浮动图像中子区域所有像素和参考图像中对应子区域所有像素之间的关联值。可以看出，每个像素和其直接邻域像素之间存在强烈的关联，这也间接地支持了 Markov 假设[12, 30, 31]。

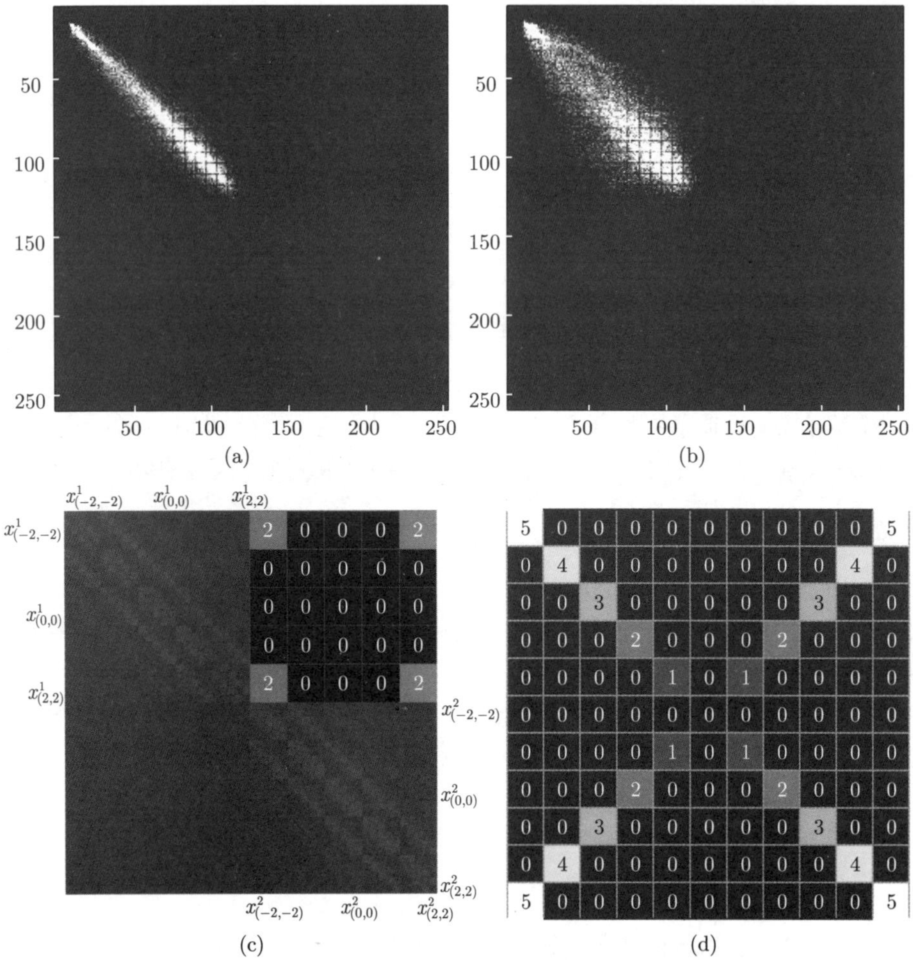

图 6.3　三阶邻域中像素之间的相对关联程度（见书后彩图）

横坐标和纵坐标均表示灰度等级

为了尽可能降低三阶邻域中像素之间的相关性，只选取位于 4 个角落的像素 [参考图 6.3(c) 的右上角子图] 计算 RMI。另外，我们还采用了一个非常重要的启发式策略，即抛弃中心像素以更好地支持独立假设。

选择外周像素的策略对于其他邻域也适用。在图 6.3(d) 中，我们画出了不同邻域半径（1~5）下外周像素选择方法。一旦给定半径 r，与中心像素棋盘距离为 $2r$ 的 4 个最远像素用于计算互信息。

算法 6.1 给出了基于 PMI 的声呐图像配准的详细算法流程。值得注意的是，步骤 4 中的图像变换采用的是最近邻插值。其他插值策略可能得到更加平滑的配准函数，但是 PMI 对此并不敏感。

算法 6.1 外周互信息

---

1. 输入浮动图像 f 和参考图像 g，设置邻域半径 r；
2. 初始化参数集 Θ，设置 $t=0$；
3. While $\|\Delta\Theta\| < \epsilon$ do
4. 　　利用参数集 $\Theta^{(t)}$ 将图像 f 变换到 f'。为了简化计算，采用最近邻插值处理坐标系变化中涉及的分数坐标问题；
5. 　　对 f' 每个像素 $s=(r,c)$，按照图 6.3(d) 的像素选择策略将 $r+1$ 阶邻域中的像素以列排列的方式连接成一个列向量 X_1，以同样的方法将 g 中的对应像素排列成向量 X_2；
6. 　　利用式 (6.11) 计算互信息 I；
7. 　　用 Powell 的多维方向集方法搜索局部极值；
8. 　　更新参数集 $\Theta^{(t+1)}$ 和方向集；
9. 　　$t=t+1$；
10. end while
11. 用参数集拼接图像。

6.4 实验

本节使用两个数据集来测试 PMI 算法的性能。这些数据都是潜航器用 Didson 前视声呐采集的。潜航器在水底航行时，无法通过 GPS 进行定位。遗憾的是，这两个数据集都只包括图像信息，惯导信息均丢失了。

第一个是深圳市德润青华水下工程科技股份有限公司利用 ROV 在海底铺设管线时采集的数据。在埋缆机作业的时候，声呐采集的图像被显示在监控屏幕上，并通过第三方屏幕抓取软件压缩和存储在工作计算机中。由于原始的声呐数据和惯导信息都已经丢失，我们只能从压缩后的视频流中提取低分辨率的声呐图像帧。数据集的长度是 16 s，包含 377 帧，成像距离大约是 2.5 m。

第二个是中国科学院沈阳自动化研究所海洋信息技术与装备研究室利用 AUV 在千岛湖试验时采集的数据。AUV 的高度设定为 7 m，远大于第一个数据集中的成像距离。Didson 前视声呐的高度角是水平面下 45°。因此，成像区域和声呐头的距离大约是 10 m。数据集的持续时间是 10 s，包含 240 帧。

我们通过 4 个实验来测试 PMI 算法在声呐图像配准上的性能。在第一个实验中，我们将考察 PMI 算法的配准函数平滑性与邻域半径之间的关系，从而选择合适的邻域大小。在第二个实验中，将测试 PMI 算法在声呐图像配准问题中的可行性，并分析配准函数的平滑特性。在第三个实验中，比较 PMI 算法和传统算法的优劣。在最后一个实验中，测试 PMI 算法在完全非结构化环境下的实用性。

6.4.1 邻域的大小

在图像配准中考虑空间邻域像素信息会增强相似性测度的稳定性[25]。随着邻域半径的增加，外周像素越来越趋于随机分布，逼近独立假设。但是，邻域半径又不能无限大，因为互信息 [式 (6.11)] 会随着距离的增加快速衰退。因此，一个合适的邻域半径应该是关联性和随机性之间的折中。

图 6.4 中给出了声呐图像配准案例中注册函数与邻域半径之间的关系。邻域半径取值范围为 $\{0,1,2,3,9,15\}$。其中，$r=0$ 时图像块变成单个像素，互信息只取决于浮动图像像素的方差与参考图像像素的方差。

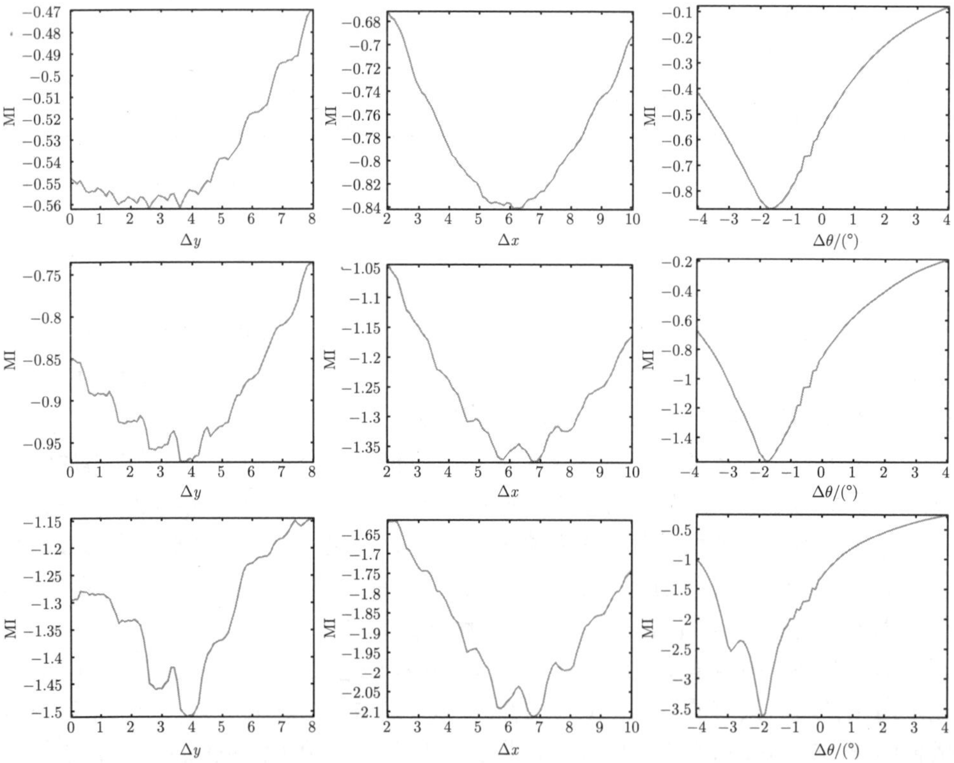

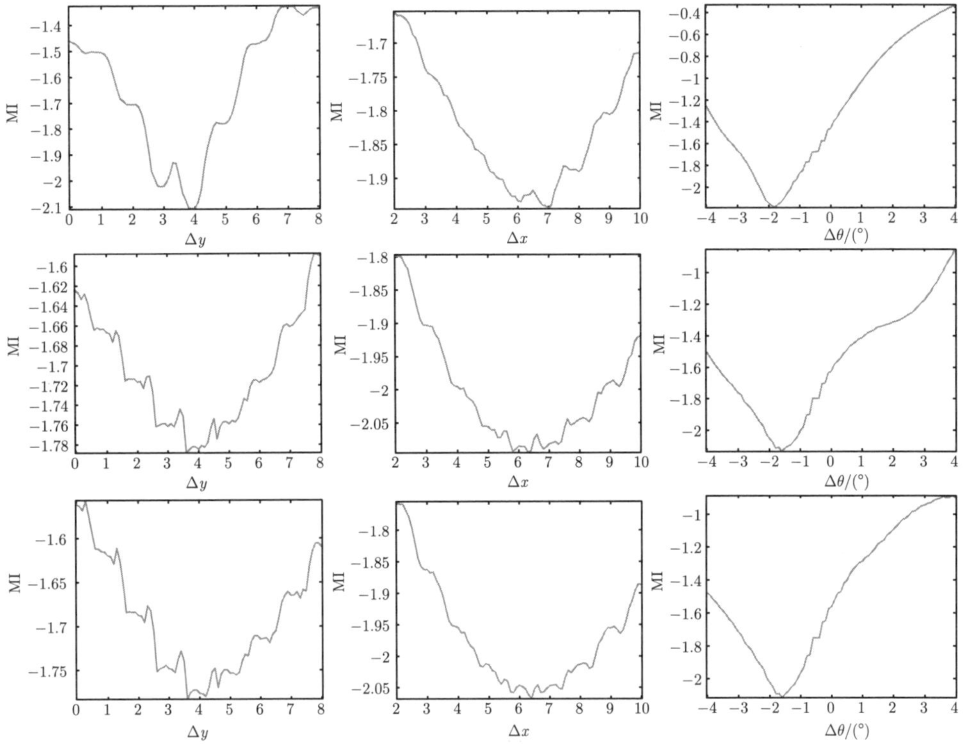

图 6.4 对两幅前视声呐图像配准时注册函数和邻域半径之间的关系

MI 指互信息量；左列 —— 沿着垂直轴平移；中列 —— 沿着水平轴平移；右列 —— 声呐头的旋转角度；从上到下，邻域半径的大小分别为 $r = 0, 1, 2, 3, 9, 15$；初始参数设置为 $\Delta y = -1$，$\Delta x = -2$，$\Delta\theta = 0.5°$

邻域半径由注册函数的平滑性与注册函数的最大值和最小值的高度差所决定。尽管 $r = 0$ 时的配准函数要比其他的平滑，但是在相似性度量中没有体现空间邻域信息。如果 r 非常大，如 $r = 9$ 或 15，会在配准函数曲线上出现很大的波折。另外，如果 r 很大，由于边缘效应，很多靠近图像边缘区域的像素信息将会丢失。

另外，当 $r=2$ 或 $r=3$ 时，注册函数的高度差要比其他的大得多。以图 6.4 为例，当 $r = 2$ 或 $r = 3$ 时，高度差分别是 $(0.35, 0.45, 3.20)$ 和 $(0.80, 0.30, 1.80)$。但是，当 $r = 0, 1, 9, 15$ 时，高度差分别下降到 $(0.09, 0.16, 0.80)$、$(0.25, 0.33, 1.40)$、$(0.19, 0.30, 1.20)$ 和 $(0.25, 0.35, 1.15)$。一个更加陡峭的能量壁垒会增加互信息优化算法收敛到局部最小值的速度。根据我们的测试和仿真，当 $r = 2$ 时，PMI 算法具有更高的配准精度和更快的收敛速度。因此，在后面的实验中，我们将邻域半径设置为 2。

6.4.2 估计已知变换参数的声呐图像对

我们可以用算法来估计潜航器的运动，但是，由于惯导信息的缺失，我们无法将其和潜航器真实的位移进行对比。

因此，我们设计了一个验证性实验来测试算法的性能。即通过给定的平移参数和旋转参数对参考帧进行平移和旋转得到浮动帧，然后用所提出的图像配准算法来估计浮动帧与参考帧之间的变换参数，并计算估计参数和给定真实参数之间的误差。我们从两个数据集中随机抽取了 137 帧作为参考图像，每幅图像通过随机生成的参数得到 9 幅浮动图像。这样，一共得到 1233 个声呐图像对。然后，我们用不同的方法估计变化参数，包括基于 PV 插值的互信息方法[22]、基于梯度信息的互信息方法（gradPV）[23]、GPVE[24]、RMI[25] 以及本章所提出的 PMI。为了测试 RMI 是否适用于高阶邻域，在实验中将邻域半径 r 设置为 1 和 2，并评估参数估计的精度。在所有实验中，平移参数和旋转参数都初始化为 0。为了缩小搜索范围，最大水平和垂直平移参数都设置为 10 个像素，即 $\Delta x, \Delta y \in [-10, 10]$。最大旋转角度设置为 10°，即 $\Delta\theta \in [-10°, 10°]$。值得一提的是，如果浮动图像和参考图像之间的变化参数过大，采用多尺度的参数估计算法不仅会避免算法发散，而且可能会加快优化程序的收敛。

1. 估计精度

一般用 Powell 搜索算法防止互信息陷入局部极小值。参数估计的精度很大程度上取决于搜索算法的稳定性。本质上，Powell 搜索算法是基于当前方向集所搜索到的局部极值构造一个共轭方向集。

我们使用 Brent 一维线性最小化方法搜索每个方向上的局部极值。首先，沿着当前方向寻找位于参数区间 $[\Theta_0, \Theta_2]$ 中的抛物线形凹陷。也就是说，沿着方向 $\mathrm{d}V$ 找到 3 个点 Θ_0、$\Theta_1 = \Theta_0 + \eta_1 \mathrm{d}V$ 和 $\Theta_2 = \Theta_1 + \eta_2 \mathrm{d}V$，而且满足 $\mathrm{MI}(\Theta_0) \geqslant \mathrm{MI}(\Theta_1)$，$\mathrm{MI}(\Theta_2) \geqslant \mathrm{MI}(\Theta_1)$。其中，$\eta_1$ 和 η_2 是搜索得到的两个步长常数。但是，从图 6.5 中可以看出，注册函数曲线上存在局部极值，可能会让搜索程序陷入局部极值。为此，本章设计了一个让优化程序跳出局部极值的策略。即如果 $\mathrm{MI}(\Theta_2) \geqslant (1+\varepsilon)\,\mathrm{MI}(\Theta_1)$ 且 $\max\limits_{j=1,2,3}\left(\Theta_1^j - \Theta_2^j\right) < 10$，则搜索程序会继续。其中，$\varepsilon$ 根据经验设置为 0.05，j 代表维度。

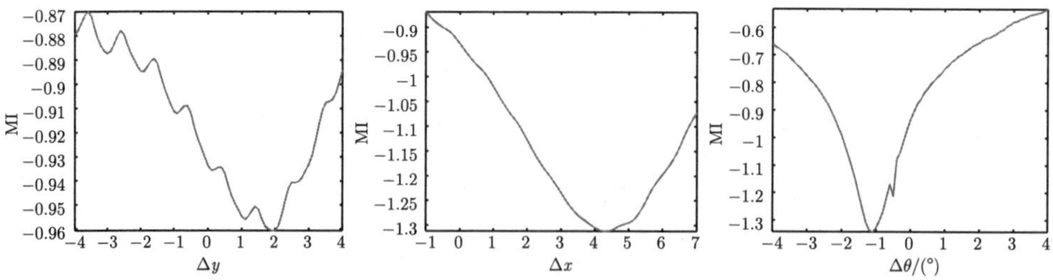

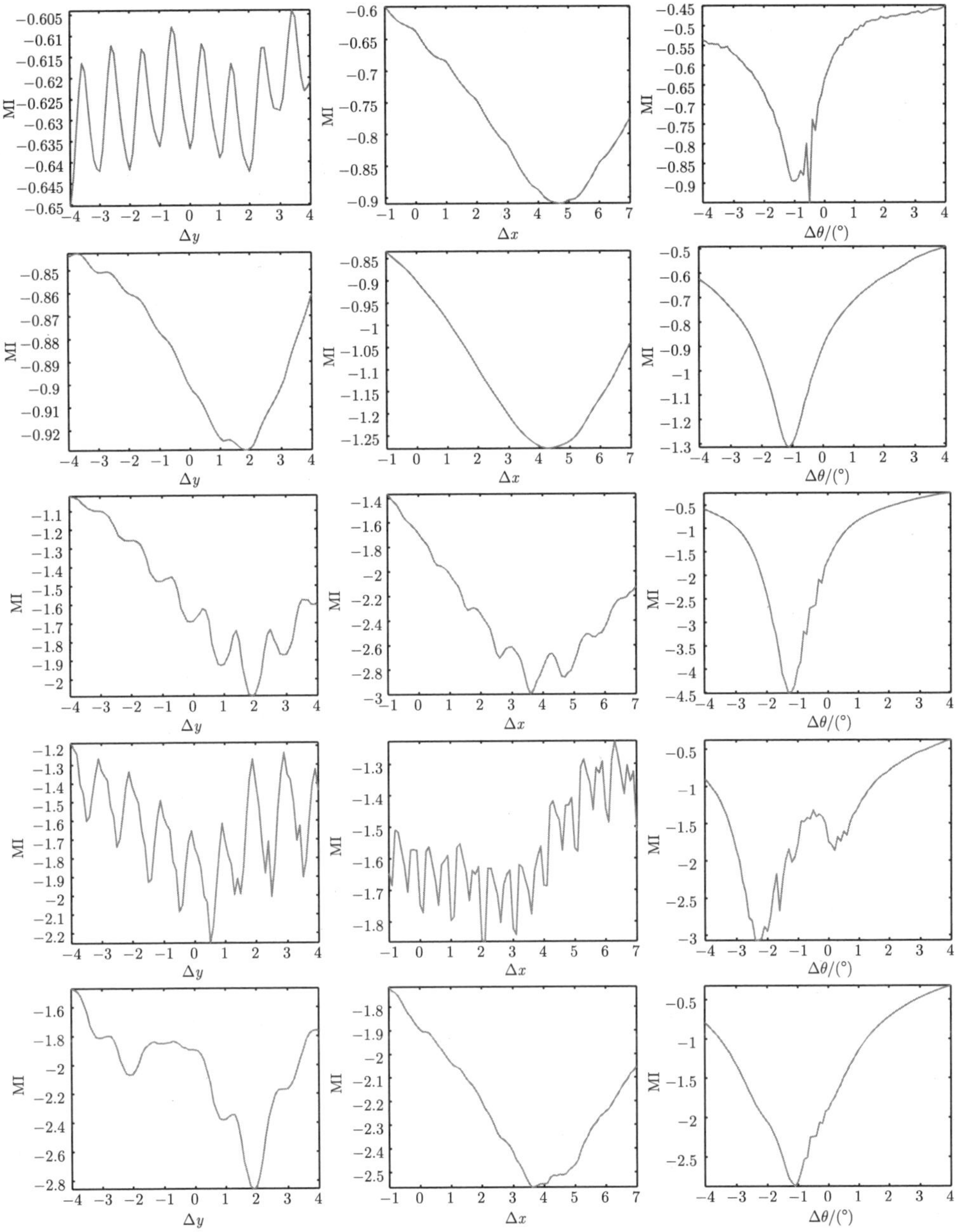

图 6.5　两幅声呐图像所产生的注册函数

MI 指互信息量；左列 —— 沿着垂直方向的平移；中列 —— 沿着水平方向的平移；右列 —— 潜航器的水平旋转角度；从上到下依次对应 PV、gradPV、GPVE、RMI（$r=1$）、RMI（$r=2$）和 PMI；初值参数是 $\Delta y=-1$，$\Delta x=-2$，$\Delta\theta=0.5$

表 6.1 列举了一个运动参数估计的例子。可以看出，和其他算法相比，PMI 算法和 GPVE 算法具有更高的估计精度。不同互信息算法的平均估计性能如表 6.2 所示，可以得到如下三个结论。

表 6.1　用不同的互信息算法估计一个已知声呐图像对的变换参数

估计	真实参数	PV	gradPV	GPVE	RMI（$r=1$）	RMI（$r=2$）	PMI（$d=2$）
Δy	-2	-2.0466	-2.9957	-2.0230	-2.9957	-3.2853	-2.0041
Δx	5	4.4669	5.0072	4.8955	5.0072	1.9386	4.8881
$\Delta\theta$	5	4.7356	4.9835	4.9839	4.9835	4.9721	4.9836

表 6.2　不同互信息算法的平均估计性能

估计误差	PV	gradPV	GPVE
Δy	0.1868 ± 0.5183	-0.0267 ± 0.5758	-0.0146 ± 0.0168
Δx	-0.6906 ± 1.6265	-2.1243 ± 4.2030	-0.0187 ± 0.0955
$\Delta\theta$	-0.2060 ± 0.4404	-0.5648 ± 1.1404	-0.0026 ± 0.0239
估计误差	RMI（$r=1$）	RMI（$r=2$）	PMI（$d=2$）
Δy	-0.1994 ± 0.9072	-0.1641 ± 2.2336	-0.0048 ± 0.0298
Δx	0.2855 ± 1.5136	-0.1571 ± 2.4954	0.0670 ± 0.1887
$\Delta\theta$	-0.0388 ± 0.2909	-0.0329 ± 0.1228	0.0294 ± 0.0486

首先，在所有依赖于直方图计算联合概率分布和变换插值的方法中，GPVE 算法拥有最好的性能，而且 PMI 算法要好于原始的 RMI 算法。PMI 算法和 GPVE 算法在估计误差上几乎具有相同的性能。但是，如前所述，RMI 的主要优势是可以用于高维数据配准，而且不需要统计直方图或设计精细的变换插值技巧。

其次，当邻域半径为 $r=2$ 时，RMI 的估计结果非常糟糕。这也说明 RMI 不适合用于二阶以上的互信息配准。

最后，PMI 在估计精度上相对 RMI（$r=1$）而言存在很大的性能提升。尽管有可能在 RMI 上开展更多的工作，但是初步的工作表明，合适的邻域选择策略有助于基于 RMI 的图像配准。

一个和精度相关的问题是，即使是最好的算法（如 GPVE ），偶尔也可能存在较大的偏差。其中的原因可能是，斑块噪声影响到了回声信号，进而弱化了相应像素之间的关联。

2. 注册函数

有必要观察不同算法的注册函数以分析造成不同互信息最大化算法性能差异的原因。例如，我们将一幅声呐图像 g 作为参考图像，并通过参数集 $\Theta=\{1,-2,-1\}$ 将其变化后得到图像 f。参数的维度分别对应 Δy、Δx 和 $\Delta\theta$。

估计结果如表 6.1 所示。对于基于互信息的配准算法，找到全局最优值的概率很大程度上取决于注册函数。因此，根据联合直方图估计联合概率和边缘概率的互信息方法都试图设计不同的启发式像素插值策略构造更加平滑的配准函数[22-24,27]。但是，RMI 方法，如 RMI 和 PMI，直接利用 Gauss-Shannon 熵的近似解析解将邻域信息包括到互信息的计算中。因此，有必要检查 RMI 方法是否也具有一个平滑的注册函数，因为所有的互信息方法都依赖于同样的优化程序。

在图 6.5 中，我们给出了图像对之间存在平移和旋转时的注册函数。初始参数集是 $\Theta=\{-1,-2,0.5\}$。从左到右的三列分别对应垂直方向位移、水平方向位移和旋转角度。每行对应一个特定方法的注册函数。从图 6.5 中可以得到如下结论。

(1) 对于基于直方图的方法，平移会造成相应的注册函数上存在很多局部极值（图 6.5 的第 1 行到第 3 行）。如果没有旋转，插值过程等价于权值的重新分配，导致互信息的临时增加。但是，这种锯齿效应在 RMI 中会被压缩成阶梯效应，因为最近邻插值会导致所有的权值都在 0~1 同步跳动。也就是说，如果平移参数中包括分数，互信息会保持不变。当潜航器转弯时，RMI 和 PMI 的注册函数的阶梯效应会丢失，因为同步机制不再存在。RMI（$r=2$）的阶梯效应会恶化为锯齿效应，这再一次表明二阶邻域对 RMI 而言是一个灾难。

(2) RMI（$r=2$）的注册函数（图 6.5 的第 5 行）并不像是一个凹陷，说明二阶邻域对于 RMI 并不合适。

(3) PMI 的注册函数拥有一个非常陡峭的峡谷，表明算法会以更快的速度收敛。在仿真中也的确发现，PMI 会在 3~5 次迭代后收敛。

(4) 实验发现 PMI 的注册函数曲线不仅远比 RMI 平滑，而且和 GPVE 具有相似的性能。考虑到 GPVE 在扩展邻域时需要进行昂贵的样条插值并统计联合直方图，而 PMI 只需要简单的最近邻插值，这一方面表明，外周像素已经足以衡量互信息，另一方面也说明，PMI 能够以较小的计算代价实现传统基于直方图统计的配准算法相同的性能。

(5) gradPV 算法（图 6.5 的第 2 行）的注册函数存在锯齿效应，说明梯度信息对水下声呐图像来说并不是一个可靠的特征。

值得注意的是，注册函数上存在局部极小值，一个小的扰动有助于互信息跳出局部极值。同时，如果潜航器携带了惯导设备，相当于给参数集提供了一个更加接近真实值的初值，会推动优化程序更快地收敛到最优值。

6.4.3 声呐图像配准 (I)：管线埋设数据集

在本节的实验中，我们试图用不同的方法配准管线铺设数据集中的声呐图像。这些图像是埋缆机在海底作业时用 Didson 前视声呐拍摄的。为了降低计算代价，只有当前后两帧图像像素间的最大能量差异超过一个阈值 T 时才执行配准步骤。在后面的实验中，将阈值设置为 $T=0.02$。但是，对于 NDT 算法，将阈值设置为

$T = 0.01$，因为初值和真实值差距较大时梯度下降优化算法容易发散。

1. 实验设置

从第一个实验可以看出，RMI 算法无法应用于三阶邻域（$r = 2$）的情形，而且应该避免将梯度信息包含到声呐图像的互信息计算过程。因此，在下面的实验中，并不是所有的方法都用来进行配准性能评估。只选择 PV、GPVE、RMI（$r = 1$）和 PMI 等方法进行声呐图像配准。

如前所述，Aykin 等[14] 和 Hurtós 等[18, 20] 分别采用 NDT 算法和 FMT 算法对二维前视声呐图像进行配准。在结构化环境或半结构化环境中，SIFT 特征点几乎被公认为是最稳定和最具有鉴别性的特征[21]。因此，为了衡量 PMI 算法的性能，实验还将对 FMT、NDT 和基于 SIFT 特征的图像配准算法进行仿真和比较。

对于 FMT 算法，我们按照文献 [20] 中的方法进行声呐图像配准。其中，通过定位图像 f 和 g 在极坐标系中的相关联矩阵的最大值得到旋转角度；通过定位角度补偿后的浮动图像 f_θ 与参考图像 g 在笛卡儿坐标系的相关联矩阵的最大值得到平移参数。同时，采用直方图均衡方法增强图像中的高频信息。

在仿真 NDT 算法时，首先运用类似于文献 [14] 的预处理程序提取特征区域。因为阴影是水下声呐图像中最显著且最稳定的特征，采用文献 [36] 中描述方法提取阴影块作为候选区域。对于不能用 Gauss 分布描述的凹形阴影区，利用文献 [37] 中的块划分（clump splitting）算法将其划分成凸形子块。

SIFT 特征点采用 Lowe[38] 提供的代码进行提取。

2. 不同互信息方法的比较

声呐图像配准的实验结果如图 6.6 所示。为了方便查看，浮动帧和参考帧分别用红色和绿色显示。这样，重叠的部分将显示为黄色，而不重叠的部分保留原色。值得注意的是，本章暂时不考虑全局误差校正机制。

我们先比较不同互信息方法在声呐图像配准上的差异，实验结果如图 6.6(a)～图 6.6(d) 所示。

首先通过配准图像对考察局部实时配准的错误。从两幅图像之间的重叠区中的红色或绿色像素的比例可以对配准算法进行定性的比较。这些像素一般位于目标或阴影的边缘区。可以看出，PMI 和 GPVE 算法得到的配准结果中，重叠区域部分红色或绿色像素的比例与 PV 和 RMI（$r = 1$）相比相对较少。

不同算法估计得到的配准参数之间的差异非常小，很难直接根据实时误差评判各个算法的性能。在没有惯导信息的条件下，如果连续配准多帧得到一个全局图像，局部配准误差会快速累积。如果局部误差较大，图像中的高频信息，如目标或阴影的边缘会变得模糊。因此，可以通过观察全局图像中的边缘或细节来定性评估算法的配准精度。

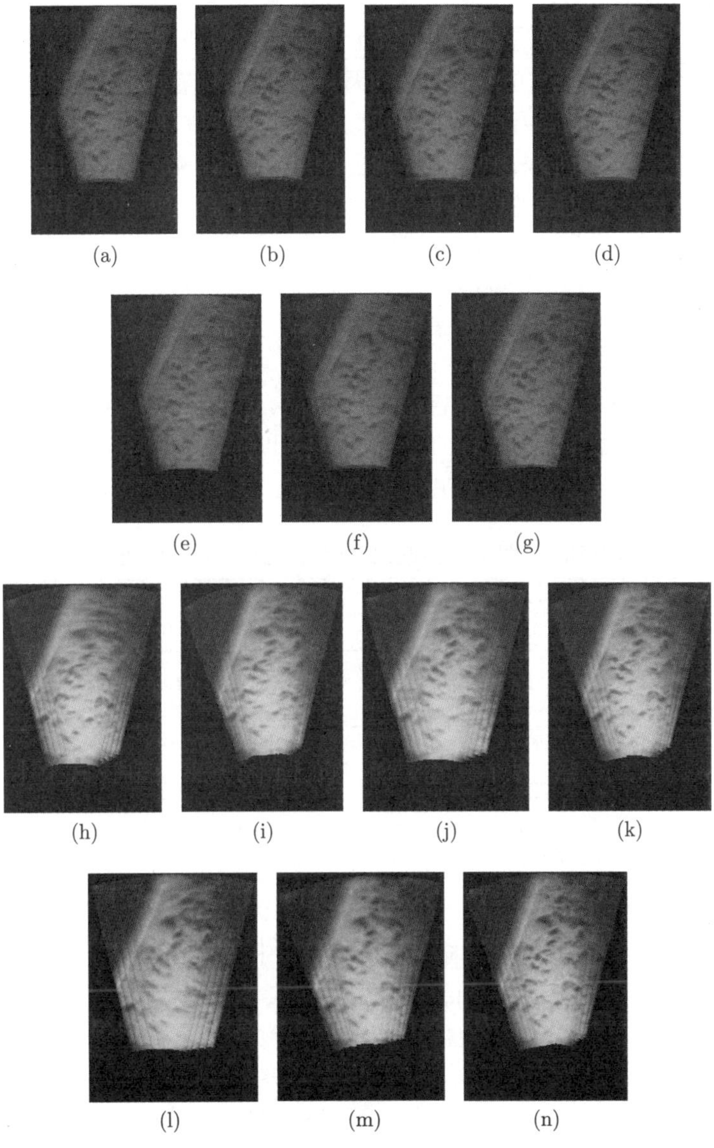

图 6.6 声呐图像配准实验（见书后彩图）

对于第 1 行和第 3 行，从左到右的各列分别对应 PV、GPVE、RMI（$r=1$）和 PMI 算法；对于第 2 行和第 4 行，从左到右的各列分别对应 FMT、NDT 和 SIFT 算法；前两行对应的是两幅图像之间的配准（#01 和 #21）；在第 3 行和第 4 行中，通过连续配准 5 帧来观测累积误差。注意，在 NDT 算法中，由于启动阈值较小，一共配准了 12 帧

图 6.6 中的第三行 [图 6.6(h)~图 6.6(k)] 给出了连续配准 5 帧时得到的全局图像。注意，由于 NDT 算法启动配准步骤的差异阈值相对较小，配准的频次相对频繁，一共配准了 12 帧。很容易看出，由 PV 算法得到的全局图像的上半部分非常模糊，几乎变成了一个均匀的区域。这是因为很多细节信息在通过能量平均进行图像拼接的时候丢失了。直观上看，PMI 算法和 GPVE 算法具有非常相似的性能。

我们定义了残留误差来准确评判算法的配准精度。残留误差是指变换后的浮动图像 f_{Θ^*} 与参考图像 g 在重叠区域 O 的能量差异：

$$r = \frac{1}{\|O\|} \sum_{(i,j)\in O} |f_{\Theta^*}(i,j) - g(i,j)| \tag{6.15}$$

式中，$\|O\|$ 是重叠区域的像素个数。

表 6.3 给出了连续配准 5 帧后的残留误差。可以看出，PMI 算法的配准精度比 GPVE 算法更好。从图 6.6(k) 下半部分也可以看出，和图 6.6(i) 相比，图像拥有更加清晰的边缘，保留了更多的高频细节信息。

表 6.3　图 6.6 声呐图像配准实验中的残留误差

残留误差	PV	GPVE	RMI（$r=1$）	PMI	FMT	NDT	SIFT
(#01, #21)	0.0297	0.0266	0.0275	0.0251	0.0323	0.0360	0.0246
(#21, #32)	0.0367	0.0342	0.0388	0.0309	0.0572	0.0380	0.0321
(#32, #40)	0.0393	0.0452	0.0416	0.0276	0.0386	0.0378	0.0289
(#40, #49)	0.0314	0.0311	0.0330	0.0297	0.0410	0.0306	0.0298
平均误差	0.0343	0.0343	0.0352	0.0283	0.0423	0.0356	0.0289

3. 和其他方法的比较

在图 6.6(e)~图 6.6(g) 中，给出了 FMT、NDT 和 SIFT 算法的配准结果。通过连续配准拼接得到的全局图像则显示在图 6.6(l) 中。

PMI 算法和 SIFT 算法具有相似的性能。但是，只有当图像中存在清晰的角点和边缘等高频信息时才能提取有意义的 SIFT 特征点。正如文献 [11] 中所描述的那样，这些信息在自然的海底环境中是很难提取的。

FMT 算法的精度与声呐图像的分辨率有关。在本章采用的管线铺设数据集中，声呐图像的尺寸和分辨率要比实际 Didson 前视声呐图像低得多。在极坐标系中计算旋转角度时，一个像素的误差就能导致方向上 2° 的偏差，并导致快速地累积误差。一个子像素级的估计方案可能有助于控制累积误差，但是目前仅限于平移参数估计[39]。

NDT 算法通过梯度下降算法寻找局部极小值，具有较高的计算代价，影响了其在实际工程中的应用。此外，NDT 算法还存在如下缺陷。

(1) NDT 有可能会导致偏低的估计，因为对感兴趣区域进行 Gauss 建模时实际上相当于对区域的边界进行了平滑。所以，NDT 能够反映区域的运动趋势，但是在估计精度上存在欠估计的可能。

(2) 由于 NDT 算法根据 Gauss-Newton 梯度下降策略进行优化[40]，在计算过程中涉及对 Hessian 矩阵求逆，可能会导致算法的发散。如果初值与真实值存在较大的差距，即便是通过 Levenberg-Marquardt 算法[41] 进行校正，也存在校正失效的时候。因此，NDT 算法经常无法收敛到相对理想的局部最优值。

(3) 由于浮动帧中的每一个像素都需要计算一个正态分布距离，NDT 计算代价太大。

(4) 选择一个合适的学习速率也不是一件太容易的事情。一个较小的学习速率不仅会花费较长的迭代时间，而且更有可能陷入局部极小值。相反，一个较大的学习速率也很有可能导致迭代算法的振荡[42]。

6.4.4 声呐图像配准 (II)：非结构化环境

管线埋设数据可以看成一个结构化或半结构化的环境，因为有可能提取管线的轮廓特征，或者阴影区域的角点和边缘信息，从而执行基于特征匹配的图像配准。但是，这种相对丰富的场景很少出现自然的海底表面。另外，如果目标的成像距离较远，很多局部特征是无法清晰获取的。图 6.7(g) 给出了两幅相邻的声呐图像帧，从自然的海底采集，成像距离为 9m 左右。根据 Lowe 提供的代码[38]，只能从图像中提取 3 个 SIFT 特征点，而且这些特征点并不可靠。由于特征点的个数太少，无法构造可靠的线性方程组估计变换参数。即使是在预处理步骤中采用中值滤波器滤除 Gauss 噪声也无法解决特征点的提取问题，因为斑块噪声模糊了本身就非常微弱的边缘信息。

当成像距离较远时，声呐图像中只有很小的一部分对应海底区域，其他大量的暗区对应的则是空旷的海水区域。此时，可以通过设置适当的阈值[19] 提取感兴趣区域，然后进行配准。值得注意的是，并不是对图像直接使用阈值，而是对一定时间窗口内的图像序列进行能量平均，然后通过阈值获得成像区域模板。图 6.7(a)～图 6.7(f) 给出了分别采用 PV、GPVE、RMI($r=1$)、PMI、FMT 和 NDT 算法连续拼接 10 帧后的全局图像。表 6.4 则相应给出了各个算法的残留误差。

可以看出，PMI 算法和其他基于互信息最大化的算法在残留误差上没有明显的差异。其可能的原因在于，声呐图像主要由海底背景像素组成。声呐图像在运动参数上的轻微改变并不会带来互信息测度上的显著改变。这也解释了图 6.7(d) 看起来比其他图像更加模糊，但是 PMI 算法的残留误差却更小的原因。

非结构化环境也对 FMT 和 NDT 算法的应用形成了挑战。声呐图像中边缘特征稀缺且模糊，高频信息的缺失使得 Fourier 域或 Fourier 对数幅度域的峰值能量急剧衰减，阻碍了 FMT 算法对平移参数和旋转参数的精确定位 [图 6.7(e)]。

在某种程度上，NDT 算法的精度取决于感兴趣区域的提取精度。超声波能量模式或入射角的轻微改变给区域边界带来了较大的不确定性，给正态分布建模和后续的优化算法带来了巨大的干扰。比较图 6.7(f) 和 图 6.6(m)，可以看出，如果图像中存在较多的感兴趣区域，则能够对运动参数进行更好的估计。

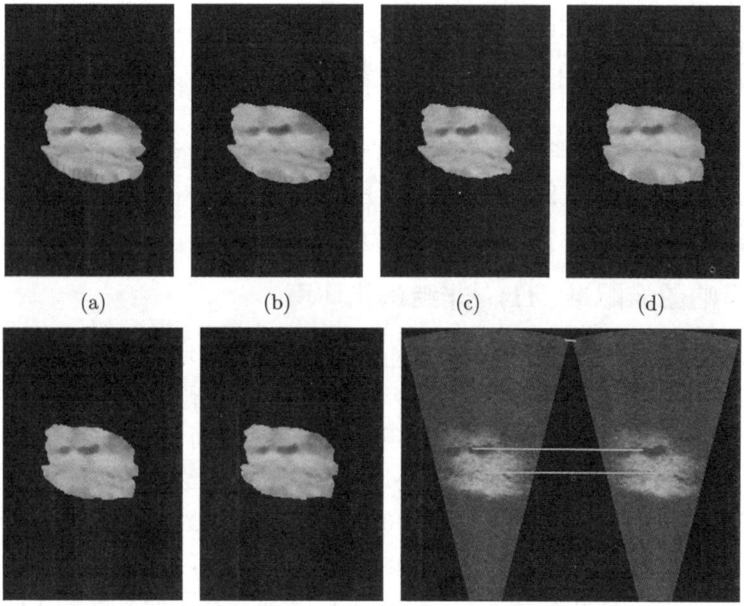

(a) (b) (c) (d) (e) (f) (g)

图 6.7 连续配准 10 帧从自然海底采集的声呐图像

由于特征点过于稀缺，不能采用基于 SIFT 特征点匹配的方法进行图像配准，如在图 (g) 中只提取到了 3 个 SIFT 特征点。注意，声呐的成像距离大约是 9m，且只有被超声波“照明”的区域用于配准

表 6.4 图 6.7 声呐图像序列配准实验中的残留误差

配准算法	残留误差
PV	0.0356
GPVE	0.0347
RMI（$r=1$）	0.0348
PMI	0.0341
FMT	0.0359
NDT	0.0356
SIFT	—

6.5 小结

当潜航器在海底作业时，有必要对附近环境区域进行实时监控。对混水区作业场景而言，前视声呐也许是唯一可用的水下传感器。声呐图像配准不仅是全局地图构建的关键步骤，而且会为潜航器基于视觉的定位导航系统提供一个初步的运动参数估计。本章提出了一个基于 PMI 的前视声呐图像配准算法。PMI 源于 RMI，利用由邻域像素的列向量近似服从 Gauss 分布的假设以闭式解的形式计算 Shannon 熵。但是，这个假设忽略了水下声呐成像过程造成邻域像素之间强关联的客观现实。为了更好地描述邻域像素由声学混响和散射造成的邻域像素强依赖的特性，提出只采用与中心像素最远的邻域像素计算互信息的策略。因此，PMI 和 RMI 的唯一差别在于邻域像素的选择方法。实验表明，PMI 算法的注册函数要比 RMI 算法平滑得多，初步解决了 RMI 无法应用到高阶邻域的问题。将其应用到真实的二维声呐图像数据配准任务表明，PMI 的配准精度不仅高于 RMI 算法，而且也优于基于直方图的互信息方法。此外，PMI 算法还具有以下几方面的优势。

(1) PMI 以闭式解的形式计算互信息，只依赖于像素向量的协方差矩阵。由于不需要通过构造直方图计算联合概率和边缘概率，降低了算法在存储上的需求。另外，PMI 只计算外周像素的协方差矩阵，极大地降低了计算代价。

(2) 在进行图像变换时，PMI 不需要设计精巧的插值函数。在本章的实验中，即使是最简单的最近邻插值也能得到比较平滑的注册函数。

(3) PMI 具有一个更加平滑的注册函数。在梯度下降算法不能保证获得全局最优值的客观条件下，能够以较大概率得到一个更优的局部极值。此外，PMI 注册函数在局部极值处的梯度非常陡峭，能够更快地收敛到局部极值。

(4) 从 RMI 或 PMI 的配准原理可以看出，RMI 算法可以用于配跨模态的传感器数据。从理论上讲，PMI 可以配准任意维度的数据，因为 PMI 互信息的计算过程非常简单：提取浮动图像和参考图像每个区域 PMI 的像素信息，计算协方差矩阵和 Gauss-Shannon 熵。例如，可以轻松地实现三维彩色图像和一维声学图像之间的配准。

水下声呐图像包含大量的斑块噪声，在自然的海底区域缺乏明显的边缘和角点等高频信息。互信息最大化方法为我们提供了一种对从完全非结构化的水下环境中采集的声呐图像进行配准的可行方法。后续研究可以在以下两个方面开展工作。

(1) 为 PMI 设计更加合理的优化策略以增强算法的稳定性，并提高配准的精度。一方面尽可能通过启发方法设置更加合理的初值，另一方面对局部极值的搜索过程进行优化。

(2) 本章只考虑了两幅图像之间的配准。图像配准的现实意义在于降低累积误差，并不能消除累积误差。因此，一方面需要尽可能结合惯导信息为图像配准过程设置良好的初值并缩短配准时间，另一方面对于野外作业则尽可能通过闭环检测降低或消除累积误差。

参 考 文 献

[1] Tian W M. Integrated method for the detection and location of underwater pipelines[J]. Applied Acoustics, 2008, 69(5): 387-398.

[2] Jacobi M, Karimanzira D. Underwater pipeline and cable inspection using autonomous underwater vehicles[C]//IEEE Oceans, Bergen, 2013: 1-6.

[3] Song S M, Herrmann J M, Liu K Z, et al. Forward-looking sonar image mosaicking by feature tracking[C]//IEEE International Conference on Robotics and Biomimetics 2016, Qingdao, 2016, 1613-1618.

[4] 邹海, 边信黔, 常宗虎. 基于多波束前视声纳的 AUV 实时避障方法研究[J]. 机器人, 2007, 29(1): 82-87.

[5] Tao C H, Lin J, Guo S Q, et al. First active hydrothermal vents on an ultraslow-spreading center: Southwest Indian ridge[J]. Geology, 2012, 40(1): 47-50.

[6] Ozog P, Troni G, Kaess M, et al. Building 3D mosaics from an autonomous underwater vehicle, doppler velocity log, and 2D imaging sonar[C]//IEEE International Conference on Robotics and Automation (ICRA), Seattle, 2015: 1137-1143.

[7] Brown M, Lowe D G. Automatic panoramic image stitching using invariant features[J]. International Journal of Computer Vision, 2007, 74(1): 59-73.

[8] Li Y H, He Z S, Zhu H, et al. A coarse-to-fine scheme for groupwise registration of multisensor images[J]. International Journal of Advanced Robotic Systems, 2016, 13 (6): 1-12.

[9] Negahdaripour S, Firoozfam P, Sabzmeydani P. On processing and registration of forward-scan acoustic video imagery[C]//Proceedings of the 2nd Canadian Conference on Computer and Robot Vision, Victoria, 2005: 452-459.

[10] Kim K, Neretti N, Intrator N. Mosaicing of a coustic camera images[J]. IEEE Proceedings-Radar, Sonar and Narigation, 2005, 152(4): 263-270.

[11] Negahdaripour S, Aykin M D, Sinnarajah S. Dynamic scene analysis and mosaicing of benthic habitats by fs sonar imaging — issues and complexities[C]//Proceedings of Oceans, Kona, 2011: 1-7.

[12] Song S M, Si B L, Herrmann J, et al. Local autoencoding for parameter estimation in a hidden Potts-Markov random field[J]. IEEE Transactions on Image Processing, 2016, 25(5): 2324-2336.

[13] Johannsson H, Kaess M, Englot B, et al. Imaging sonar-aided navigation for autonomous underwater harbor surveillance[C]//Proceedings of the IEEE/RSJ International Conference on Intelligent Robots and Systems, Taibei, 2010: 4396-4403.

[14] Aykin M D, Negahdaripour S. Fourier-based registration for robust forward-looking sonar mosaicing in low-visibility underwater environments[J]. Journal of Field Robotics, 2013, 30(4): 602-623.

[15] Duda R O, Hart P E, Stork D G. Pattern Classification [M]. 2nd ed. New York: John Wiley & Sons, 2001: 119-131.

[16] Casasent D, Psaltis D. Position, rotation, and scale invariant optical correlation[J]. Applied Optics, 1976, 15(7): 1795-1799.

[17] Reddy B S, Chatterji B N. An FFT-based technique for translation, rotation, and scale-invariant image registration[J]. IEEE Transactions on Image Processing, 1996, 5(8): 1266-1271.

[18] Hurtós N, Ribas D, Cufí X, et al. Fourier-based registrations for two-dimensional forward-looking sonar image mosaicing[C]//Procedings of the IEEE/RSJ International Conference on Intelligent Robots and Systems, Algarve, 2012: 5298-5305.

[19] Hurtós N, Cufí X, Salvi J. A novel blending technique for two-dimensional forward-looking sonar mosaicing[C]//IEEE Oceans, San Diego, 2013: 1-7.

[20] Hurtós N, Cufí X, Petillot Y, et al. Fourier-based registration for robust forward-looking sonar mosaicing in low-visibility underwater environments[J]. Journal of Field Robotics, 2015, 32(1): 123-151.

[21] Li H Y, Luo J, Huang C J, et al. An adaptive image-stitching algorithm for an underwater monitoring system[J]. International Journal of Advanced Robotic Systems, 2014, 11(166): 1-9.

[22] Maes F, Collignon A, Vandermeulen D, et al. Multimodality image registration by maximization of mutual information[J]. IEEE Transactions on Medical Imaging, 1997, 16(2): 187-198.

[23] Pluim J P, Maintz J B, Viergever M A. Image registration by maximization of combined mutual information and gradient information[J]. IEEE Transactions on Medical Imaging, 2000, 19(8): 809-814.

[24] Chen H M, Varshney P K. Mutual information-based CT-MR brain image registration using generalized partial volume joint histogram estimation[J]. IEEE Transactions on Medical Imaging, 2003, 22(9): 1111-1119.

[25] Russakoff D B, Tomasi C, Rohlfing T, et al. Image similarity using mutual information of regions[C]//European Conference on Computer Vision, Prague, 2004: 596-607.

[26] Woods R P, Mazziotta J C, Cherry S R. Mri-pet registration with automated algorithm[J]. Journal of Computer Assisted Tomography, 1993, 17(4): 536-546.

[27] Lu X S, Zhang S, Su H, et al. Mutual information-based multimodal image registra-

tion using a novel joint histogram estimation[J]. Computerized Medical Imaging and Graphics, 2008, 32(3): 202-209.

[28] Zhao H F, Lu M, Bu L B, et al. Medical image registration based on feature points and rényi mutual information[J]. Chinese Journal of Computers, 2015, 38(6): 1212-1221.

[29] Voronov S V, Tashlinskii A G. Efficiency analysis of information theoretic measures in image registration[J]. Pattern Recognition and Image Analysis, 2016, 26(3): 502-505.

[30] Song S M, Si B L, Feng X S, et al. Prior parameter estimation for Ising-MRF-based sonar image segmentation by local center-encoding[C]//IEEE MTS|IEEE Oceans, Genova, 2015: 1-6.

[31] Song S M, Si B L, Feng X S, et al. Label field initialization for MRF-based sonar image segmentation by selective autoencoding[C]//MTS|IEEE Oceans, Shanghai, 2016: 1-5.

[32] Shannon C E. A mathematical theory of communication[J]. Bell System Technical Journal, 1948, 27(3): 379-423.

[33] Dempster A P, Laird N M, Rubin D B. Maximum likelihood from incomplete data via the EM algorithm[J]. Journal of the Royal Statistical Society, 1977, 39(1): 1-22.

[34] Fraley C, Raftery A E. How many clusters? Which clustering method? Answers via model-based cluster analysis[J]. Computer Journal, 1998, 41(8): 578-588.

[35] Hogg R V, Craig A T. Introduction to Mathematical Statistics [M]. 5th ed. New Jersey: Prentice-Hall, Inc., 1995.

[36] Hsieh J B, Olsonbaker J I, Fox W L. A Screening Application for Image Data Collected by an Acoustic Lens Sonar[R]. Technical Report, DTIC Document, 2005.

[37] Wang H, Zhang H, Ray N. Clump splitting via bottleneck detection and shape classification[J]. Pattern Recognition, 2012, 45(7): 2780-2787.

[38] Lowe D G. Demo software: SIFT keypoint detector[EB/OL]. http://www.cs.ubc.ca/lowe/keypoints[2017-03-25].

[39] Foroosh H, Zerubia J B, Berthod M. Extension of phase correlation to subpixel registration[J]. IEEE Transactions on Image Processing, 2002, 11(3): 188-200.

[40] Biber P, Strasser W. The normal distributions transform: A new approach to laser scan matching[C]//IEEE/RSJ International Conference on Intelligent Robots and Systems, Las Vegas, 2003: 2743-2748.

[41] Press W, Flannery B, Teukolsky S, et al. In Numerical Receipts in C: The Art of Scientific Computing[M]. Cambridge: Cambridge University Press, 1992.

[42] Haykin S. Neural Networks: A Comprehensive Foundation [M]. 3rd ed. New Jersey: Prentice-Hall, Inc., 2007: 71-80.

附录A 利用LAE算法估计Kanter的Potts模型

在 Kanter 的模型中[1]，每个 Potts 单元以 $1/Q$ 的概率位于任意一种 Potts 态。具有局部交互特性的 Hamilton 量可以写成

$$H = \sum_{p,q=1}^{Q} H_{p,q} \tag{A.1}$$

式中

$$H_{p,q} = -\frac{1}{2} \sum_{s} \sum_{t \in \Xi_s} \beta_{st}^{pq} u_{l_s p} u_{l_t q} \tag{A.2}$$

且 $u_{l_s p} = \delta_{l_s p} - \dfrac{1}{Q}$是 l_s 和 p 之间的交互操作。算法 A.1 给出了 Kanter 的 Potts 模型的纹理生成程序。

和经典的 Potts 模型相似，若最小化 $H_{p,q}$，需要在 $l_s = p$ 且 $l_t = q$ 时增加 β^{pq}。这和 LAE 算法的 Hebb 学习机制是一致的，所以 LAE 算法也可以用来估计利用 Kanter 的 Potts 模型生成的纹理。

滤波器稀疏矩阵是

$$\boldsymbol{\beta}^{pq} = \begin{bmatrix} \beta_1^{pq} & \beta_2^{pq} & \beta_3^{pq} \\ \beta_4^{pq} & 0 & \beta_5^{pq} \\ \beta_6^{pq} & \beta_7^{pq} & \beta_8^{pq} \end{bmatrix} \tag{A.3}$$

以 $Q = 3$ 为例，需要估计 $8Q^2 = 72$ 个交互参数。为了进一步简化考虑，这里采用两个简化策略。

算法 A.1　通过 Metropolis 采样生成 Kanter 的 Potts 模型纹理

将每个顶点随机初始化为任意一个 Potts 态；
while 非稳态 do
　　选择两个不同的位置 s_1, s_2，$l_{s_1} \neq l_{s_2}$;
　　计算局部能量 $\mathcal{E}_1 = \sum\limits_{t \in \varXi_{s_1}} \sum\limits_{p,q} \beta_{s_1 t}^{pq} u_{\xi_{s_1} p} u_{\xi_t q} + \sum\limits_{t \in \varXi_{s_2}} \sum\limits_{p,q} \beta_{s_2 t}^{pq} u_{l_{s_2} p} u_{l_t q}$;
　　交换 l_{s_1} 和 l_{s_2}，并重新计算局部能量 $\mathcal{E}_2$;
　　计算能量变化 $r = \mathrm{e}^{\mathcal{E}_2 - \mathcal{E}_1}$;
　　if $r \geqslant 1$ then
　　　　交换 l_{s_1} 和 l_{s_2};
　　else
　　　　均匀采样一个随机数 $p \sim U(0,1)$;
　　　　if $r > p$ then
　　　　　　交换 l_{s_1} 和 l_{s_2};
　　　　else
　　　　　　保留 L;
　　　　end if
　　end if
end while
输出标签场 L。

(1) 每个 $\boldsymbol{\beta}^{pq}$ 是各向同的，即

$$\boldsymbol{\beta}^{pq} = \beta^{pq} \begin{bmatrix} 1 & 1 & 1 \\ 1 & 0 & 1 \\ 1 & 1 & 1 \end{bmatrix} \tag{A.4}$$

(2) 在交互操作中忽略常数 $-\dfrac{1}{Q}$。

然后，用如下的转换规则将 Potts 态转化到 $\{-1, 1\}$ 态：

for s

　$l_s == p ? l'_s = 1 : l'_s = -1$;

for $t \in \varXi_s$

　$l_t == q ? l'_t = 1 : l'_t = -1$;

（可选）

if $l'_s + \sum\limits_{t \in \varXi_s} l'_t = -9$

忽略当前块;

end

注意，如果转化后的标签全都为 -1，我们最好抛弃当前块。因为，当 $l_s \neq p$ 且 $l_t \neq q$ 时，权值不应该增加。这和二值 Hopfield 网络存在一定的差异。在二值 Hopfield 网络中，只要两个标签相同，权值就会增强。下面给出了一个将 Potts 态转化为二态的例子（$Q=3$）：

$$\begin{bmatrix} 1 & 1 & 1 \\ 1 & 2_s & 1 \\ 1 & 3 & 3 \end{bmatrix} \begin{matrix} \nearrow \\ \\ \searrow \end{matrix} \begin{matrix} \beta^{23} \begin{bmatrix} -1 & -1 & -1 \\ -1 & 1 & -1 \\ -1 & 1 & 1 \end{bmatrix} \surd \text{(有效样本)} \\ \\ \beta^{32} \begin{bmatrix} -1 & -1 & -1 \\ -1 & -1 & -1 \\ -1 & -1 & -1 \end{bmatrix} \bigcirc \text{(可有可无的样本)} \end{matrix} \tag{A.5}$$

同一个块在估计 β^{23} 时是必要的，但是对于 β^{32} 却是可有可无的。

和式 (2.51) 相似，在估计 $\boldsymbol{\beta}^{pq}$ 时，像素 s 的输出是

$$\ell_s^{pq} = f\left(\sum_{t \in \Xi_s} \beta_{st}^{pq} l_s' l_t'\right) \tag{A.6}$$

误差是 $e_s^{pq} = \dfrac{1}{2}(\ell_s^{pq} - l_s^{pq})^2$。误差对于 β_i^{pq} 的梯度下降规则为

$$\Delta \beta_i^{pq} = -\eta \left(\ell_s^{pq} - l_s^{pq}\right) \frac{1}{2}(\ell_s^{pq} - l_s^{pq})^2 \sum_{t \in \Xi_s} l_s' l_t' \tag{A.7}$$

图 A.1(a) 和 (b) 给出了由简化的 Potts 模型生成的两幅纹理图像。图 A.1(c) 和 (d) 是对应的先验参数估计过程。详细的生成参数和估计值列在表 A.1 中。结果表明经过简单的转换后，LAE 算法也能用来估计 Kanter 的 Potts 模型的先验参数。

此外，我们用 LAE 算法来执行多类分割。图 A.2(a) 显示由合成孔径雷达（synthetic aperture radar，SAR）采集的遥感图像，图 A.2(b) 是由 K-均值聚类算法提供的初始分割，图 A.2(c) 和 (d) 分别对应经典的 Potts 模型和 Kanter 的 Potts 模型。ICM 算法都经历了 20 次迭代，LAE 算法估计先验参数时只遍历了 2 次图像。图 A.2(b)~(d) 中分别包含 134 个、107 个和 119 个区域。小于 100 个像素的区域都被周围最相似的大区域所合并。白色线框表示过分割，这是由只有条件概率时决定的。黑色线框突出了那些具有精细结构的区域，这些说明先验概率

有助于校正条件概率引入的不合理分割。和粗糙的 K-均值聚类算法 [图 A.2(b)] 相比，Potts 模型有助于防止过分割（白色的线框），同时有助于保留精细的局部结构（黑色的线框）。这表明，本书提出的标签转换算法和先验参数估计算法能有效地用于分析图像的纹理和噪声。

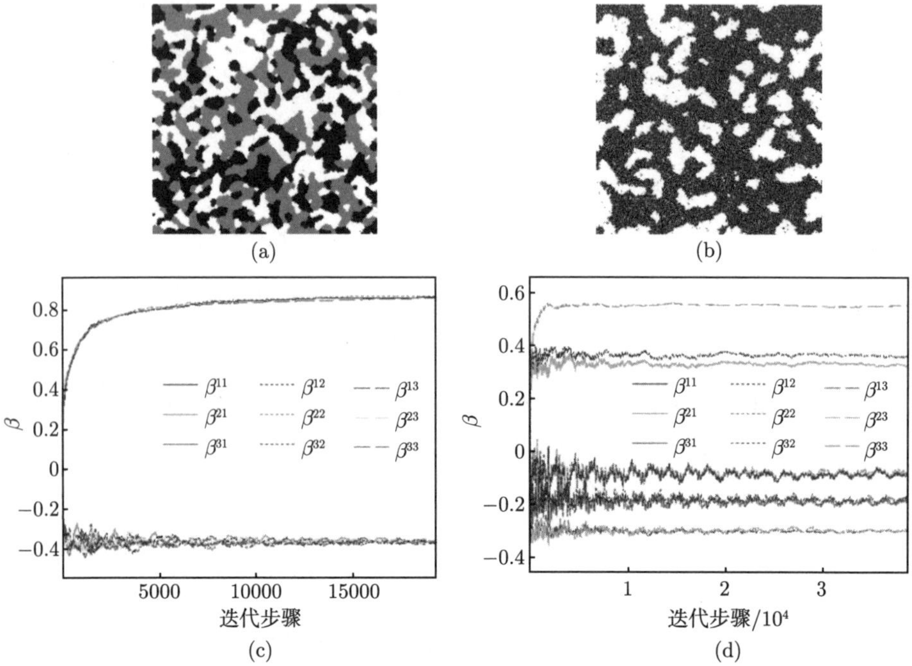

图 A.1　利用 LAE 算法估计 Kanter 的 Potts 模型的先验参数（$Q=3$）（见书后彩图）

(a) 和 (b) 由算法 A.1 生成；(c) 和 (d) 是相应的参数估计过程（LOOPS = 10，Step= 10 像素）

表 A.1　图 A.1 中的估计结果

图 A.1	$\boldsymbol{\beta}^{pq}$	$\hat{\boldsymbol{\beta}}^{pq}$
(a)	$\begin{bmatrix} 0.90 & -0.30 & -0.30 \\ -0.60 & 0.70 & -0.60 \\ -0.30 & -0.30 & 0.90 \end{bmatrix}$	$\begin{bmatrix} 0.84 & -0.37 & -0.37 \\ -0.36 & 0.85 & -0.36 \\ -0.36 & -0.36 & 0.84 \end{bmatrix}$
(b)	$\begin{bmatrix} -0.10 & 0.50 & -0.35 \\ 0.10 & -0.05 & -0.40 \\ -0.20 & -0.15 & 0.50 \end{bmatrix}$	$\begin{bmatrix} -0.09 & 0.36 & -0.30 \\ 0.33 & -0.08 & -0.30 \\ -0.19 & -0.18 & 0.55 \end{bmatrix}$

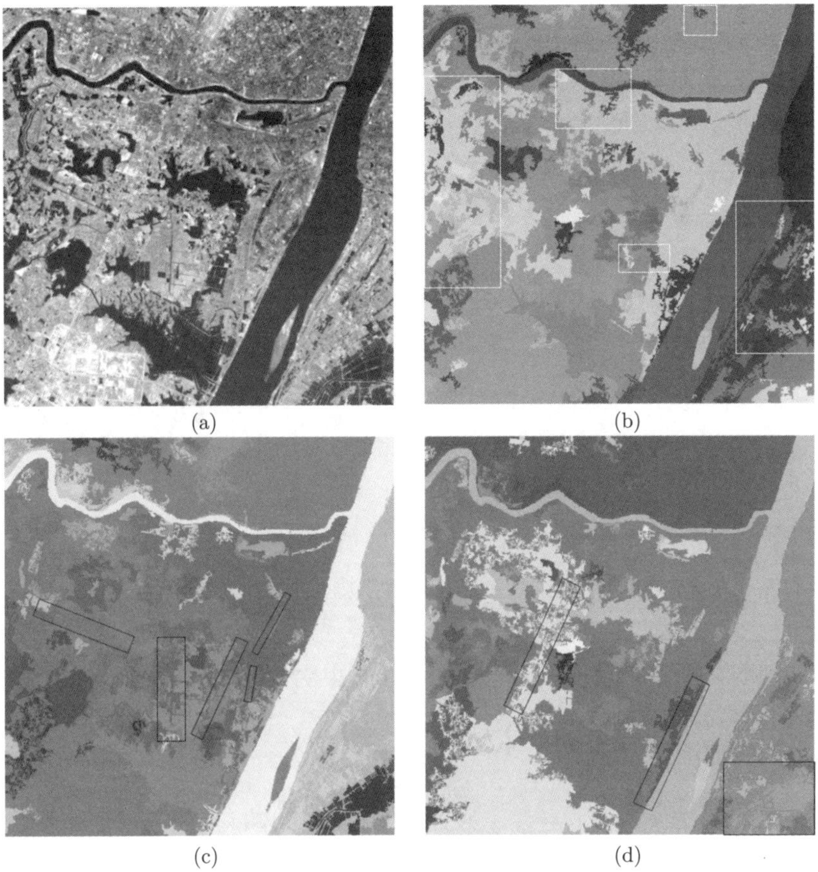

图 A.2　利用 LAE 算法进行 SAR 图像分割的例子（$Q=3$）

参 考 文 献

[1] Kanter I. Potts-glass models of neural networks[J]. Physical Review A, 1988, 37: 2739-2742.

附录B 利用LAE算法估计Descombes的Potts模型

为了说明 LAE 的泛化性能，我们用 LAE 算法估计 Descombes 等在文献 [1] 中提出的一种 Potts 模型。在这种 Potts 模型中，先验参数不再是一成不变的，而是随着坐标轴的变化而变化。值得注意的是，LSQR 算法不能用来估计这种非同质的 Potts 模型。

简单地将势函数表示为

$$H_l = \sum_{s} \sum_{t \in \Xi_s} \beta_{st}(a, b, c)\, \phi(l_s, l_t) \tag{B.1}$$

式中，交互参数 β_{st} 在整个标签场中是异质的：

$$\beta_{st}(a, b, c) = a\left(\frac{i+p}{2}\right) + b\left(\frac{j+q}{2}\right) + c \tag{B.2}$$

所以，β_{st} 不仅与 s、t 的相对位置关系有关，而且和它们的精确坐标值 (i, j)、(p, q) 有关。图 B.1(a) 给出了一幅利用 Metropolis 采样生成的纹理图像。

和式 (2.51) 类似，像素 s 的输出为

$$\ell_s = f\left(l'_{\Xi_s} \cdot \beta\right) = f\left(\sum_{t \in \Xi_s} \beta_{st}(a, b, c)\, l'_t\right) \tag{B.3}$$

式中，l'_{Ξ_s} 和第 2 章中经典 Potts 模型的转换规则一样。

当前误差为 $e_s = \frac{1}{2}(\ell_s - l'_s)^2$。根据 BP 学习规则，误差对参数 a 的偏导数为

$$\frac{\partial e_s}{\partial a} = \frac{\partial e_s}{\partial \ell_s} \frac{\partial \ell_s}{\partial \beta_{st}} \frac{\partial \beta_{st}}{\partial a} \tag{B.4}$$

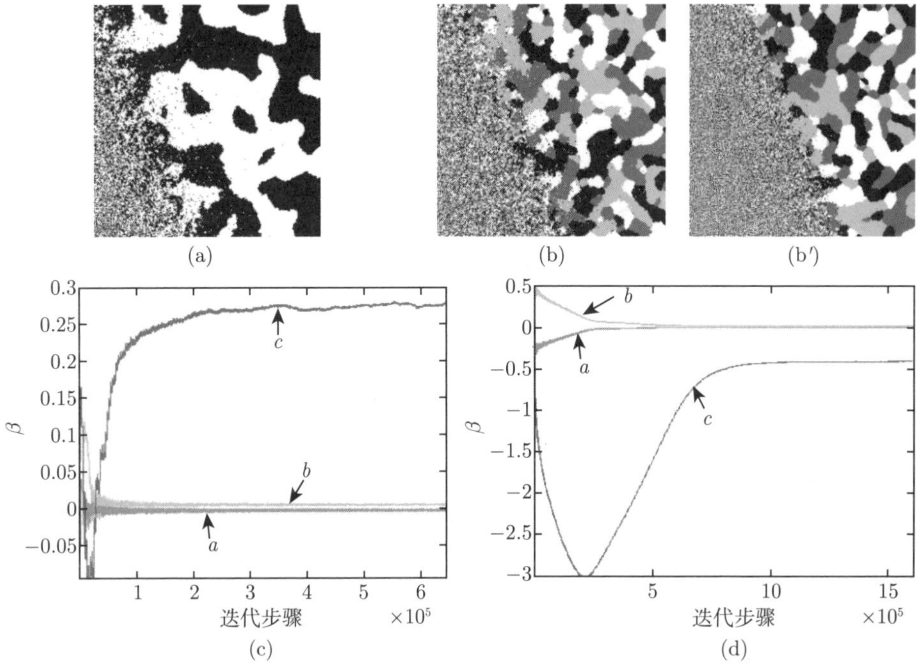

图 B.1 利用 LAE 算法估计 Descombes 的 Potts 模型的先验参数

(a) 和 (b) 具有相同的先验参数，但是前者的 Potts 态为 $Q = 2$，后者为 $Q = 4$；(c) 和 (d) 是对应的先验参数估计过程，且遍历次数分别为 LOOPS = 10 和 LOOPS = 50；(b′) 是根据 (d) 的估计结果重新生成的纹理图像

因此，参数 a 的梯度下降规则为

$$\Delta a = -\eta\frac{\partial e_s}{\partial a} = -\eta\left(\ell_s - l_s'\right)\frac{1}{2}\left(1-\ell_s^2\right)\sum_{t\in\Xi_s}\frac{i+p}{2}l_t' \tag{B.5}$$

类似地，我们可以得到参数 b 和 c 的学习规则：

$$\begin{aligned}\Delta b &= -\eta\left(\ell_s - l_s'\right)\frac{1}{2}\left(1-\ell_s^2\right)\sum_{t\in\Xi_s}\frac{j+q}{2}l_t' \\ \Delta c &= -\eta\left(\ell_s - l_s'\right)\tfrac{1}{2}\left(1-\ell_s^2\right)\sum_{t\in\Xi_s}l_t'\end{aligned} \tag{B.6}$$

图 B.1(a) 和 (b) 给出了 2 幅纹理图像，图 B.1(c) 和 (d) 是对应的参数 a、b、c 的估计过程。生成参数和估计值列在表 B.1 中。结果表明经过简单扩展，LAE 算法也能用于估计非异质的 Potts 模型的先验参数。

值得注意的是，$Q = 4$ 时的估计结果不是很准确。为了验证参数估计的合理性，我们用估计出来的参数重新生成了一幅纹理图像，如图 B.1(b′) 所示。除了噪声区偏大之外，图 B.1(b′) 和图 B.1(b) 看起来其实非常相似。如果用一个较小的 c，如 $c = -0.25$，我们发现新生成的纹理和原始纹理 [图 B.1(b)] 几乎是一样的。这一方面说明有必要进一步改善我们的学习算法，另一方面也再次表明，一幅纹理可以由多种参数组合生成。

表 B.1　图 B.1 中的估计结果

参数	真实值	估计值 [图 B.1(a), $Q = 2$]	估计值 [图 B.1(b), $Q = 4$]
a	−0.0020	−0.0020	−0.0054
b	0.0050	0.0053	0.0136
c	0.3000	0.2801	−0.4127

参考文献

[1] Descombes X, Morris R D, Zerubia J, et al. Estimation of Markov random field prior parameters using Markov chain Monte Carlo maximum likelihood[J]. IEEE Transactions on Image Processing, 1999, 8(7): 954-963.

索引

彩　　图

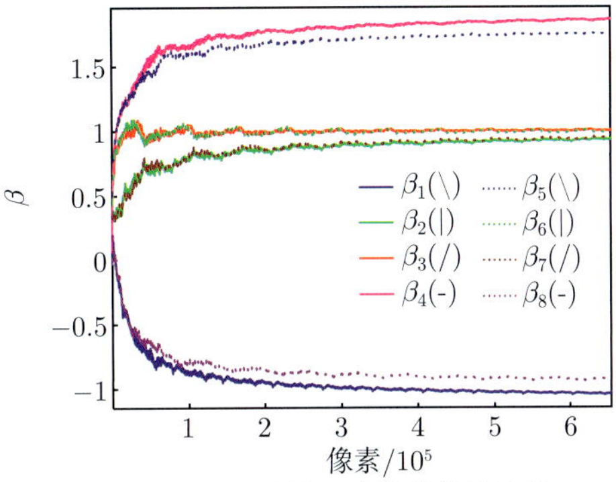

(b) 子图(a)的参数估计过程

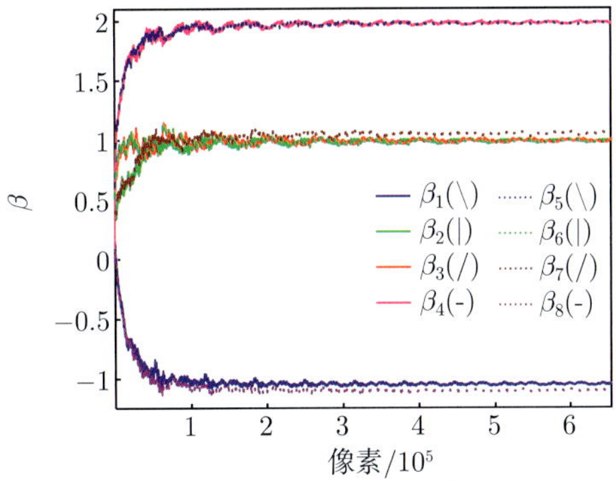

(d) 子图(c)的参数估计过程

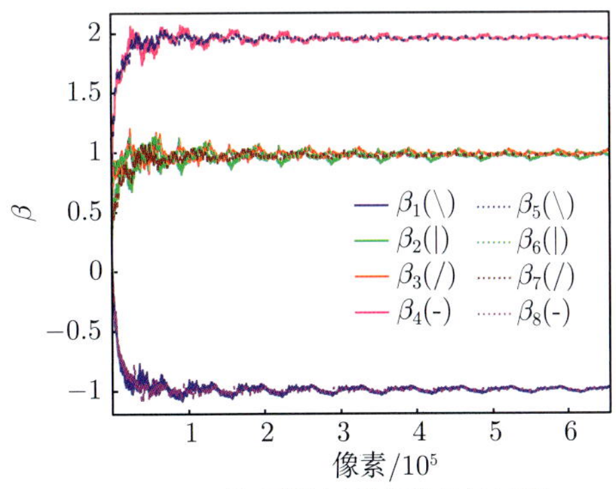

(f) 子图(e)的参数估计过程

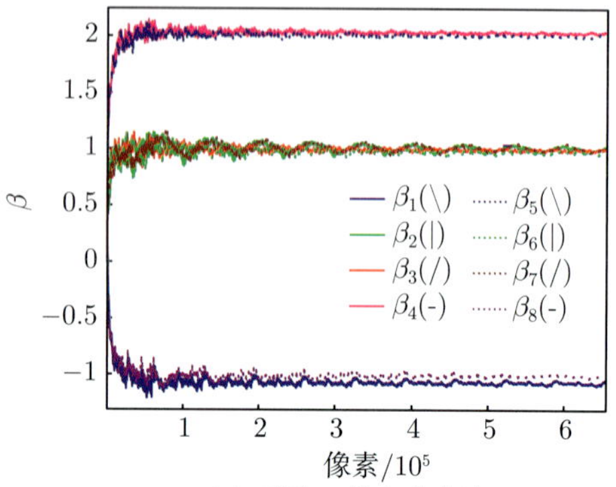

(h) 子图(g)的参数估计过程

图 2.13　利用 LAE 算法估计中心对称参数生成的纹理

(\), (|), (/) 和 (-) 表示交互参数的方向

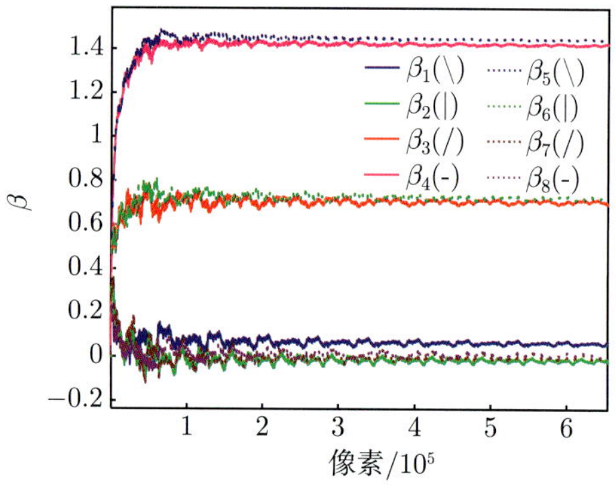

(b) 子图(a)的参数估计过程

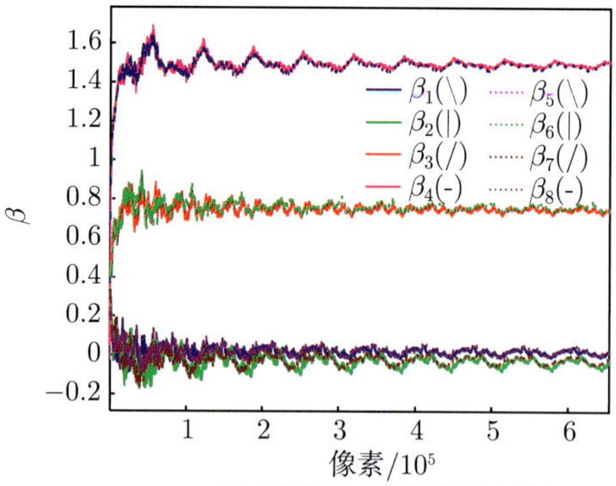

(d) 子图(c)的参数估计过程

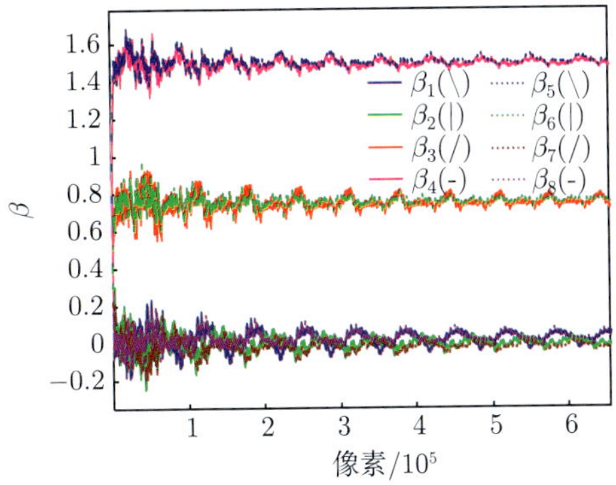

(f) 子图(e)的参数估计过程

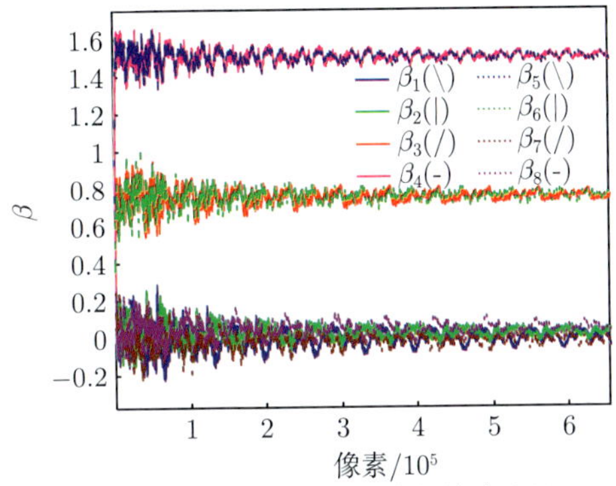

(h) 子图(g)的参数估计过程

图 2.14 利用 LAE 算法估计非中心对称参数生成的纹理

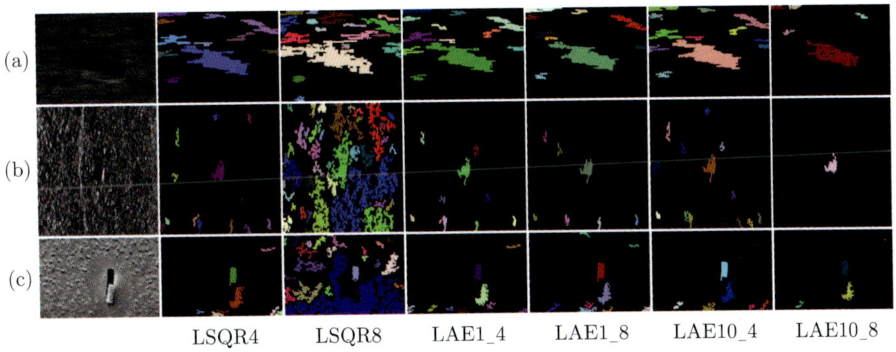

图 2.15 利用 LSQR 算法和 LAE 算法从声呐图像中提取阴影区域

LAE1_4 表示在 LAE 算法中，设置 LOOPS=1，$\|\beta\| = 4$

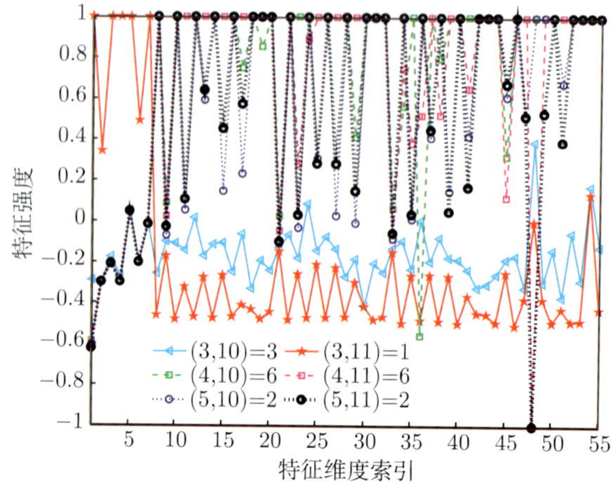

(a) 用1截断的特征

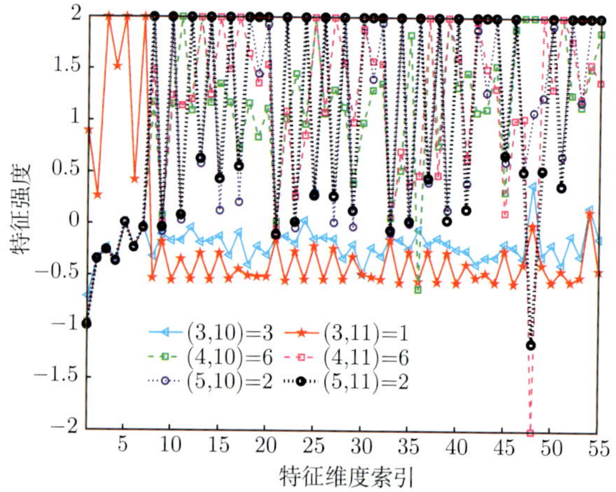

(b) 用2截断的特征

图 5.7 不同类的图像块及特征（一）

前 7 维为 Hu 特征，后 48 维为 Gabor 特征

0.89	0.00	0.06	0.00	0.04	0.01
0.02	0.58	0.21	0.02	0.10	0.07
0.08	0.05	0.75	0.01	0.09	0.01
0.07	0.14	0.00	0.50	0.21	0.07
0.14	0.04	0.13	0.01	0.64	0.04
0.04	0.11	0.10	0.03	0.05	0.66

(a) 训练CRF

0.93	0.00	0.06	0.00	0.01	0.00
0.00	0.54	0.37	0.00	0.07	0.02
0.07	0.04	0.84	0.00	0.05	0.00
0.14	0.14	0.07	0.36	0.21	0.07
0.20	0.02	0.26	0.00	0.51	0.01
0.03	0.10	0.22	0.00	0.08	0.57

(b) 训练BP

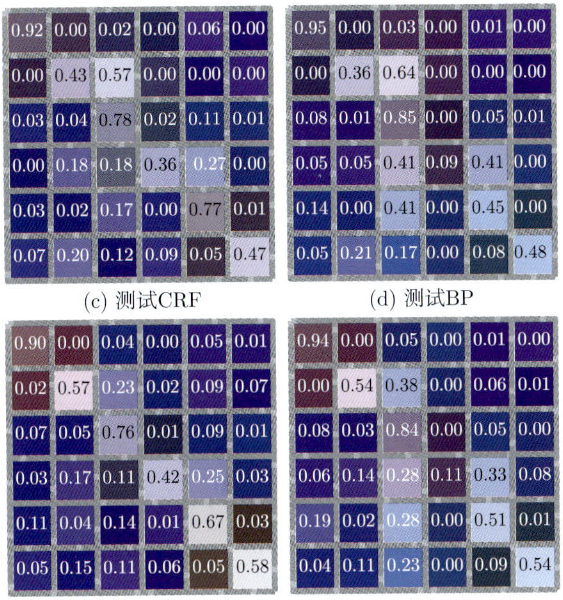

(c) 测试CRF　　(d) 测试BP

(e) 全部CRF　　(f) 全部BP

图 5.8　CRF 模型和 BP 网络得到的混淆矩阵（一）

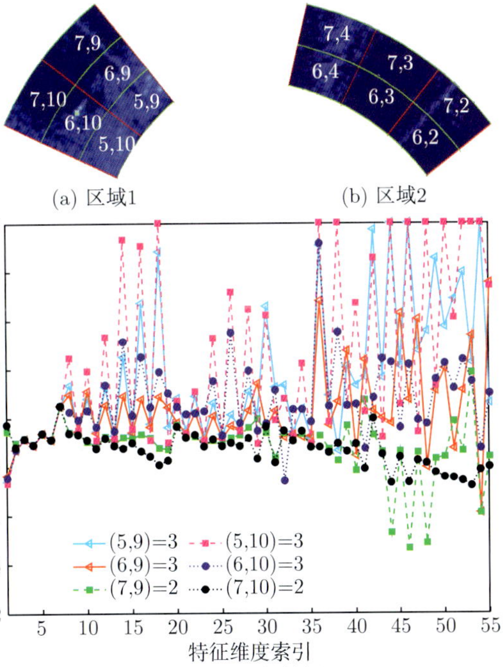

(a) 区域1　　(b) 区域2

(c) 图(a)的特征

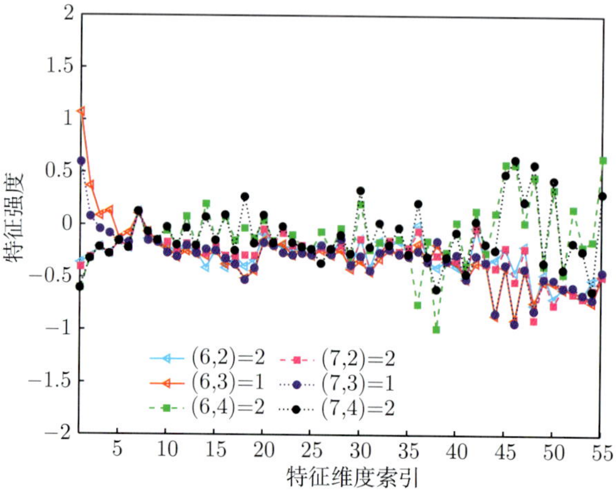

(d) 图(b)的特征

图 5.11　不同类的图像块及特征（二）

前 7 维为 Hu 特征，后 48 维为 Gabor 特征

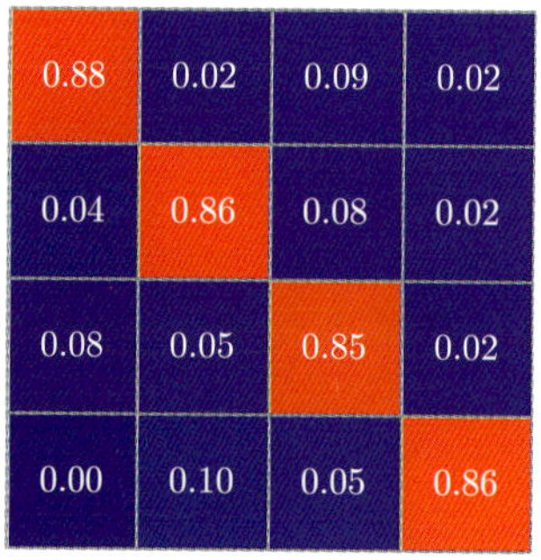

(a) 训练CRF

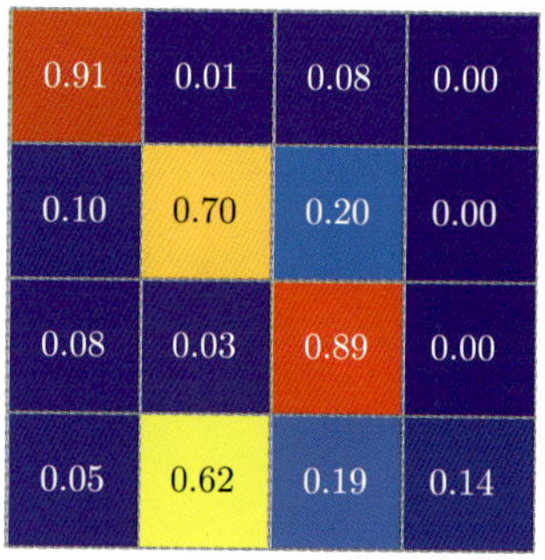

(b) 训练BP

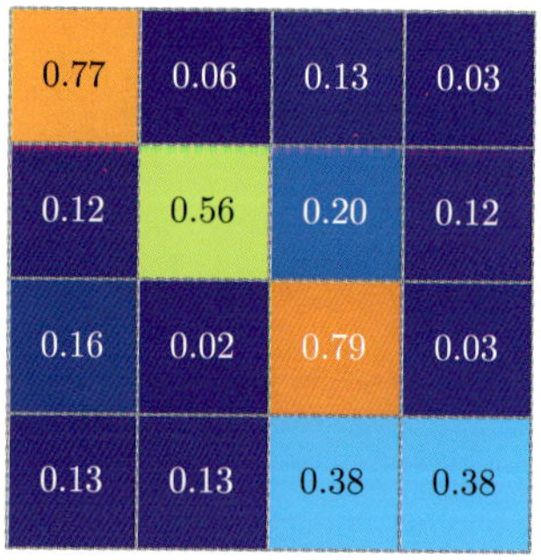

(c) 测试CRF

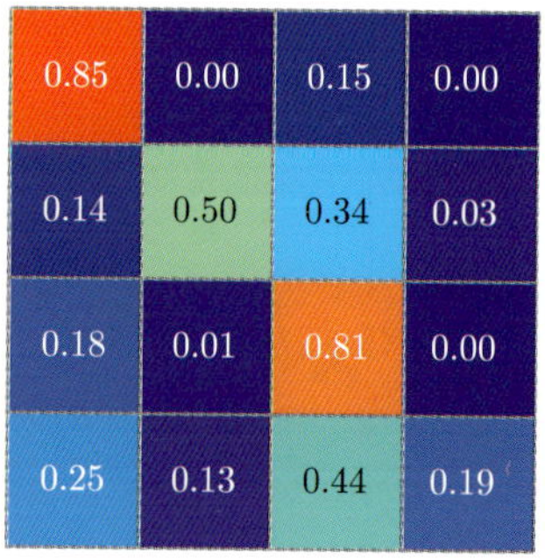

(d) 测试BP

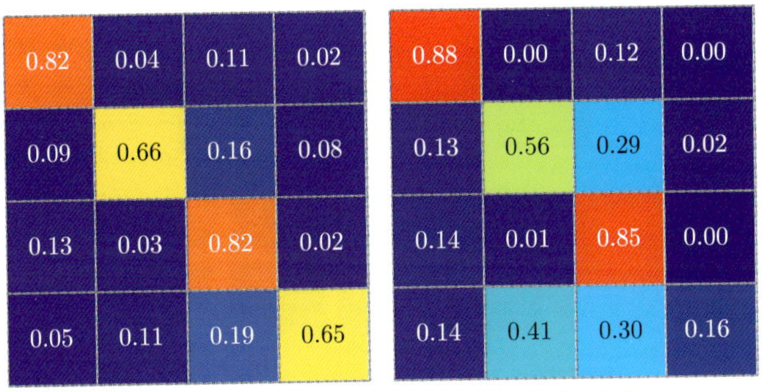

(e) 全部CRF　　(f) 全部BP

图 5.12　CRF 模型和 BP 网络得到的混淆矩阵（二）

图 5.13　直接将像素输入 BP 网络得到的混淆矩阵

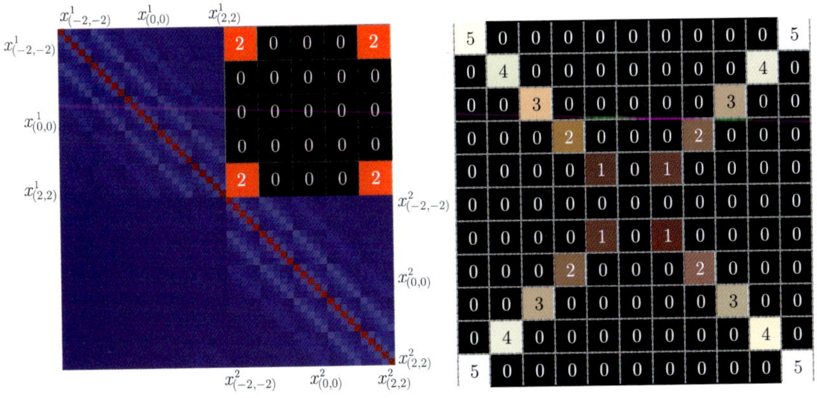

(c)　　(d)

图 6.3　三阶邻域中像素之间的相对关联程度

横坐标和纵坐标均表示灰度等级

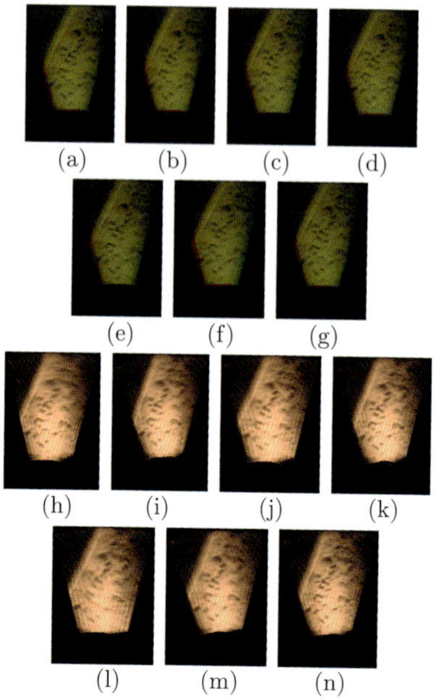

图 6.6　声呐图像配准实验

对于第 1 行和第 3 行，从左到右的各列分别对应 PV、GPVE、RMI（$r=1$）和 PMI 算法；对于第 2 行和第 4 行，从左到右的各列分别对应 FMT、NDT 和 SIFT 算法；前两行对应的是两幅图像之间的配准（#01 和 #21）；在第 3 行和第 4 行中，通过连续配准 5 帧来观测累积误差。注意，在 NDT 算法中，由于启动阈值较小，一共配准了 12 帧

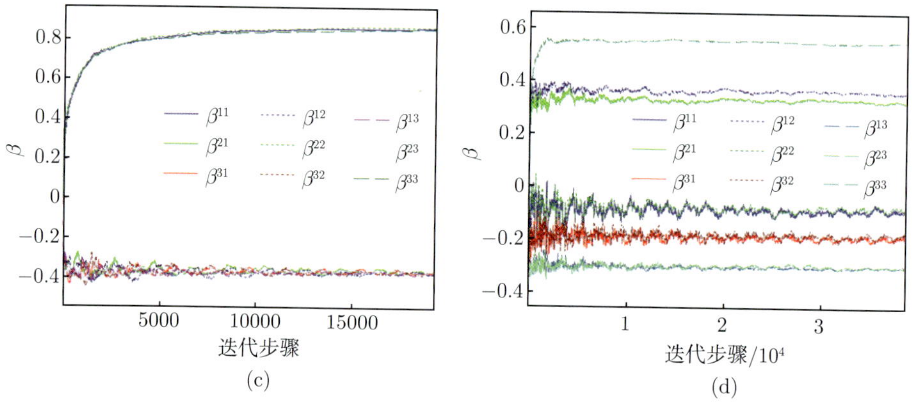

图 A.1　利用 LAE 算法估计 Kanter 的 Potts 模型的先验参数（$Q=3$）

(a) 和 (b) 由算法 A.1 生成；(c) 和 (d) 是相应的参数估计过程（LOOPS = 10，Step= 10 像素）